中国乡村振兴
智库报告

乡村振兴前沿热点问题研究（2022）

中国扶贫发展中心
中投咨询有限公司　编著

中国发展出版社
CHINA DEVELOPMENT PRESS

图书在版编目（CIP）数据

中国乡村振兴智库报告. 乡村振兴前沿热点问题研究：2022 / 中国扶贫发展中心，中投咨询有限公司编著. —北京：中国发展出版社，2023.4

ISBN 978-7-5177-1370-8

Ⅰ. ①中… Ⅱ. ①中… ②中… Ⅲ. ①农村—社会主义建设—研究报告—中国— 2022 Ⅳ. ①F320.3

中国国家版本馆CIP数据核字（2023）第057157号

书　　名：中国乡村振兴智库报告：乡村振兴前沿热点问题研究（2022）
著作责任者：中国扶贫发展中心　中投咨询有限公司
责 任 编 辑：郭心蕊
出 版 发 行：中国发展出版社
联 系 地 址：北京经济技术开发区荣华中路22号亦城财富中心1号楼8层（100176）
标 准 书 号：ISBN 978-7-5177-1370-8
经　销　者：各地新华书店
印　刷　者：北京博海升彩色印刷有限公司
开　　本：710mm × 1000mm　1/16
印　　张：24.75
字　　数：320千字
版　　次：2023年4月第1版
印　　次：2023年4月第1次印刷
定　　价：98.00元

联 系 电 话：（010）68360970　68990630
购 书 热 线：（010）68990682　68990686
网 络 订 购：http://zgfzcbs. tmall. com
网 购 电 话：（010）88333349　68990639
本 社 网 址：http://www.develpress. com
电 子 邮 件：174912863@qq.com

编　委　会

成春林　南京师范大学商学院金融系副教授

欧阳日辉　中央财经大学中国互联网经济研究院教授、副院长

丁志宏　中央财经大学社会与心理学院教授、副院长

彭荣昭　衡阳市乡村振兴战略研究中心主任、湖南交通工程学院软科学研究院执行院长

兰思仁　福建农林大学教授、校长

张　颖　北京林业大学经济管理学院教授、博士生导师，美国科罗拉多州立大学合聘教授

聂凤英　中国农业科学院农业信息研究所研究员、博士生导师

但文红　贵州师范大学大数据精准扶贫研究中心教授

王雄军　中国国际发展知识中心研究员、副主任

项目评审指导专家

王晓毅　中国社会科学院社会学研究所研究员

雷　明　北京大学乡村振兴研究院教授、院长

张　晖　中国农业大学马克思主义学院教授、院长

王小林　复旦大学六次产业研究院教授、副院长

项目组工作成员

中投咨询有限公司：

司亚明　田　志　邹春燕　沙　睿　李佳运　田正蕾　黄奕语
王志江　王秋实　李　韬　余世稳　程　芳　彭旭阳　刘衍君
万　俊　李春鹏　杨　帆

中国扶贫发展中心：

范军武　李　娜　彭献军　曾琦杰

前言

发挥央企智库作用　助力乡村振兴发展

韩松[①]

本书是中国扶贫发展中心年度重大课题“2022年乡村振兴前沿热点问题智库专报项目”的研究成果。中投咨询有限公司（以下简称“中投咨询”）作为该项课题的总承担单位以及本书的编写主体，切身参与到国家乡村振兴发展大局中，感受到这是一项光荣的使命和任务。该项课题着眼于当下乡村振兴领域十大前沿热点问题，既有很强的政策性和战略性，又有很强的探索性、对策性和实务色彩。

2021年，中投咨询曾承接中国扶贫发展中心委托的“构树扶贫工程评价项目”综合性课题研究。2022年，双方又开展了此次智库专报项目合作，并建立战略性合作关系。针对该项研究任务，中投咨询给予高度重视和全力支持，组成多个专项课题组，每一位课题组成员均深怀强烈的使命感和责任感投身到研究工作中，高质量完成了课题成果交付。

中投咨询是国家开发投资集团（以下简称“国投集团”）下属综合性专业咨询机构。国投集团是中央直接管理的国有重要骨干企业，是中国最早设立的综合性国有资本投资公司，2014年7月被确定为首批国有资本投资公司改革试点，2022年6月正式转为国有资本投资公司。截至2022年末，集团资产总额7950亿元，员工约5万人。2022年，国投集

① 韩松，中投咨询有限公司董事长。

团实现营业总收入 2114 亿元，利润总额 233 亿元，连续 18 年在国务院国资委经营业绩考核中荣获 A 级，连续六个任期获评业绩优秀企业。

在我国脱贫攻坚及当前乡村振兴阶段，国投集团一直走在央企践行扶农助农社会责任的前列，曾先后承担过 4 个省 9 个县的定点帮扶开发任务。2012 年，经原国务院扶贫办调整，明确由国投集团承担贵州省罗甸县、平塘县和甘肃省合水县、宁县 4 个县的中央单位定点帮扶任务，并承担了福建省武平县的对口支援任务。2020 年 3 月 3 日，国投集团 4 个定点帮扶县的“摘帽”任务全部如期完成。

1995 年至 2020 年，国投集团共派出挂职干部 121 人，向 4 个定点帮扶县投入无偿帮扶资金 2.88 亿元，重点围绕产业帮扶、基础设施和易地搬迁、教育帮扶、医疗帮扶等方面，解决了定点帮扶县“两不愁、三保障”等突出问题，惠及贫困人口 132 万人。在定点帮扶过程中，国投集团逐步形成了可持续的六大帮扶模式，即产业帮扶、教育帮扶、专项帮扶、工程帮扶、基金帮扶、干部帮扶。

2021 年，国投集团制定乡村振兴“十四五”规划，明确了未来五年统筹开展定点帮扶、对口支援和援疆援藏工作，并将创新性实施“国投 125 可持续振兴计划”：牢牢把握可持续振兴发展一个目标，运用无偿帮扶和基金引导两种举措，因地制宜实施整村打造一批振兴示范村、引导落地一批基金投资龙头企业、合作培养一批有技术有担当的致富带头人、共建一批特色鲜明的村级党支部、拓展一批特色鲜明的帮扶品牌五大振兴工程。

中投咨询以“服务股东发展、服务国企改革、服务国家战略”为使命，内设研究中心、投资咨询、管理咨询、工程咨询、招标采购等业务板块，重点围绕中央机构、部委单位和国投集团开展研究咨询服务，对国家乡村振兴政策、国资国企改革发展等有长期跟踪和深刻理解。

下一步，中投咨询将继续关注和支持国家乡村振兴智库体系的建设发展，并将着重在乡村特色产业开发、中央单位帮扶机制、帮扶产业及资产管理等乡村振兴前沿热点问题领域加大探索力度。我们希望在国家乡村振兴战略大局下，更好地发挥央企智库助力乡村振兴的特殊作用。

值此研究成果付梓之际，对项目委托方及各方专家在课题研究过程中的全心支持和辛苦工作，表示衷心感谢！

目录
CONTENTS

第二部分　乡村建设

第三部分　乡村治理

导论

构建高水平服务平台，以高质量智力支撑，推动中国式现代化乡村振兴道路创新发展

黄承伟[①]

党的二十大对全面推进乡村振兴作出了新的决策部署。党的十八大以来，习近平总书记关于“三农”工作的重要论述，为新发展阶段“三农”工作走中国式现代化乡村振兴道路提供了科学指南和行动纲领。构建高水平服务平台，形成高质量发展的智力支撑，对于全面推进乡村振兴，加快农业农村现代化，建设农业强国具有重要意义。

一、以习近平总书记关于“三农”工作的重要论述为指导，深入理解和准确把握农业农村现代化进程中的理论实践前沿问题

（一）学习领会习近平总书记关于“三农”工作的重要论述及贯穿其中的世界观和方法论

目前，用于学习领会习近平总书记关于“三农”工作的重要论述的权威教材，主要有《习近平关于“三农”工作论述摘编》和《论“三农”工作》两本书。习近平总书记关于“三农”工作的重要论述是习近平新时代中国特色社会主义思想的重要组成部分，是做好新发展阶段“三农”工作、全面推进乡村振兴的行动纲领，也是我们理解中央关于“三

① 黄承伟，中国扶贫发展中心主任。本文为2022年11月22日至23日黄承伟主任在乡村振兴专题研讨会、案例推介交流会上的讲话整理稿。

农”工作和乡村振兴战略顶层设计的根本遵循。从实践、理论前沿的角度，我体会，习近平总书记关于“三农”工作的重要论述，可以从以下五个维度来理解。

一是战略定位，立足实现中华民族伟大复兴的战略全局和世界百年未有之大变局这“两个大局”理解乡村振兴战略的重大意义。

二是战略支撑，牢牢守住保障国家粮食安全和不发生规模性返贫这“两条底线”。

三是战略途径，即产业、人才、文化、生态、组织五大振兴和城乡融合发展。

四是战略动力，即全面深化改革，核心是巩固完善农村基本经营制度，促进城乡融合发展。

五是战略保障，就是坚持党对乡村振兴的全面领导，充分发挥中国特色社会主义制度的显著优势，为全面推进乡村振兴提供坚强政治保障。

（二）理解当前农业农村现代化进程中理论实践前沿问题的视角

我从理论研究的维度出发，曾提出“10+10 个问题”和“10 个理念”。

第一个“10 个问题”是指共同富裕视野下乡村振兴理论研究的十个前沿问题。分别是：

（1）中国特色的反贫困理论和脱贫攻坚精神；

（2）从脱贫攻坚到乡村振兴历史性转移的理论思考；

（3）乡村振兴的理论基础；

（4）全面推进乡村振兴的理论意涵；

（5）防止返贫与乡村振兴的理论逻辑；

（6）脱贫攻坚、乡村振兴与共同富裕的理论议题；

（7）乡村振兴的动力论；

（8）融合发展与乡村全面振兴的理论框架；

（9）国际乡村发展理论与战略的演进；

（10）中国特色乡村振兴道路论纲。

第二个“10个问题”是指共同富裕视野下乡村振兴理论研究的十个发展方向。分别是：

（1）从中国共产党“三农”工作的理论逻辑来研究乡村振兴理论；

（2）党的十九大提出乡村振兴战略的理论背景；

（3）中国共产党新时代“三农”理论的新发展；

（4）乡村振兴与马克思主义中国化；

（5）乡村振兴与“两个大局”；

（6）乡村振兴与国家现代化；

（7）乡村振兴与共同富裕；

（8）中国乡村振兴与全球乡村发展理论对话；

（9）中国乡村振兴与人类文明新形态；

（10）中国共产党领导乡村振兴的理论创新和实践创新。

“10个理念”是指共同富裕进程中防止返贫与全面推进乡村振兴需要创新的理念。分别是：

（1）乡村振兴部门工作理念创新；

（2）强化战略与战术综合推进意识；

（3）大力弘扬脱贫攻坚精神；

（4）统筹实现领导机制体制、工作体系、发展规划、政策措施、考核机制的有效衔接；

（5）夯实习近平总书记关于“三农”工作重要论述的思想基础；

（6）强化牢牢守住“两条底线”的意识；

（7）统筹推进农业农村农民现代化的理念；

（8）创新协调推进乡村发展、乡村建设、乡村治理的理念；

（9）全面提升推进乡村振兴的有效性；

（10）创新以促进农民农村共同富裕为指引的理念。

（三）当前需要特别关注的30个理论与前沿问题

以党的二十大精神和习近平总书记关于“三农”工作的重要论述为指导，根据二十大报告对乡村振兴的新部署，梳理出以下30个方面需要加强研究的理论与前沿问题。

（1）乡村振兴在新征程中的战略定位和历史方位；

（2）乡村振兴的目标体系（既有长期性也有阶段性，既有一般性也有特殊性，既有总体性也有区域性）；

（3）城乡融合发展的乡村振兴；

（4）新发展格局、“两个大局”、中国式现代化与乡村振兴；

（5）农业强国引领五大振兴；

（6）粮食安全；

（7）大食物观；

（8）乡村特色产业；

（9）巩固拓展脱贫攻坚成果的新要求；

（10）增强脱贫地区和脱贫群众内生发展动力；

（11）建设宜居宜业和美乡村；

（12）农村基本经营制度；

（13）新型农村集体经济；

（14）农业经营主体和社会服务；

（15）农村土地制度改革；

（16）农民财产性收入、农村产权构造和农村社会组织形式创新；

（17）新型城镇化和进城落户农民合法土地权益问题；

（18）农业支持保护制度；

（19）农村金融服务体系；

（20）区域协调发展与乡村振兴；

（21）农村干部队伍体系和人力资源开发；

（22）乡村优秀传统文化的弘扬和乡村振兴；

（23）乡村基层社会建设和大变局中的乡村社会安全阀；

（24）农村基层党建与乡村治理；

（25）国际乡村发展实践及启示；

（26）乡村振兴与马克思主义中国化时代化；

（27）乡村振兴与人类文明新形态的构建；

（28）中国式现代化的乡村振兴道路；

（29）从中国乡村振兴理论到中国乡村振兴学；

（30）中国乡村振兴对人类发展的贡献。

二、发挥乡村振兴案例的示范作用，助力推进乡村振兴的高质量发展

（一）进一步重视案例的示范作用

案例示范、典型引路已经成为一种常用的推动工作方式。从研究角度讲，我们国家特别是扶贫领域，20 世纪 90 年代初期就开始案例的研究与应用，在脱贫攻坚期间组织开展了五六次比较成规模的案例征集、推荐及评选活动。进入巩固拓展脱贫攻坚成果同乡村振兴有效衔接的过渡期以来，案例示范成为推进工作的一个重要抓手。地方的同志都能收到来自不同渠道征集各种案例的通知或邀请，这也说明大家都意识到案例确实是推进工作的重要方式。在研讨和专家点评的基础上，我对案例的示范作用进行了简要梳理，有以下几点新的认识。

第一，案例是被实践充分证明的能够有效发现规律、把握规律、研究规律、以点带面推进工作的工作方法。案例示范作为一种工作方法，首先是被实践证明有效的，同时可以用于认识规律、发现规律、研究规

律。如果一个案例没有规律性的呈现，那么这个案例就不能算是成功的，也就不可能被借鉴和学习。这是推进案例工作、发挥案例示范作用的认识基础。

第二，案例是创新理论的创新性、原创性实践的呈现。我们知道，中国之问随着时代的发展有新的呈现。回答中国之问、世界之问、时代之问、人民之问，需要科学的理论指导。在历史进程中，科学理论实践的呈现必然是千姿百态、多种多样的，也必然产生许多原创性的实践，成功的案例就是这些成功的原创性实践的集中呈现。因此，总结案例不是简单地把做法总结出来，而是要把蕴含其中的创新性实践，特别是原创性的实践总结出来，把这些创新体现出的方向性总结出来。

第三，案例承载了时代主流精神和价值取向，体现治理能力和治理水平，是发展的一种软实力。一个好的案例承载的是这个时代主流的价值观。好的案例并不是简单的工作总结，而是案例所在地及有关主题的治理水平、治理能力的呈现，实际上就是一种发展软实力。

第四，案例是提升发展有效性的重要手段。用典型案例教育群众、推进工作，是我们党在革命时期、建设时期、改革时期和新时代很重要的方法。很多重大政策的制定、出台都是先从典型案例开始、从干起来的探索开始的。案例就是一个浓缩的典型，一个好典型具有教育意义、带动意义、示范意义。

第五，案例是讲好中国发展故事的有效形式。二十大报告要求，要不断提升国家文化软实力和中华文化影响力，增强中华文明传播力和影响力。而且，不仅对国际，对国内也同样需要有传播能力。要构建中国话语和中国叙事体系，讲好中国故事，传播好中国声音。这不是应急需要，而是一个长期发展策略，是文化传播能力的提升。就国内而言，如果一个地方的发展故事仅仅局限于这个地方，而其他地方不知道，就说明这个案例还没起到示范作用。

（二）进一步理解高质量乡村振兴案例的主要特征

2022年，中国扶贫发展中心承担了国家乡村振兴局帮扶产业案例征集评选、“雨露计划＋就业行动”案例的征集评选。近三年，中国扶贫发展中心根据国家乡村振兴局安排，对部分有效衔接乡村振兴的典型案例进行深入调查研究。基于理论研究和上述实践的思考，我认为一个高质量的案例需要具备以下特点。

一是体现人民至上的立场。这些案例都是在不同场景下，各级政府等主体如何针对不同状况的群众，帮助他们提升获得感、幸福感。无论是雷山的合约食堂，还是巨鹿的“巨好办”信息服务系统，目的都指向一个，就是为群众解决困难和问题。有些案例可能做法很好，比如一些大型企业发展得很好，但如果没有带动脱贫群众持续增收，没有建立联农带农的利益机制，那么对于乡村振兴、巩固脱贫攻坚成果来讲，就不能算是好的案例。也就是说，好的案例必然体现人民至上。

二是体现守正创新、自信自立、问题导向、系统观念等科学方法。这是二十大报告阐述的马克思主义的世界观、方法论，是习近平新时代中国特色社会主义思想的世界观、方法论。比如守正创新，常熟市案例的全过程就体现了人居环境整治形成的一个创新体系，无论是总结了三种方法，还是“四全模式”“五治融合”等，都是守正创新的体现。比如问题导向，乐山案例总结的经验中有两条很重要：一是始终把怎么解决好人才流通问题作为突出问题；二是有了绍兴和乐山的协作机会，这一机会是互动的、体现出区域之间的合作共赢发展的趋向。由此，为解决人才振兴问题，探索形成了一揽子的“蓝鹰工程”，在推动乡村人才振兴的同时，也为东西部协作提供了可以借鉴的做法参考。比如系统观念，无论是兰考还是千阳，它们的成功实践都是完整的系统观念的体现。这两个县最主要的经验就是如何坚持系统观念去谋划、推动县域内的城乡融合发展，在城乡融合发展中带动高质量的乡村振兴。

三是体现胸怀天下的观点。从国内讲，每个案例不仅要立足案例所在的市、县、村，更要面向全国。乡村振兴，是全国的乡村一起发展。尽管东、中、西部有差异，但就总体而言，中国的发展——城市和乡村如何形成良性互动的现代化新形态，就是需要我们今后三十年共同努力去实现的目标。由此，乡村振兴不仅要看到一个点，还要看到点的经验对于其他地方乡村振兴的影响。“胸怀天下”的另一层意思就是二十大报告所指出的，也是贯穿在习近平新时代中国特色社会主义思想始终的，就是探索构建人类文明新形态。从这个意义上说，每一个案例如何才能提升价值，或者说形成高质量的乡村振兴案例，需要具有胸怀天下的特征。

四是体现特殊性和普遍性、典型性和代表性、战术性和战略性、时间性和空间性的统一。每个案例都蕴含以上四对特性，这些特性是否相互统一，决定着一个案例水平的高低。比如传统文化，很多方面一直在传承，但集中在一个案例呈现，就有时间性。比如战术性和战略性，任何一个案例都是立足解决当前的问题，但如果仅仅解决当前的问题，就没有普遍性，无法对长远的工作提供应有的启示。

五是体现易学习、可借鉴、可推广的内在要求。案例首先要能被学习，能启发读者，让读者感到不只有这个地方能做好，其他地方也可以学习。案例如果不能被借鉴，让人看了之后没有启示，没有推广的价值，那么说明案例呈现的方法就不是一个好办法。

（三）进一步发挥高质量案例的示范作用，促进高质量乡村振兴的全面推进

一要深化认识。无论是从事地方具体实践的工作、落实中央的决策部署和各项政策，还是组织调研、提供决策参考，都需要充分认识案例的价值和作用。首先，要从政治层面认识案例的价值和作用。一个地方通过实践所形成的案例，实际上是习近平新时代中国特色社会主义思想

在这个地方的实践。中国共产党是一个胸怀天下的党，不仅要以中国式现代化实现中华民族伟大复兴，为全球发展、为人类发展作出更大的贡献，更重要的在于，我们要在构建人类文明新形态上积极探索，为人类发展提供更好的文明形态。其中贯穿始终的就是我们党在实践基础上的理论创新，在开辟马克思主义新境界，推动马克思主义中国化、时代化的发展上，能够为全人类的发展作出贡献。理论的创新和发展不是盲目的，也不是虚无的，而是一点一滴形成的，是由每一户、每一村、每一乡、每一县、每一市乃至全国的实践呈现出来的。此外，基层的创造和实践是夯实中国共产党执政基础的具体行动。为什么要巩固拓展脱贫攻坚成果？为什么要实现有效衔接？为什么案例要重点聚焦人民至上的特征？最根本的，就是要夯实中国共产党的基层执政基础，要赢得民心、守住民心。因此，从政治角度认识案例总结的意义，可以进一步增强案例总结的自觉性、主动性，更充分呈现案例的内涵和蕴含的理论规律。其次，要从怎么展现地方的治理体系和治理能力、展现地方发展的形象和能力方面来认识。在国际上，如何展示中国发展故事，呈现中国智慧、中国方案，这些都是案例的价值。因此，在共同推进案例总结研究工作中，首先要深化认识，在深化认识的基础上促进共识，成为自觉行动，从而进一步发挥案例的示范作用，助力高质量的乡村振兴。

二要纳入工作议程。习近平总书记要求，工作不仅要做得好，还要讲得好。案例就是一种很好的呈现方式，通过案例展现形象、能力和治理水平，这是一件事半功倍的事。根据国家乡村振兴局的安排，综合司负责乡村振兴案例总结工作，中国扶贫发展中心在综合司的指导下具体承担相关工作，希望地方的同志能够把案例作为工作的重要内容，融合到工作议程中，抓好抓出质量。

三要善于发现，善于总结。各地的实践呈现出很多很好的典型案例。尽管 2022 年受疫情的影响，我到基层调研不多，但也去了 5 个省

（其中有1个省去了两次），都深入到村、到户，确实发现许多典型案例，其中有不少都很有借鉴价值，有的还是很感人的案例。这都是中国乡村振兴的故事，都是中国发展故事的重要呈现。在基层从事案例总结工作的同志，整天面对各种各样的好的实践做法，需要的是善于发现、善于总结。如果没有这方面意识和要求，那么可能会即使看见了好的典型也没有总结，或者仅按照工作要求进行总结就不管了，实际上并没有把这个案例应有的作用发挥出来。案例总结是要发现案例内在的价值，发现案例的普遍性，发挥案例的示范作用。

四要发挥案例的示范作用。一个好的典型案例，如果没有被深入地总结和全面地呈现，以及通过各种各样的形式去交流推介，那么它的示范作用就很难发挥出来。如果一个案例发挥不出其示范作用，那么这个案例就很难起到助力高质量乡村振兴的作用。在地方工作中，有些同志工作做得很好，但在需要总结的时候，往往认为没必要花力气去总结，总认为工作做好就可以了。这实际上就是没有深刻认识到案例的示范作用。成功的案例肯定不是天生的，只有在总结中加以完善，加以适当引导和培育，才有可能逐步发展成为一个有示范价值的典型。各地不是缺典型，而是缺少总结的主动，缺少主动发现、推介、进一步完善提升。案例总结是一个很重要很有效的工作方法，也是我们党成立百年来在探索中形成的重要经验和法宝。

五要共同努力建设乡村振兴案例库。中国扶贫发展中心希望在资料库的基础上建成一个真正的乡村振兴案例库。目前，我们还做不到总结很多案例，但是让案例工作系统化、标准化、程序化，是我们努力的方向。建设案例库，最基本的作用是在管理使用中能够随时找得着、用得上，同时能够及时为宣传推广提供支撑，特别是能够为展示中国的形象、讲好中国乡村发展故事随时提供大量鲜活素材，也为学理性总结研究、学科发展、理论创新、中外乡村发展理论对话提供及时的、精准的案例。案例库的建设是我们通过案例示范作用助力高质量乡村振兴的重要抓手和推动力。期待大家在这方面共同努力。

中国扶贫发展中心将在案例收集、征集、评选、推介、交流方面认真总结工作经验，今后将继续在国家乡村振兴局综合司的指导下，着力推动乡村振兴案例的标准化、程序化、结构化建设，在运用、管理、深度开发等方面形成体系。希望地方同志、专家学者团队和我们一起努力，共同推动乡村振兴案例库建设，更好地发挥典型案例的示范作用，不断推进中国式现代化的乡村振兴道路的发展。

三、构建高水平服务平台，以高质量智力支撑推动中国式现代化乡村振兴道路的创新发展

（一）乡村振兴新的历史方位为智库作用发挥提供了更加广阔的空间

党的二十大对我国在未来更长时期实现第二个百年奋斗目标，以中国式现代化推进中华民族伟大复兴进行了战略部署，对全面推进乡村振兴进行了新的战略性安排。在此背景下，乡村振兴的专家智库作用显得更加重要。要更好地发挥乡村振兴专家智库的作用，首先要认识中央赋予的乡村振兴新的历史方位，具体体现在以下 5 个方面。

第一，乡村振兴是第二个百年奋斗目标实现进程中的乡村振兴。十九大报告提出乡村振兴战略时，乡村振兴的任务与脱贫攻坚的任务是重合的，当时的重点任务就是完成脱贫攻坚。2020 年底，脱贫攻坚任务取得全面胜利后，“三农”工作重心历史性地发生转移。二十大报告对乡村振兴进行了新的战略部署，明确从现在起我们的一个重要使命就是全面建成社会主义现代化强国、实现第二个百年奋斗目标。乡村振兴是其中的一个重要部分，这是乡村振兴的新的历史方位，是乡村振兴推进的质的转变。

第二，乡村振兴是中国式现代化的乡村振兴。二十大报告对中国式现代化进行了系统的阐述，形成了中国式现代化的理论分析框架，“两步走”战略安排、五个重大原则、九个本质要求、五个中国特色，明确了未来30年推进和拓展中国式现代化的阶段性目标、行为准则、政治属性、科学内涵、世界意义、鲜明标识和努力方向。乡村振兴是中国式现代化的重要组成部分，中国式现代化的道路必然包含中国特色的乡村振兴道路。

第三，乡村振兴是新的战略部署下的乡村振兴。二十大报告中专门有一节内容用共约440个字对全面推进乡村振兴进行了战略性部署。这是党的重大报告中再次对乡村振兴进行完整系统的表述，其重要意义不言而喻。其中所涉及的12个方面，都蕴含关于乡村振兴的新的内涵和要求。

第四，乡村振兴是世界百年未有之大变局、构建人类文明新形态背景下的乡村振兴。中国式现代化进程是在世界百年未有之大变局下推进的，这一进程就是人类文明新形态构建的进程。乡村振兴作为中国式现代化的重要组成部分，必然对人类文明构建新形态产生影响和作用。

第五，乡村振兴是马克思主义中国化时代化视野下的乡村振兴。中国共产党把为中国人民谋幸福、为中华民族谋复兴作为自己的初心使命。乡村发展、城乡互动是过去几百年的现代化进程中逐渐形成的世界性难题，如何破解这一难题？中国将提供自己的范例、贡献自己的力量，从而为全球乡村发展贡献中国智慧和中国方案。

（二）专家智库在全面推进乡村振兴中具有多维价值和作用

一是深化理论研究。实践工作及每一项政策的背后都有相应的理论支撑，没有对理论的认识就不可能有统一的行动。我们学习宣传贯彻党的二十大精神，学习领会习近平新时代中国特色社会主义思想，学习领会贯彻落实习近平总书记关于“三农”工作的重要论述，就是要领会其中的发展规律、世界观和方法论，用以强化理论武装，提高工作成效。专家智库的首要作用是深化理论研究，比如，从乡村振兴的角度深刻阐析习近平新时代中国特色社会主义思想和习近平总书记关于“三农”工作的重要论述等。

二是形成与时俱进的理论成果。首先，要自觉推动实践基础上的理论创新。习近平新时代中国特色社会主义思想是开放的思想体系，是经过实践检验的思想体系，是在实践当中不断丰富发展的思想体系。一家一户、一乡一地的实践发展，就是习近平新时代中国特色社会主义思想的源头活水。专家智库要自觉将习近平新时代中国特色社会主义思想传递到千家万户，以思想统一推进形成统一的行动。其次，要自觉推动科学理论指导下的实践创新，把理论与实践相结合。

三是开展技术转移和咨询服务。例如，内蒙古自治区通辽市开鲁县依托科技支撑和专家力量发展羊草产业的经验做法，贵州省利用中组部、团中央等中央单位选派专业帮扶干部的经验做法，都是开展技术转移和咨询服务的具体体现。

四是组织经验总结、试点示范与人才培养。各地成立县级乡村振兴研究院，就是为了做好经验总结，及时试点示范。例如，江西省充分发挥新型“三农”智库作用、培养锻造优秀人才队伍的经验做法，新疆维吾尔自治区从省级层面构筑多维智力支撑体系，这些做法都是经验总结、试点示范与人才培养的生动体现。

五是讲好中国乡村振兴故事。既是对国际讲，也是对国内社会各阶层讲。从不同角度呈现乡村振兴的成果，用动人的故事体现中国共产党治国理政的能力，从而彰显“四个自信”，把握“两个确立”的决定性意义。

（三）以更高水平的智力支撑推动中国式现代化乡村振兴道路的创新发展

一是建设好乡村振兴局专家咨询委员会。目前中国扶贫发展中心正在承担专委会的筹建工作。

二是搭建好智库平台。以专委会为平台主要构成，推动整个乡村振兴领域的专家库和智库平台的建设。

三是整合好多方力量。包含政府机关、高校院所、社会组织、企业个人和国内、国际等各方面的研究主体。

四是转化好智力成果。包括理论成果、决策参考、案例总结推介，推动研讨交流、营造氛围。

五是宣传好典型范例。在全国范围内征集一批乡村振兴的典型示范案例进行推介。

高质量发展需要智力支撑，高质量的乡村振兴需要智力的支持，中国式现代化乡村振兴道路的创新发展更需要发挥专家的作用。

总报告

全面推进乡村振兴，聚焦前沿热点问题

任明春　田志　杨帆[①]

为巩固拓展脱贫攻坚成果，探索同乡村振兴有效衔接的前沿热点问题、梳理总结典型经验做法，2022 年 6 月中旬，中投咨询有限公司承接中国扶贫发展中心研究课题，启动了“2022 年乡村振兴前沿热点问题智库专报”研究任务。中国扶贫发展中心结合 2022 年中央一号文件及国家乡村振兴局重点工作，经过充分讨论，遴选出的乡村振兴十大前沿热点问题：帮扶产业风险评估与防范；脱贫县非农产业发展；农业农村碳汇产品；乡土人才培养机制；易地搬迁后社会融入；金融资本助力乡村产业振兴；新型农村集体经济发展；东部数字乡村建设；农村养老典型模式；盘活闲置帮扶资产。为更好发挥研究成果的智力支持作用，课题组还创造性地开展了内参撰写工作，通过专报形式上报国家乡村振兴局，以提供相关政策参考。

中投咨询项目组汇聚国内优秀行业专家资源，共组建 12 支课题研究团队（见表 Z-1）。各课题组克服了疫情防控带来的不确定性影响，均实现对基层一线的实地调研。从 2022 年 7 月初到 8 月中旬，各课题组对全国 10 余个省份、50 余个县市、200 余个基层项目点进行实地调研，取得大量一手访谈信息。中投咨询项目组在理论研究、一线调研以及综合各方面意见基础上，共完成总报告 1 份、专项子报告 12 份，多份智库专报成果上报国家乡村振兴局决策层。研究成果总字数逾 30 万字。项目团队

---

① 任明春，中投咨询有限公司副总经理；田志，中投咨询有限公司研究中心高级经济师；杨帆，中央财经大学政府经济与管理专业博士研究生。

如期完成委托方的研究任务，于 2022 年 9 月底向中国扶贫发展中心提交研究成果，顺利通过评审专家组成果验收并结题。

表 Z-1　项目课题组及调研目的地信息

类别	课题名称	课题组长及单位	撰稿团队	调研团队	调研省份	典型案例实地调研市（区、县）
乡村发展类	乡土人才培养机制典型案例研究——福建南平科技特派员带动乡土人才建设实证范式	周文龙，北京国农科技特派员创新服务联盟首席专家	周文龙、胡鸿雁、管蕾	周文龙、白启云、田志	福建	南平市（建阳区、邵武市、光泽县）
	脱贫县非农产业发展典型案例研究——以井冈山竹产业为例	王建武，自然资源部国土空间规划研究中心研究员	王建武、田志	王建武、田志、万俊、沙睿	江西	井冈山市（神山村、源头村、塘南村）
	金融资本助力乡村产业振兴路径研究——基于江苏、四川典型案例的调查	成春林，南京师范大学商学院金融系副教授	成春林、唐强	成春林、丁可心、周晨鸣、孟恬	江苏、四川	徐州市（沛县）、扬州市（高邮市）、德阳市（绵竹市）
	新型农村集体经济发展路径典型案例研究	王建武，自然资源部国土空间规划研究中心研究员	王建武、田志	王建武	江西	吉安市（吉水县）
	“和美庄园”——新型集体经济的新路径	彭荣昭，湖南交通工程学院软科学研究院执行院长	彭荣昭、刘杰、董晔卉	彭荣昭、田志、张红艳、彭丹玉、袁莉、彭光明	湖南	株洲市（炎陵县）、衡阳市（衡阳县、常宁县）
乡村建设类	农村养老典型模式研究——我国 3 省“农村养老互助幸福院”调研报告	丁志宏，中央财经大学社会与心理学院教授、副院长	丁志宏、王伟成	丁志宏、王伟成、田志	河南、河北、陕西	周口市（太康县）、邯郸市（肥乡区）、咸阳市（杨陵区）

续表

类别	课题名称	课题组长及单位	撰稿团队	调研团队	调研省份	典型案例实地调研市（区、县）
乡村建设类	东部地区数字乡村建设典型案例研究——基于涉农数据要素综合应用的视角	欧阳日辉，中央财经大学中国互联网经济研究院教授、副院长	欧阳日辉、左臣明、龚伟、胡红灯、彭南峰	欧阳日辉、左臣明、龚伟、胡红灯、彭南峰、李勇坚	北京、浙江	北京市（平谷区）、宁波市（象山县）、湖州市（德清县）
	农业农村碳汇产品助力增收路径研究——以福建林业碳汇为例	兰思仁，福建农林大学林学教授、校长	兰思仁、范水生、黄衍	罗朝立、彭献军、兰思仁、范水生、黄衍、杨顺福、唐熠	福建	南平市（顺昌县）、三明市、龙岩市（上杭县、武平县）
	农业农村碳汇产品开发研究及典型案例分析——基于塞罕坝机械林场和定边县的经验报告	张颖，北京林业大学经济管理学院教授	张颖、孟娜	张颖、孟娜、田志、余世稳、刘衍君	河北、陕西	承德市（围场满族蒙古族自治县）、榆林市（定边县）
乡村治理类	易地搬迁后社会融入机制——西南地区3县大型安置区调查报告	但文红，贵州师范大学大数据精准扶贫研究中心教授	但文红、陈起伟、李亮	但文红、陈起伟、李亮	广西、云南、贵州	河池市（环江县）、六盘水市（水城区）、昭通市（鲁甸县）
	帮扶产业风险评估与防范机制研究——基于西部2省5县脱贫地区的典型调查	聂凤英，中国农业科学院农业信息研究所研究员、副所长	聂凤英、周厚熹、朱海波	聂凤英、朱海波、周厚熹	云南、贵州	昭通市（鲁甸县）、曲靖市（会泽县）、楚雄州（楚雄市）、六盘水市（盘州市）、黔西南州（晴隆县）
	盘活闲置帮扶资产典型案例研究——基于新疆经验的调研报告	王雄军，中国国际发展知识中心研究员、副主任	王雄军、戴燕、海翔宇	王雄军、戴燕、海翔宇、田志	新疆	巴州（州府、尉犁县）、喀什市（疏附县、疏勒县）

针对十大前沿热点问题，项目组课题团队的组成注重成员研究背景的专业性和复合性。各课题组专家既有高校学者，也有国家部委、地方政府、行业协会、公司企业等机构的专家。中投咨询公司作为专业咨询机构，在专家资源整合方面充分发挥了自身的平台优势。

紧密围绕2022年中央一号文件，遵照“扎实有序做好乡村发展、乡村建设、乡村治理，推动乡村振兴”的总体工作要求，本年度十大前沿热点问题均可在中央一号文件原文中找到政策出处（见表Z-2）。

表Z-2　2022年中央一号文件中乡村振兴前沿热点政策出处

类别	课题名称	2022年中央一号文件原文
乡村发展类	乡土人才培养机制典型案例研究——福建南平科技特派员带动乡土人才建设实证范式	培养乡村规划、设计、建设、管理专业人才和乡土人才。鼓励地方出台城市人才下乡服务乡村振兴的激励政策
	脱贫县非农产业发展典型案例研究——以井冈山竹产业为例	巩固提升脱贫地区特色产业，完善联农带农机制，提高脱贫人口家庭经营性收入。 鼓励各地拓展农业多种功能、挖掘乡村多元价值，重点发展农产品加工、乡村休闲旅游、农村电商等产业
	金融资本助力乡村产业振兴路径研究——基于江苏、四川典型案例的调查	深入开展农村信用体系建设，发展农户信用贷款。 积极发展农业保险和再保险。 强化涉农信贷风险市场化分担和补偿，发挥好农业信贷担保作用
	新型农村集体经济发展路径典型案例研究	巩固提升农村集体产权制度改革成果，探索建立农村集体资产监督管理服务体系，探索新型农村集体经济发展路径
	“和美庄园”——新型集体经济的新路径	
乡村建设类	农村养老典型模式研究——我国三省“农村养老互助幸福院”调研报告	提升县级敬老院失能照护能力和乡镇敬老院集中供养水平，鼓励在有条件的村庄开展日间照料、老年食堂等服务
	东部地区数字乡村建设典型案例研究——基于涉农数据要素综合应用的视角	以数字技术赋能乡村公共服务，推动“互联网＋政务服务”向乡村延伸覆盖。着眼解决实际问题，拓展农业农村大数据应用场景。加快推动数字乡村标准化建设，研究制定发展评价指标体系，持续开展数字乡村试点

续表

类别	课题名称	2022 年中央一号文件原文
乡村建设类	农业农村碳汇产品助力增收路径研究——以福建林业碳汇为例	研发应用减碳增汇型农业技术，探索建立碳汇产品价值实现机制
	农业农村碳汇产品开发研究及典型案例分析——基于塞罕坝机械林场和定边县的经验报告	
乡村治理类	易地搬迁后社会融入机制——西南地区 3 县大型安置区调查报告	完善易地搬迁集中安置区配套设施和公共服务，持续加大安置区产业培育力度，开展搬迁群众就业帮扶专项行动。落实搬迁群众户籍管理、合法权益保障、社会融入等工作举措，提升安置社区治理水平
	帮扶产业风险评估与防范机制研究——基于西部 2 省 5 县脱贫地区的典型调查	逐步提高中央财政衔接推进乡村振兴补助资金用于产业发展的比重，重点支持帮扶产业补上技术、设施、营销等短板，强化龙头带动作用，促进产业提档升级
	盘活闲置帮扶资产典型案例研究——基于新疆经验的调研报告	保持主要帮扶政策总体稳定，细化落实过渡期各项帮扶政策，开展政策效果评估

乡村发展、乡村建设和乡村治理是乡村振兴的三大核心领域，只有三者有效协同、良性循环，乡村振兴才能够发挥出整体势能。项目课题组根据十大前沿热点问题的类别和属性，相应地划分为乡村发展、乡村建设、乡村治理三类问题，以下是对十大专题 12 个专项研究成果的精要概括。

一、乡村发展类

乡村发展类专题聚焦通过产业振兴促乡村发展，包括乡土人才、非农产业、金融助农、新型集体经济 4 个专题共 5 份研究报告。

（一）乡土人才培养机制典型案例研究

人才是乡村产业发展活的灵魂。乡村发展和产业兴旺，需要拥有一支高素质的乡村人才队伍，充分发挥其专业能力，不断提升乡村农民群体的劳动技能及改善生产方式，并由此逐步实现由传统农耕模式向机械化、规模化、生态化的现代农业转化。

乡土人才是农村经济社会发展的中流砥柱。乡土人才是活跃在农业和农村经济发展一线、具有一定科学文化知识或一技之长、为农村经济社会发展作出突出贡献的农村能人、“田秀才”和“土专家”。源于福建南平的科技特派员制度，在我国经过二十多年的实践，构建起了一种特殊的、相对独立的全国基层人才培养开发体系，从中可以归纳和总结出一系列可推广、可复制的乡土人才开发培养经验。

科技特派员制度的独特优势。该制度的宗旨是“坚持人才下沉、科技下乡、服务三农”。该制度的核心内涵是“高位嫁接，重心下移，互动联动，一体运作”，激活乡村振兴内在动力，通过市场机制把科技人才资源与农村、农民资源进行匹配，从而实现更新、更高、更深层次的优化组合，结成牢不可破的责权利共同体。

科技特派员制度的特殊价值。科技特派员是乡土人才的中坚力量，这一制度是乡土人才培育的摇篮，通过对科技特派员运营机理进行系统梳理和工作借鉴，可应用到宏观政策层面的乡土人才建设领域。其价值在于，能够让人才服务渗透于乡村产业前、中、后的各个环节，将现代科技要素根植基层一线，使生产、技术与市场有机链接，公益性服务和经营性服务相互促进，共同推进农业科技创新和科技成果转化。

乡土人才发展坚持的四个原则。一是坚持初心为农、行动富农的原则；二是坚持产业孵化、服务强化的原则；三是坚持市场主导、政府引导的原则；四是坚持创新驱动、创业带动的原则。

进行乡土人才发展的顶层设计。一是制定专项规划。通过乡村人才振兴规划，明确乡村人才振兴的总体要求、重点任务、政策措施，推动“三农”工作人才队伍建设制度化、规范化、常态化。二是完善组织架构。强化县、乡、村三级管理力量，通过专项乡土人才机构，保障其政策在“最后一公里”得到落实。三是通过制度优惠和倾斜，使乡土人才获得相应的利润和回报，激励社会优质资源向乡村流动。四是聚焦产业生态。将乡土人才选派在产业关键链条上，围绕主导特色产业，加快产业科研攻关和成果转化，推动产业向差异化、特色化、高端化方向发展。五是搭建事业平台。通过乡土人才的专业基地和组织，让乡土人才有成就感、荣誉感、归属感和使命感。

建立乡土人才发展评价体系。一是创新人才供需匹配方式，探索“三农”职业经理人、运行中介及大数据平台的对接。二是完善人才分类评价标准，建立符合地方经济社会发展需求的人才分类评价和支持体系。三是突破乡土人才评价机制，突出需求导向，完善乡村高技能人才职业技能等级制度，组织农民参加多种技能评价，探索“以赛代评”“以项目代评”。四是明确乡土人才考核目标，将乡土人才建设工作纳入五级党委和政府绩效考核指标，建立乡土人才日常服务、组织培训、实施项目等情况的服务积分管理制度。五是激发乡土人才创业热情，以实际待遇提升真正汇聚乡村振兴宝贵的人才资源。六是提升乡土人才社会认同度。

发展赋能生态，构建乡土人才体系。一是开展产业赋能。引导社会资本下乡，通过“老板带老乡”多办农民“办不了、办不好、办了不合算”的产业；支持乡土人才创办家庭农场、专业合作社等经济实体。二是开展学用赋能。依托高校和科研机构高层次人才带动优势，研究建立有效激励机制和制定人才柔性引进管理办法，引导各类人才向乡村集聚，开展形式多样的学习培训。三是开展待遇赋能，推动专业技术人才和技能人才贯通发展，开发职业认证体系。四是开展数字赋能，发力数字经济，加快推进数字人才建设，为各类人才提供精准、高效、便捷的人才信息化服务。

（二）脱贫县非农产业发展典型案例研究

乡村产业振兴的最大增量在于非农产业的发展和成长。非农产业，即工业、服务业，也即第二、第三产业。1998 年，中国非农产业就业人口第一次超过农业人口，标志着中国不再是传统的农业国家。根据《中国人口普查年鉴 2020》中的第七次人口普查分项数据，农、林、牧、渔业从业人员占全部就业人口比重为 20.6%，现有从业人员中，35 岁以下占比仅为 13.6%。在可以预见的未来，非农产业在农业经济中的占比还将持续增加。当前我国社会正处于城镇化中期、工业化中后期、产业升级关键期、信息化深化期，这一历史阶段定位，给乡村非农产业提供了广阔舞台和契机。近两年来中央系列政策文件多次提到非农产业，对于乡村发展具有重大意义。课题组将江西省井冈山市竹产业作为乡村非农产业代表进行了一线走访。调研发现，非农产业已成为农民群体收入增长的主要贡献力量。大力发展非农产业，能够有效延长农业产业链，在乡村地区创造更多附加值，并有助于在县域形成主导产业，进而实现脱贫县经济稳步提升和城乡融合发展。

脱贫地区非农产业发展常见问题。一是帮扶产业发展链条短，存在帮扶种养类别单一、投融资模式单一等问题。二是产业发展要素存在瓶颈，土地、资金、人才等要素供给不足。三是产业竞争力不足，产品缺乏创新和技术含量，农业外的产业功能发掘不足。四是集体经济组织结构松散，合作模式单一，农民参与积极性不高。五是产业经营主体带动能力不强。

脱贫地区非农产业全国典型案例的经验总结。一是科学选择产业类型，充分考虑本地生态适应性、环境条件、区位条件，发挥资源比较优势。二是培育新型经营主体带动能力，如河南省滑县推出“扶贫贷”，重庆市万州区指导农场主采用企业管理模式等。三是创新带贫机制，在项目设置、利益联结、收入来源、集体资产运营等方面兼顾原则性和灵活性。四是支持欠发达地区产销对接，引进龙头企业，服务市场需要，打通外销渠道。五是强化科技服务和人才培养。六是强化金融保险服务。

我国竹产业资源丰富，市场前景广阔。作为世界上最主要的产竹国，我国的竹类资源、竹林面积、竹材蓄积、竹材产量及竹产品对外贸易量均居世界首位。我国竹子分布在除新疆、内蒙古、黑龙江、吉林外的其他省份，绝大部分区域都适合竹子生长，拥有巨大的经济价值、生态价值和文化价值。到 2035 年，全国竹产业总产值将超过 1 万亿元。目前，在全球“竹代木”“竹代塑”“竹代钢”理念下，竹子是极其重要的原料。竹产业横跨第一产业、第二产业、第三产业，是极具活力和潜力的绿色富民产业。

江西省井冈山市竹产业的市场机遇和挑战并存。一是有基础但质量和效率不高。井冈山市目前每根毛竹的经济效益为 20~80 元，国内发达地区的浙江省安吉市和福建省永安市每根毛竹的效益可以达到 200 元。二是有潜力但同质化竞争过大。井冈山市共有毛竹 5500 余万株，目前竹子相关企业只利用了这些资源的 30%~50%，但同时面临浙江省安吉市、福建省三明市及湖南省醴陵市等周边省市竹子产品的竞争冲击，目前井冈山市尚无规模产值在 2000 万元以上的大型竹子企业。 三是有产品但没有品牌。井冈山全市竹子企业多为低端、小散企业，且大多是无牌加工，品牌意识不强。虽然创建了“井冈翠竹”品牌，但由于品牌宣传力度不大，因此没有溢价效益。四是有企业但没有核心竞争力。大部分企业仍处于产业链和价值链的低端。该市竹产业专利申请集中在实用新型专利和外观设计专利上，技术发明专利数量很少，且缺乏科技人才，目前从业人员主要是高中以下学历水平。五是有历史传承但产业发展空间受阻。目前市场需求不断变化，竹产品市场萎缩，竹加工企业有近一半转产停业，毛竹价格也持续降低。

电商平台成为井冈山市竹产业市场拓展新方向。目前井冈山市鼓励商家借助电商直播带货平台，开拓直播带货新方向，对竹子加工产品在网上直播售卖。井冈山市也在利用该地特殊的红色文旅目的地优势，通过大规模外地客流带动竹子文化传播，推动竹子相关产品营销。课题组前往江西省吉安市井冈山市茅坪乡马源村，走访了井冈山市比较活跃的电商企业木泰竹业公司。作为一家竹子文创产品电商企业，企业主在自家宅基地上建立了“竹木家具生活馆”，通过抖音、快手直播卖货，一年能够有500万元销售额。

拓展竹产业上下游产业价值链，通过国际竹藤组织和利用全球“禁塑令”等契机打造全球产业竞争力。国际竹藤组织是中国设立的首家独立、非营利性政府间国际组织，可充分发挥该机构职能，支持农村竹藤加工企业发展壮大，从而推进农村贫困地区包容与绿色发展。利用全球“禁塑令”契机，通过我国6亿吨的竹材年产量来替代全世界4.6亿吨的塑料年消耗量，打造万亿元级的竹子产业，推进生态文明建设和绿色产业发展。

强化政府政策引导，发挥行业协会服务功能，实施竹产业从产品到品牌的阶梯驱动战略。一是我国主要竹产区政府要重视和支持竹产业发展，将竹产业发展列入议程，编制专项规划，出台配套政策措施。二是地方政府加快培育一批具有设计研发、核心制造能力的竹产业骨干企业，加快培育一批“专精特新”竹子中小企业。三是充分发挥竹子行业协会的服务、协调和组织功能，制定行业标准，规范同业竞争，着力保护企业权利和行业利益。

促进竹子产业与国家的碳汇产品市场结合。竹林具有固土蓄水、净化空气、美化环境等功能，生态保护作用明显，是绿色低碳发展的典范。竹子生长快，一次种植、永续利用，而且竹林固碳能力很强，毛竹林一年的碳积累量为12.75吨/亩，地上部分碳积累量是速生杉木的1.46倍，加工成产品储存碳，是对我国实现碳达峰碳中和目标的有力支撑。当前，全球森林面积急剧下降，但竹林面积却以每年3%的速度增长，全球竹林面积目前约为4800万公顷，竹林固碳是减缓气候变化的主要途径之一。

（三）金融资本助力乡村产业振兴路径研究

开发利用好乡村资产和资源，是金融下乡助农的重要基础。乡村发展过程中，由于农业产业的长周期性和非完全市场性，加之农村土地特殊权属关系，导致金融资本力量的介入深度和覆盖广度都比较有限。乡村资产具有三大特点：总量庞大、固定资产占比近半、高度集中在村级。截至2019年底，全国集体土地总面积为65.5亿亩，账面资产为6.5万亿元，其中经营性资产为3.1万亿元。集体所属全资企业超过1.1万家，资产总额为1.1万亿元。通过市场化手段盘活、利用好农村资源和资产，能够让农村资产获得更多金融支持。

生物资产证券化提供了金融助农新路径。课题组就生物资产证券化产业思路对四川省眉山市鼎士科技公司进行了访谈。乡村的种植端是农业产业链中风险最高的环节，种植业标准化及抵押资产的缺失影响了其融资能力。在订单农业模式下，通过选择优质的农产品订单，将农户在订单中可预期得到的农产品订单销售收入权益组合成基础资产池，并将其资产组合证券化，利用“订单 + 期货 + 证券”或“订单 + 包销 + 证券”的结构化运作，将农产品的价值在订单合同中提前锁定，利用期货市场或政府包销的方式保证这种远期合同实际履行，然后将这种确定的未来能产生现金流的资产权证化及证券化，这就是生物资产证券化。对于农村农业发展来说，资产证券化这种方式能够促进城市资金向农村回流，引导资金向农村地区供给。

金融资本助力乡村产业振兴面临的共性问题和挑战。从需求层面来看，农村农业产业基础薄弱、有效抵质押物缺乏、从业人员投融资意识不强、基础设施建设相对落后等问题的存在，影响了其金融资源的可获得性；从供给层面来看，金融机构的同质化竞争、信用担保机制的缺失、农业保险体系不完善、金融供给合力小等问题的存在，影响了金融供给的针对性和有效性；从政府层面来看，产业振兴方向不够明确、相关企业农户主体名录尚未建成、金融机构协调机制不完善等问题的存在，使得“政府＋金融机构＋融资主体”的催动型保障体系建设慢，影响了金融资本与产业振兴的良性循环。

金融助农作为一项系统工程，需要协同推进、多方联动。一是国家乡村振兴局与各部委“总”对“总”政策协同，再自上而下地推进，发挥各级乡村振兴局的作用。二是推动政策资金和专项资金灵活性使用，政策性金融机构和商业性金融机构共同建立分工明确、互补有序的合作局面。三是明确各类金融机构定位，形成协同有序支持乡村产业的局面。四是加强地区联动，鼓励金融机构进行区域内外经验交流与分享，加大对乡村产业弱势地区的金融政策引导、干部挂职交流和专业人才引进力度。

金融助农要精准分类、有效供给。一是推进乡村产业振兴网格信息库建设。消除信息不对称，提升融资便利，降低融资成本，调动龙头企业、农业产业链和价值链核心企业的积极性。二是引导多元主体对多元需求有效供给。鼓励政策资金和专项资金灵活运用，引导社会资本投入。三是通过数字化技术提升金融服务能力。金融机构对乡村核心企业、新型农业经营主体提供数据、渠道、场景的支持。

（四）新型农村集体经济发展路径典型案例研究

集体经济是实现乡村共同富裕的一种重要经济形态。集体经济是我国社会主义公有制经济的重要组成部分，发展新型农村集体经济是中央提出的一项重大战略任务，是完善农村基本经营制度、实现乡村全面振兴、推进农业农村现代化的重要支撑。新型农村集体经济以家庭联产承包责任制为基础，按现代产权制度要求进行改革，以成员间的自愿合作、自愿联合等为前提，依托村一级集体单位发展经济，是实现成员共同富裕的一种经济组织新形态。集体经济的核心职能之一，就是在再分配环节筑牢公平底线，而农村日益增长的公共服务需求也急需集体经济补齐农村社会福利短板。

新型农村集体经济相比传统集体经济具有更多内涵。新型农村集体经济不仅包括传统意义上的农村集体所有制经济，也包括基于私有产权形成的合作制和股份合作制经济，以及公有产权和私有产权联合的混合型集体经济。农村集体资产是指归乡镇（街道）、村集体全体成员（社员）集体所有的资源性资产、非资源性资产。农村的土地资源是集体经济的最重要资源。新型集体经济发展需要乡村产业的市场机制不断完善，乡村集体资产有效开发利用，以及乡村能够持续获得外部的资金、技术和人才。

市场激励型路径代表了新型集体经济发展的新方向。新型集体经济有三条路径，分别是政府扶持型路径、组织引领型路径、市场激励型路径。从发展前景看，政府扶持型路径发展模式相对保守，处于市场化的初级阶段；而组织引领型路径有选择性地与市场主体进行合作，其发展前景较好；市场激励型路径充分依托市场配置资源，其前景最优。

新型农村集体经济典型案例发展经验。一是紧抓改革机遇，走以集体经济组织为核心的多业融合发展道路。完成村级股权配置量化，实现村级股份经济合作社组建。二是用活各类资金，走特色产业引领的资金推动型发展道路。贫困地区要善加利用各级各类帮扶资金和社会资本，推动特色产业落地。三是发挥人才效力，走“能人＋富人”的精英引航型发展道路。一方面，积极吸引回流人才、尊重技术人才、用好用活人才；另一方面，充分利用县级包联领导、县直驻村帮扶工作队、乡镇包村干部、“第一书记”等干部力量。

农村集体经济发展面临多方面的问题和挑战。一是“产权”变“产业”难度大，集体经济发展驱动后劲不足，主要原因是收入渠道单一、缺乏持续性，难以形成优势主导产业，找寻合作经营主体困难。二是农村集体资金效益不高，资本进入意愿不强，主要是政府专项扶持资金强调保值增值分红，求稳有余但创造性不足，效益普遍不佳。三是基层人才资源不足，发展集体经济力不从心。专业组织人员缺乏，经营管理能力不高，村民也缺乏支持和参与意愿。四是集体经济组织身份特殊，阻碍经济管理功能的发挥，集体经济组织运行决策中的“条条框框”很多，而且集体资产监管存在漏洞，也容易产生集体资产被个人侵占和转移风险。

发展新型农村集体经济的对策建议。一是依托土地改革，盘活农村集体资产。在“三权分置”框架下保障好农地所有者、承包者与经营者各自的权利，赋权盘活农村集体建设用地，赋权宅基地流转交易。二是提高对村级集体经济的投入力度和精准度，建立产权清晰、运营高效的农村集体资产运营管理制度。三是拓展乡村创新发展空间，支持优秀人才返乡创业就业。四是优化集体组织治理结构，加强对集体资产统一监管，补齐集体经济组织为成员提供服务不足的短板。

（五）建设“和美庄园”，走新型集体经济之路

课题组对炎陵县道任村、衡南县响鼓岭村、常宁县新柏村和衡阳县友谊村进行一线实地调研，在调研基层“和美庄园”有益探索经验基础上，提出村庄可以组织 6~10 户农民，在平等、自主、自愿基础上，进行耕地、宅基地、公共用地等土地资源及生产资料的统筹整合，实现乡村资源和资产的集约管理和统一开发。

通过“和美庄园”模式破除“逆城市化”障碍。乡村振兴要打通人才、资金、技术等资源和要素流向农村的通道。过去，到农村搞绿色有机产业，向农户一家一户流转土地很艰难，容易与农民发生矛盾，政府办证也不方便，很多人望而却步。“和美庄园”模式中，土地流转由村集体完成，不需要再和村民逐个讨价还价，流转经营证等法律文件由乡村统一免费办理，省去了很多中间环节。

实现土地资源、生产资料的适度规模化经营和集约利用。“和美庄园”模式提出，以6~10户为适宜规模，整合耕地、山林、水库等乡村资源，既不会因规模太小影响效益，也不会因规模过大而出现土地兼并和资金链断裂。课题组提出农村宅基地改革的“品”字方案，将宅基地以村为单位统一规划，每个“和美庄园”规划一处按新标准可以建10户左右的宅基地，长度80米左右。按这个标准建房的村民，可以在村中心庄园优惠购置一套120平方米的住房和一处60平方米的经营门面，占地面积只有60平方米，比原来节约宅基地一半以上，接近省级标准，部分村民无地建房的问题迎刃而解，从而形成“和美庄园”发展模式。

激活乡村振兴内生动力，推动乡村特色主导产业的发展壮大。“和美庄园”的资源适度集约，将过去不太好操作的“公司+农户”模式转换成比较好操作的“公司+庄园”模式，有效解决了农业专业公司在农村的管理和运营问题，推动主导产业的形成和发展。在没有农业专业公司入驻的农村，通过引进乡贤群体作为庄园开发者、建设者，也能够带领农民走出一条特色产业发展之路。

二、乡村建设类

乡村建设具有明显的公共性和经济外部性，地方政府需要发挥主导作用，承担主体责任。乡村建设类专题聚焦基层民生发展，关注农民的就业创收、生活质量的基本保障及稳步提升，包括乡村养老、数字乡村建设、农业碳汇产品设立3个专题共4份研究报告。

（一）农村养老典型模式研究

乡村养老尤其是失能老人养老问题突出。农村老年群体基础疾病多，子女通常不在身边，失能照料服务存在空缺，老年群体因病返贫、因老返贫现象突出。在农村，身体健康且具有一定劳动能力的老年人并不是负担，真正需要帮助的是那些失能、半失能老年人，由于对这一群体提供养老服务需要具备一定医疗背景和专业能力，因此通过乡镇卫生院或者由乡村医生来承担其服务职能，是比较合理现实的选择。

基层政府对互助养老模式有着大量实践探索。课题组聚焦农村养老面临的诸多困境和风险，关注农村空巢独居老人养老问题，对河南省周口市太康县、河北省邯郸市肥乡区、陕西省杨凌示范区杨陵区进行一线走访，考察了目前我国乡村基层应用比较广泛的养老幸福院互助养老模式。一是河南省周口市太康县总结出了集中供养、居村联养、社会托养、亲情赡养、邻里助养“五养模式”，整合了政府、社会、家庭多方资源，满足农村老人多层次、多样化的医护和养老需求。二是河北省邯郸市肥乡区养老互助幸福院，坚持党委统揽、村委主办、多元主体共同参与、地方财政给予支持，具有管理规范、简便易行、服务对象明确、保持熟人社会等优点。三是陕西省杨凌示范区杨陵区坚持“党委领导、政府主导、村级负责”原则，经费保障有力，管理精细规范，整合多项公共医疗服务资源，老人可获多项服务。

农村养老互助幸福院典型案例经验总结。一是坚持党委统揽、村委主办、多元主体共同参与原则。经济条件薄弱的农村，互助养老模式需要政府支持，村委组织运营，入住老人、家属及其他社会力量共同参与，聚合社会各领域资源与智慧。二是通过地方财政保障养老幸福院的可持续发展。家庭联产承包责任制实行后，农村集体经济被大大削弱，没有地方财政的前期支持，农村互助养老不可能发展起来。三是有效整合各方资源，规范的运行管理有助于提升农村养老能力。比如，绝大部分农村幸福院都是利用废旧学校、卫生院（室）、村委办公室、敬老院改造而成，大大降低了幸福院建设的成本。四是发展农村养老必须坚持因地制宜原则。幸福院的养老服务对象、内容、标准等要符合当地经济、文化、社会的实际情况。五是以老年人的需求为导向，逐步推进农村养老体系建设。坚持需求导向，以老人需要的养老服务为突破口，逐步推进农村养老服务体系建设。在经济基础薄弱、资金不充足时，要先针对特定群体开展服务，在逐步完善的基础上再扩大到空巢老人、留守老人等群体。

农村养老仍然存在诸多困境和挑战。一是传统养老观念浓厚，失能、半失能留守老人的养老需求得不到有效解决，而养老互助幸福院一般也不接收失能、半失能留守老人。二是农村对养老护工的职业身份认可度非常低，养老机构护工难找、难留、护理不专业成为普遍现象。三是养老机构设施非适老化问题突出，软硬件基础设施条件有限，日常生活多有不便之处。

多措并举解决农村养老问题。一是农村老人群体规模大，差异大，养老需求不同，要提供多元化、个性化养老服务。二是因地制宜确定养老互助幸福院养老服务内容，乡村幸福院后续可发展部分护理床位，雇用护工开展失能、半失能老人护理工作。三是推动民营资本积极进入养老领域，地方政府多提供专业指导和政策支持。四是整合乡镇卫生院闲置资源，开展留守失能老人照护服务。五是切实提高护工待遇及社会地位，应对护工难找、难留问题。六是公立养老机构可对社会有限开放，尽量满足失能、半失能老人对社会养老服务越来越多的需求。

（二）东部数字乡村建设典型案例研究

国家重视乡村振兴的信息化建设工作。2019 年 5 月，中共中央办公厅、国务院办公厅印发《数字乡村发展战略纲要》，为新时期乡村振兴指明了数字化发展路径。2022 年 4 月，中央网信办、农业农村部、国家乡村振兴局等 5 部门联合印发《2022 年数字乡村发展工作要点》，要求充分发挥信息化对乡村振兴的驱动赋能作用，加快构建引领乡村产业振兴的数字经济体系，构建适应城乡融合发展的数字治理体系。

东部发达省份，尤其是浙江省走在全国数字乡村建设前列。2021 年 6 月，《浙江省数字乡村建设“十四五”规划》发布，提出到 2025 年，浙江省乡村基础网络体系逐步完备，数字“三农”协同应用平台全面建成，乡村数字经济发展壮大，城乡“数字鸿沟”逐步消除。需要注意的是，数字乡村建设作为一项跨部门、跨层级、跨区域的系统工程，涉及领域广、业务范围大，单靠政府部门自投自建自管，无法完全发挥作用。数字乡村建设需要多元主体共同参与，尤其是要引导和激励社会层面数字科技企业的积极参与，形成乡村协同共建的良好格局。

东部地区4个数字乡村建设案例展示了大数据体系应用开发前景。数字乡村是数字经济时代农业农村发展的新形态，兼具市场属性和公共属性，课题组共调研整理出了东部发达地区的4个典型案例。一是北京市平谷区“平谷大桃”案例，侧重数据要素对农业产业产供销全链路的赋能作用；二是浙江省宁波市象山县“象山红美人”案例，聚焦分析数据要素对农业产业供销端的赋能作用；三是浙江省湖州市德清县“水木番茄蔬菜工厂”案例，凸显数据要素对农业产业生产端的赋能作用；四是北京一亩田新农网络科技公司案例，强调农产品流通大数据服务体系的数据采集、分析和服务功能对农业产业数字化转型的驱动作用。

数字乡村未来发展的三大趋势。一是农业农村大数据平台和重要农产品全产业链大数据库将加快建设，它是数字乡村建设的“龙头”。二是大数据与农业生产经营融合程度将逐渐加深，农业生产经营趋向简单化、标准化、精细化，并由“事后处理”逐步转变为“事前预测”。三是“大数据＋农产品”产供销一体化的数智化模式将逐步构建，并将打造从田间到餐桌的产供销一体化全链闭环。四是“大数据＋农产品品牌”的新型营销模式将加速推广，一方面，数据要素承载的价值信息将成为生产高质量、安全的品牌化农产品的关键因素；另一方面，海量、多维的用户交易数据将越来越有条件为电商平台实施精准营销。

不断提高数据要素在推进乡村产业发展和数字乡村建设中的综合应用能力。一是构建一个全方位、多层次的农业农村大数据体系，省（自治区、直辖市）政府牵头，联合高校、科研单位、大数据企业和农户，共创共建共用农业农村大数据平台。二是培育一批具有数字素养与技能的人才队伍，大力培育爱农业、懂技术、善经营、能管理的新型职业农民，培育一批高素质、专业化的“本土技术专家”，推动打造由政府管理人员、专家、返乡大学生等组成的数字乡村常态化服务队伍。三是探索和创新多个数据要素典型应用场景，积极探索和创新数据要素在生产、加工、流通、销售等产供销全链条的典型应用场景，探索数据要素在提升农产品质量、优化用户体验、创新营销方式、催生用户新需求等方面的应用场景。

（三）农业农村碳汇产品助力增收路径研究

碳汇开发能够实现农民受益。林业碳汇，就是在林木资源吸收和固定二氧化碳同时，释放氧气的生态功能，通过专业项目的开发与核定，将碳汇定量变成有价商品，并在碳交易市场进行交易，从而实现碳汇收益。以森林资源保护为前提开发的林业碳汇项目，既有利于保护当地生物多样性和生态环境，又能创造经济效益，提高林农收入，变“输血”为“造血”，项目收益将直接惠及林权人，对巩固脱贫攻坚成果、助推乡村振兴战略有重要意义。

福建省试点探索出四种碳汇交易模式，积累了丰富的开发经验。福建省作为我国南方地区的重要生态屏障，森林覆盖率高达66.8%，截至2022年6月，福建省累计完成福建林业碳汇（FFCER）交易量378万吨、交易额5605万元，成交量和成交额均居全国前列，其林业碳汇交易案例具有重要的试点示范意义。课题组通过对福建省三明市、顺昌县、武平县、上杭县等试点地区进行深入访谈，剖析了“森林生态银行”“林业碳票”“碳汇林”“林业金融区块链”等典型模式。一是“森林生态银行”模式，该模式鼓励林农在平等自愿和不改变林地所有权的前提下，将碎片化的森林资源经营权和使用权流转进来，打通资源变资产、资产变资本的通道。二是“林业碳票”模式，即以林木生长量的增量为测算基础，换算成碳减排量，然后再以票据的形式发放，转化成可交易、可收储、可贷款的收益权凭证。林业碳票被赋予交易、质押、兑现、抵消等权能，是三明市在全国的首创。三是“碳汇林”模式，即依托林场，通过植树造林、森林资源培育、生物多样性保护等措施，鼓励企业、集体经济组织和林农积极参与造林增汇活动。四是“林业金融区块链”模式，利用区块链技术，针对数据壁垒坚固、信息不对称、林权抵押贷款程序冗长等难题，打通和汇集不同部门、节点的数据，实现林权数据协同入链和林农档案共享，形成集信贷业务申请、审贷、评估、担保、登记、放贷于一体的线上服务平台。

福建省林业碳汇探索过程面临的若干挑战。一是林业碳汇开发模式粗放，潜力未充分释放。经营强度低，产出较低，林权分散，难以显现规模效益，单家独户森林资源管护力量薄弱。二是林业碳汇测算口径过窄，林农参与积极性受限。目前国内尚无天然林碳汇项目方法学。三是林业碳汇金融制度不健全，资本引入难度较大。林业碳汇价值评估困难，林业碳汇权属登记复杂，林业碳汇流转处置困难。

林业碳汇市场开发的对策建议。一是精准提升集体林地碳汇能力，提高林农碳汇资产存量。促进村场合作造林，加强森林经营和林分改造提升，通过林业生态保护减少林业碳汇损耗。二是拓宽林业碳汇测算口径，提高林农参与碳汇开发积极性。允许有人为干预的森林进行碳汇开发和交易，针对集体林地类型开发方法学。三是建立碳资产分级开发模式，进行“人工额外性”林业碳汇项目开发，对人工额外性不明显的林业碳汇资产进行普通自愿减排项目开发。四是建立林业碳汇数字化平台和林业碳汇动态监测体系，并推动平台信息共享。五是创新林业碳汇金融模式，通过产权制度改革提高农户收益的预期，建立林业区块链交易平台。六是建立碳普惠农积分评价体系，开发碳普惠农便民 App 程序，扩大碳普惠农的绿色应用场景。七是拓展林业资源综合利用途径，助力林业增效和林农增收。按照“林旅文”融合发展方向创新生态资源联合开发模式，推进用材林、竹林以及花卉苗木、林下经济生产基地景区化、功能化建设。

（四）农业农村碳汇产品开发研究及典型案例分析

乡村农林碳汇产品是当前有待开发的新兴市场。我国乡村地域广阔，拥有全国核心城区之外95%以上的空间资源，在国家“双碳”目标背景下，农、林、草等领域拥有极大的碳汇潜力，是我国绿色环保事业的重要阵地。林业碳汇相对于工业减排而言，具有成本低、效益好的优点，在精准扶贫、生物多样性保护、改善生态环境、维护国家生态安全等方面具有显著效益，兼顾减缓和适应气候变化的双重功能。不过，我国农业农村减排固碳的生态价值和经济价值尚未充分体现，一系列农业农村减排固碳模式尚处于探索阶段。

农业农村碳汇产品开发增收典型案例及经验。一是充分挖掘社会资本，鼓励社会力量参与农村碳汇开发。例如，在河北省围场县，当地的塞罕坝伯斯特君澜酒店购买了575吨二氧化碳当量的塞罕坝机械林场碳汇造林项目产生的核证自愿减排量（CCER），进行酒店全部排放量抵消，实现了特定时段碳中和。二是重视农民企业家，发挥农民企业家的带头作用。陕西省定边县石光银治沙集团有限公司成立于1984年，是全国第一个“联合农户治沙”的农民治沙公司，先后承包治理国有、集体荒沙及盐碱地面积达25万亩，具备参与碳汇市场的良好条件。

农业农村碳汇产品开发增收面临的主要问题。一是潜在可交易碳汇量难以进入市场，碳汇市场顶层设计有待完善。基层反映较多的是我国碳排放交易试点普遍设置了较为苛刻的准入门槛，市场秩序仍旧混乱。二是林地管理意识淡薄，权属问题不明晰。在不同省份和地区，林地权属确权和林地非法侵占成为亟待解决的问题。三是基层舆论氛围不足，社会公众参与积极性不高。事实上，由于缺少法律法规约束和相关激励措施，普通群众难以参与碳汇项目并受惠。

碳汇产品开发增收的政策保障及措施。一是构建并完善对碳汇交易市场的监督监测机制，提升碳汇交易市场的科学性和公平性，保证碳汇交易管理措施的贯彻落实。二是完善林业碳汇权利的登记制度，划清碳汇交易的产权边界。农户通过林改取得了集体山林的独立经营权（林权），其林业生产劳动应当获得额外碳汇收益。三是营造社会舆论导向，政府调动全社会参与碳汇交易的积极性，鼓励和引导各方力量参与县域农业农村碳汇项目的技术开发和试点。

三、乡村治理类

乡村治理的关键在于乡村公共服务能力的提升。乡村治理类专题直面当前乡村振兴过程中的痛点和难点问题，包括易地扶贫搬迁社会融入、帮扶产业风险评估、闲置帮扶资产 3 个专题共 3 份研究报告。

（一）易地搬迁后社会融入机制典型案例研究

易地扶贫搬迁，是脱贫攻坚过程中最具彻底性的一种政策手段。在脱贫攻坚过程中，我国共有 9899 万贫困人口摆脱了绝对贫困，其中有 960 多万人通过易地扶贫搬迁实现了脱贫。易地扶贫搬迁，是国家明确的精准扶贫精准脱贫路径之一，是脱贫攻坚的“头号工程”和标志性工程，也是难度最大、投入最多的专项扶贫工程。易地扶贫搬迁安置社区治理及社会融入，是巩固易地扶贫搬迁脱贫攻坚成果的后续重点工作，直接关系到脱贫攻坚成效的巩固，关系到千万搬迁群众的幸福感、获得感和安全感。

课题组针对西南地区大型易地搬迁安置区开展社会融入调查。大型安置区涉及搬迁群众的收入、生活，既包括县级、乡镇和社区提供的基础设施和公共服务配套、物业管理等“摸得着、看得见”的内容，更牵涉社区认同、心理安全、文化融合等“摸不着、看不见”的内容。课题组针对易地搬迁后社会融入这一焦点问题，选择了易地搬迁人口集中安置规模大、代表性强的云南省鲁甸县、贵州省水城区、广西壮族自治区环江县进行了现场走访和深入调研。

基层政府的现有成功经验和方法。一是注重党建引领和基层服务，贵州省水城区深化基层党建、公共服务、培训就业、文化服务、社区治理“五个体系”建设。广西壮族自治区环江县创新推行易地扶贫搬迁“六联一带”新型社区治理模式，即党建联抓、自治联管、产业联扶、就业联创、文化联办、服务联动，全力带动搬迁群众安居乐业，着力破解易地扶贫搬迁社区治理突出难题。二是科技助力，落实精细化管理。如云南省鲁甸县卯家湾安置区引入信息化技术，开发了“幸福卯家湾”智慧管理系统，实现了对搬迁户的精细化管理和服务。三是社会帮扶，形成服务合力。开展诸如购买社工服务、指导搬迁家庭育儿、建立社区公益性“新时代幸福餐厅”、组织暑期托管等活动。

当前社会融入过程中存在的主要问题。一是物业管理困难。目前调查的 5 个大型城镇搬迁安置区中，已有 3 个社区物业管理公司因物业费征收困难、运营亏损而撤离，未撤离的 2 家公司也严重亏损。其主要原因在于：部分搬迁户长期外出务工，家里无人，无法征收，比例约占 20%~40%；有 10% 的家庭收入过低，无力支付物业费；还有部分搬迁户没有缴费意识，认为政府动员组织的搬迁，不应该收取物业管理费。二是住宅专项维修资金缺失。调研的 5 个城镇集中安置社区搬迁户均未缴纳住宅专项维修资金，搬迁安置房维修资金“无着落”，电梯维修等普遍出现问题，社区无法自行筹措经费解决。三是特殊群体社会融入心理问题。老年人群体不喜欢都市社区生活，经济能力有限，精神负担过大；10% 左右的灵活务工人员，只能依靠公益岗位、低保等维持最低生活需要；搬迁集中安置以后，一些家庭矛盾由暗转明，搬迁后的离婚和再婚现象多发，影响搬迁安置区的安定团结和社区建设。四是人口自然增长后住房困难。搬迁户家庭人口增加后，住房问题成为目前社会融入的一个焦点，普遍存在住房面积不够、购买商品住房收入不够、搬迁户购房贷款难等问题。五是户口迁移慢。部分搬迁群众考虑到医保报销和方便子女上学，把户口迁移到安置区。但大部分农户对于把户口迁到安置区疑虑较大，担心户口迁移后，失去土地承包经营权，不愿迁、不想迁，也担心子女无法在安置区生存，因而留下农村户籍作为退路。

社会融入工作的对策建议。一是推行精细化管理体系建设。建设信息化、数字化、网格化、智能化的社区智慧信息采集和管理服务平台，为搬迁群众提供便捷的政务信息服务。二是探索安置社区物业管理模式多元化。要坚持收物业管理费，再有针对性地补助、减免；要区别对待经济条件不同的住户，盘活社区存量资产，可通过收取社区停车费等方式创收，来抵消物业管理公共部分的各项支出；要推动自主管理，降低管理成本、增加就业机会。三是地方政府出台搬迁安置社区住宅维修资金来源、管理与使用的有关规定，改变搬迁社区杂乱状态。四是构建安置区“刚需”住房保障体系。针对人口增长较多且有一定购房能力的家庭，研究制定保障性住房购买支持政策；对于人口增长较多且没有购房能力的家庭，提供廉租房的租房补贴政策。五是持续引导搬迁群众融入社区生活。引导搬迁群众转变思想观念，更新生活习惯和生产方式，引导他们主动抛弃“等、靠、要”思想，激发其内生动力，完成从居深山的农民到文明“新市民”的身份转变。

（二）帮扶产业风险评估与防范机制研究

云南省、贵州省帮扶产业案例调研情况及问题。脱贫攻坚期间，国家投入专项帮扶资源，在广大乡村地区形成了巨额帮扶资产，这些资产的帮扶效益及运行状况成了国家乡村振兴局及各级政府关注的重点。课题组走访了云南省鲁甸县、会泽县、楚雄市和贵州省盘州市、黔西南州晴隆县共2省5县（市）。研究发现，随着要素投入不断增加，产业规模不断扩大，当前帮扶产业面临的风险不容忽视。脱贫地区帮扶产业发展总体上还处于起步期，存在一些基础性、苗头性、倾向性风险，这些风险性因素，既有自然环境因素，也有主观人为因素，既有生产技术因素，也有市场波动因素。这些风险因素的存在，导致有可能出现帮扶资产闲置、帮扶资源浪费、帮扶企业破产倒闭等现象。

中西部脱贫地区帮扶产业整体发展态势。一是帮扶产业初具形态，特色产业发展迅速。对西南五县的调研发现，国家的一系列帮扶政策能够较好地结合当地的地理气候、资源禀赋、种养传统，在原深度脱贫的西南地区扶持了一批有优势的特色产业，如云南省会泽县肉牛和马铃薯产业、贵州省晴隆县“大亚湾—晴隆”产业园项目。二是主导产业逐步明确，新型经营主体增量明显，并成为产业帮扶、生态帮扶、资产收益帮扶及金融帮扶的重要组织载体和工作抓手。三是发展基础依然薄弱，可持续助农能力仍需巩固。西南调研地区仍然是传统的种植生产方式，农业生产劳动强度大，生产成本高、效率低，在一定程度上制约了增产技术的推广应用，且道路、水利、电力、市场等各种基础设施建设比较落后。

脱贫地区帮扶产业发展面临的主要风险与问题。一是多数产业存在产业链条偏短、价值链纵深不足等风险点，分散的“小生产”与“大市场”对接困难，除部分龙头企业外，多数产业重心仍然停留在产品初级加工阶段。二是帮扶产业粗放式经营，科技支撑附加值能力过低。生产成本过高或产出的农产品质量不佳，产业项目经济效益大打折扣。三是经营主体多样性有限，主体不强，缺乏韧性，品牌力弱。大量农村青壮年劳动力转移到城市，农业兼业化、农民老龄化、农村空心化状况明显。四是帮扶政策针对性不强，资金支持存在“厚外薄内”和“垒大户”的倾向。地方政府更重视招商引入的龙头大企业，而对当地中小微企业的发展支持力度差距明显。五是脱贫地区农业生产多为小农生产，自然风险敞口过大，对市场价格波动缺乏有效应对措施。

帮扶产业监测及风险防范的对策建议。一是立足地方特色抓好生产基地建设，延伸农产品加工产业链，发挥品牌聚集效应和产业集群优势，促成农产品多重增值转化；以数字经济为杠杆突破发展瓶颈，推动当前帮扶资金向新型基础设施建设倾斜；加强农田水利基础建设，保障高品质农产品有效供给。二是巩固农业科技支撑力度，提高终端产品附加值。理顺农业技术推广服务体系机制，探索农林高校及科研院所科技支农模式。三是推动农户与龙头企业建立紧密型利益联结机制，打造三位一体的综合性农民合作组织。四是优化产业帮扶机制和服务体系，利用第三方专业平台对帮扶产业开展立项论证、可行性规划、过程监理、后评价等全流程监测。五是建立自然灾害预警机制，推动农业保险产生实效。

（三）盘活闲置帮扶资产典型案例研究

脱贫攻坚期间乡村基层形成了庞大帮扶资产。帮扶资产按主管部门统计口径，主要分为经营性、公益性和到户三类资产。目前国家乡村振兴局及本书课题组所关注的闲置帮扶资产，主要指的是经营性资产。根据 2022 年 7 月召开的全国加强扶贫项目资产后续管理暨衔接推进乡村振兴补助资金执行进度调度视频会数据，全国已摸清扶贫项目资产 2.77 万亿元，已确权 2.7 万亿元。新疆是脱贫攻坚的主战场之一，课题组为此前往新疆南疆地区的巴州库尔勒市、尉犁县以及喀什市的疏附县、疏勒县等地开展专题调研。

新疆盘活闲置帮扶资产典型案例及成功经验。一是建立了分类管理实施的制度体系，以资产保值增值为目标，积极探索灵活多样的运管模式和分配机制。二是尊重市场规律，探索和构建有竞争力的运营模式。例如，喀什市疏附县站敏乡艾日克贝西村的金达服装加工厂，由浙江商人与该村一位年轻人联合创办，充分利用南疆地区的人力资本优势和闲置资产优势，实现了当地农民持续就业增收。三是重视技术创新与应用，建立独特的竞争优势。例如，巴州尉犁县团结镇家庭农场项目，采取温室大棚与陆地品种互补种植、错季上市的策略，走特色高价值瓜果蔬菜之路，形成了供不应求的良好市场局面。四是尊重企业家精神，发挥企业家作用。从调研的多个案例看，这些项目之所以能获得成功，企业家、乡村创业能人是其中关键的能动因素。

管好用好帮扶资产的主要问题和挑战。一是脱贫地区基层政府治理能力普遍较弱。管好用好经营性帮扶资产是一项系统工程，对市场开发和产业经营能力要求较高，考验地方政府的治理能力和水平。二是帮扶产业和投资项目定位不合理、规划不科学，导致项目运行很快出现问题。三是资产项目小、散、乱，持续经营难度较大。帮扶项目主要集中在种养殖、农产品初级加工等领域，其规模通常很小、技术门槛低、同质化现象严重、抗风险能力弱。四是效益评价体系不科学，收益分配机制不完善。帮扶资产侧重于资产保值增值，对资产创造的社会效益关注不够，而且只许盈利不许亏损，还普遍要求强制分红，导致出现的闲置资产基层政府不敢出租、经营主体不愿承租。五是高水平的运营主体少，特别是经营管理人才缺乏，且脱贫地区的市场人才流失严重，高水平的运营主体数量不足，帮扶资产委托运营难度较大。

管好用好帮扶资产的政策建议。一是提升基层政府的经济治理能力，让市场在资源配置中起决定性作用，建议将帮扶资产完成确权后，纳入国资平台进行资源整合及市场对接统筹。二是立足城乡融合发展大局，科学制定产业发展规划。客观认识乡村发展的趋势和规律，优胜劣汰，促进帮扶产业整合提升。三是创新资产管理与运营模式，以国有企业、龙头企业为主体，组建供应链或服务链，形成“1+N”运营模式；构建委托“强村”运营模式，推行“联村共建，以强带弱”，整合“弱村”

帮扶资金、零散土地、闲散劳力等资源要素，委托“强村”代为运营管理。四是试点组建乡村振兴资产管理平台。将经营性帮扶资产折合为股权，在充分尊重村民意愿的基础上，试点组建县级帮扶资产管理公司。五是以信息化为支撑，建立健全资产交易对接平台，解决闲置帮扶资产出租、转让、整合过程中的信息不对称问题。六是突出综合效益评价，突出帮扶项目整体的收益率，建立科学、动态的收益分配调整机制。七是保护和激发市场主体活力，培养和鼓励企业家精神。改善营商环境，有效规范各类行政管理行为。大力弘扬企业家精神，培养、管理、使用好乡村人才。

第一部分

乡村发展

第 1 章

乡土人才培养机制典型案例研究

——福建南平科技特派员带动乡土人才建设实证范式

周文龙　胡鸿雁　管蕾①

内容摘要：人才振兴的主要任务是培养一批懂农业、爱农村、爱农民的“三农”工作队伍。乡土人才源于基层探索、群众需要、实践创新，是市场经济条件下科技工作与农业生产相结合的利益联结纽带。人才振兴以科技特派员人才机制为核心，逐步形成多元化、多层次、多类型的乡土人才体系，在农村创新创业中发挥“头雁效应”。科技特派员为乡村振兴提供了系统性的科技支持，为农业产业开发和优化资源配置发挥了重要的桥梁纽带作用，成为乡村产业兴旺的好帮手。课题组就“科技特派员制度带动乡土人才建设”主题赴福建省南平市进行一线调研，深入挖掘乡土人才培养机制在实践中存在的问题，并就顶层设计、评价体系等提出切实建议。

关键词：人才振兴；乡土人才；科技特派员

一、乡土人才及科技特派员机制概述

人才是乡村振兴的关键所在，特别是来源于民间、成长于农村的乡土人才，更是乡村振兴的重要力量。乡土人才是一个宽泛的概念，目前

---

① 本章作者：周文龙，北京国农科技特派员创新服务联盟首席专家、智慧农科信息技术公司董事长；胡鸿雁，人民教育出版社会计师；管蕾，山东省菏泽市公共就业和人才服务中心干部。课题组组长：周文龙。课题调研团队成员：周文龙、田志、白启云。

国内外尚无清晰的认定标准。乡土人才作为乡村振兴的重要支撑力量，他们立足于家园，活跃于农村，在带领农民群众脱贫致富、促进农村产业结构调整、实现乡村振兴过程中发挥着重要作用。

（一）乡土人才的内涵和定义

要理解乡土人才，应先理解新时代的乡土。费孝通《乡土中国》中对“乡土”的解释是：乡土性包含三个特点，一是与泥土分不开，二是不具有流动性，三是熟人社会。乡土人才必定是具有乡根的、拥有知识和能力、长期服务于乡村并能为乡村发展作出贡献的特定群体。由此可将乡土人才简要定性为：乡土人才是农村开发应用和推广普及先进科学技术、把科技成果转化为现实生产力的带头人，是引领农民开拓市场、创业致富的引路人，是活跃在农业和农村经济发展第一线的、具有一定科学文化知识或一技之长、对推动农业和农村经济社会发展作出突出贡献的农村能人。

2021 年 2 月，中共中央、国务院出台《关于加快推进乡村人才振兴的意见》，明确提出乡村人才“全面培养，分类施策；多元主体，分工配合；广招英才，高效用才”的原则。课题组在实践调研中，南平市农科所专家应薛养认为：对于乡土人才的理解，应是自然产生的，而政府推动只是顺势放大而非重新塑造。“土专家”来自民间和基层，能够对周围相邻村庄指导农事技术工作，也可以较为自由地采取收费服务模式，具有很强的社会生命力，解决了很多基层痛点问题，化解了很多基层社会矛盾。本章所阐述的“乡土人才”遵循“乡村人才”的内涵、外延和语境，并尝试对其定义进行概括。

综合各地乡土人才评选标准，广义的“乡土人才”是指：农村“土专家”、“田秀才”、种植养殖加工能手；农民专业技术协会中的骨干；从事运输、营销、中介服务行业的农村经纪能人；具有一技之长的能工巧匠；农民企业家；带领农民致富取得明显成绩的村（组）干部；回乡创业的大中专毕业生、知识分子、打工青年；其他从事社会事业管理或社会服务的广义的农村乡土人才，还包括农村信息通讯员、民办教师、民间艺人、民间医师等。

狭义的“乡土人才”是指：围绕解决乡村振兴问题，按照市场有效需求和“三农”实际需要，长期扎根在农村基层一线从事传统技艺传承、创业带动、生产生活服务、乡村综合治理、能量价值传递等社会实践且有一定业绩、奖励、荣誉、威信或影响，具有较强学习交流能力或组织带动能力，但不具有中高级职称或研究生以上学历，且按照一定组织程序（个人自荐、村级遴选、镇级复核、县级审批、市级备案）认定的各类人才。

（二）科技特派员的内涵及定义

关于科技特派员，科技部门已经做过清晰的定义：科技特派员是地方党委和政府按照一定程序选派出的，具有科技专业理论、技术、工作经验、指导方法、管理能力的年富力强的中青年知识分子，围绕解决“三农”问题，按照市场需求和农民实际需要，从事科技成果转化、特色产业开发及农业现代化建设服务的科技人员。

国家高度重视科技特派员制度的实施。2002 年，科技部开展科技特派员试点工作。2009 年，科技部等八部门在全国启动科技特派员农村科技创业行动。2014 年起，科技特派员工作写入中央一号文件。2016 年，国务院办公厅印发《关于深入推行科技特派员制度的若干意见》，对科技特派员工作作出制度安排，科技特派员制度实施进入新阶段。科技特派员工作从基层一线实践上升为国家层面的制度安排。20 多年间，全国科技特派员队伍不断壮大。据科技部统计，目前全国累计有近 85 万名科技特派员活跃在农业农村生产一线，领办创办 1.15 万家企业或合作社，平均每年转化示范 2.62 万项先进适用技术，直接服务 6500 万名农民，在特色种养、农产品精深加工、乡村文旅等方面培育一大批兴农富民的乡村产业[①]。科技特派员工作也因此得到联合国开发计划署（UNDP）的高度评价和全面支持。

2019 年 10 月，习近平总书记对科技特派员制度推行 20 周年作出重要指示并指出，“科技特派员制度推行 20 年来，坚持人才下沉、科技下乡、服务‘三农’，队伍不断壮大，成为党的‘三农’政策的宣传队、农业科技的传播者、科技创新创业的领头羊、乡村脱贫致富的带头人，使广大农民有了更多获得感、幸福感”[②]。特别是近年来，在“高位嫁接，人才下沉”的指导思想下，科技特派员着力从制度层面上增强四种能力：一是宣传党的“三农”政策能力，二是传播实用农业科技能力，三是带动科技创新创业能力，四是带领农民脱贫致富能力。以此践行习近平总书记“要坚持把科技特派员制度作为科技创新人才服务乡村振兴的重要工作进一步抓实抓好”[③]的工作要求。

培育示范点、示范户，是科技特派员带动乡土人才建设的有效方式。目前传统行业协会的很多功能逐步被社会专业平台所取代。比如，通过电子和远程平台，具有领导力的产业带头人很容易进行专业的服务及资源整合。科技特派员必须要做致富能手，产业必须要取得市场成功，这样才能够有人追随。结合南平科技特派员制度发展脉络分析，科技特派员主要包括五个层面的人才：一是高校选，与高校和科研机构合作选派高层次专家担任；二是机关派，选派技术干部下乡指导；三是基层培，从农业一线群体中选拔认定合格特派员；四是社会聘，从社会层面遴选专业技术人员；五是在乡和返乡的乡贤。由此形成了科技特派员三级人才架构：上层是高端院校专家；中层是市级推广单位及地方优秀人才；底层是乡村一线以农民专家为主体的乡土人才。

① 数据来源：北京国农科技特派员创新服务联盟。

②③《习近平对科技特派员制度推行 20 周年作出重要指示强调 坚持人才下沉科技下乡服务“三农”用科技助力脱贫攻坚和乡村振兴》，《人民日报》2019 年 10 月 22 日第 1 版。

深入推行科技特派员制度，健全乡村人才、科技的链条和体系，支撑壮大乡村集体经济，创设农民参与农村产业的路径和载体，能够有效促进共同富裕进程中城市和乡村的关系、效率与公平的关系、规模与质量的关系。（图 1-1 为课题组走访福建省南平市水吉镇仁山村科技特派员广场）

图 1-1　课题组走访福建省南平市水吉镇仁山村科技特派员广场

（三）乡土人才与科技特派员体系比较

1. 两者具有共性特征

调研发现，科技特派员和乡土人才共性特征主要体现为以下四个方面：一是目标一致。以科技（技艺）推广为核心，带动农民致富、农业升级、农村繁荣。二是任务一致。2020 年 6 月，农业农村部等九部委联合发布的《关于深入实施农村创新创业带头人培育行动的意见》明确，到 2025 年农村创新创业带头人达到 100 万以上，农业重点县的行政村基本实现全覆盖，这与 2025 年科技特派员的发展目标相近。三是行动一致。近 20 年的主要政策导向和重大行动计划在五级行政体系内得到自上而下的贯彻落实。四是步骤一致。近 20 年的阶段工作部署和阶段成果总结在“三农”实践中呈现明显的时间序列耦合（见表 1-1）。

2. 两者各具独特属性

乡土人才与科技特派员具有各自独特的属性，存在执行机构、制度安排、人才来源、人才结构等方面的差异。

表 1-1　近 20 年来乡土人才和科技特派员政策脉络梳理及关联对比

发布时间	乡土人才政策导向
2003 年	农科教结合提高农村劳动者素质，加强农村劳动力转移就业培训工作
2004 年	重视有资金、有能力、有特长的三种人，利用能人效应
2006 年	科技支农，用活“土专家”促进农民增收
2007 年	开发乡土人才，建立增产长效机制
2008 年	发展基层组织、合作社为乡土人才提供平台
2009 年	建立健全高层次农业专业技术人才评价与培养机制，培养高技能人才
2010 年	加强农业技术培训
2011—2016 年	发展现代农业，加强民族地区、西部地区乡土人才开发
2015—2017 年	乡土人才促进产业扶贫和供给侧结构性改革
2018—2020 年	大力培育新型职业农民，加强农村专业人才队伍建设，造就更多乡土人才
2021 年至今	坚持把乡村人力资本开发放在首要位置，大力培养本土人才

发布时间	科技特派员政策导向
1999 年	开创科技特派员制度南平模式
2002 年	在陕甘宁青新五省区开展科技特派员试点
2003 年	科技部组织经验交流
2004 年	开展科技特派员基层创业行动试点工作。鼓励、支持和组织广大科技人员到基层创新和创业。逐步形成以科研单位、大专院校为依托，以各类专家和其他科技人员为主体，以广大乡土人才为基础的基层科技创新服务网络
2009 年	鼓励科技特派员整合各类资源创业，完善农村社会化服务体系支持创业
2014 年	中央一号文件首提“推行科技特派员制度”
2015 年	鼓励支持科技特派员深入一线创新创业
2016 年	首次在国家层面提出创新科技特派员的选派和管理机制，营造专业化、便捷化的农村科技创业环境
2018 年	鼓励各地创新开展专家服务团，实施科技扶贫“百千万”工程，实现科技特派员对贫困村科技服务和创业带动全覆盖
2019 年	科技特派员制度推行 20 年来，坚持人才下沉、科技下乡、服务“三农”，队伍不断壮大，成为党的“三农”政策的宣传队、农业科技的传播者、科技创新创业的领头羊、乡村脱贫致富的带头人
2021 年至今	中央一号文件多次写入科技特派员工作内容，中央组织部牵头组织国家科技特派团，集中支持全国 160 个国家级乡村振兴重点帮扶县

一是执行机构差异。科技特派员队伍建设由科技部牵头，多部门联合推动；乡土人才队伍建设由农业农村部牵头，多部门联合推动。

二是制度安排差异。科技特派员发展晚于乡土人才发展，但制度化、标准化和组织化特征更为明显。

三是人才来源差异。科技特派员源于上级机关下派、理论指导实践，最初人才来源主要是城市各类专业人才；乡土人才源于乡村培养传承、接受多元培训提升，中坚力量均为乡村土生土长的能人或回乡创业人才。

四是人才结构差异。科技特派员覆盖了高校科研机构、机关事业单位、乡村科技人才以及高、中、低三个资质或职称层级人才范畴，并且建立稳定有效的“金字塔”形人才结构；乡土人才更多体现为乡村籍贯或长期在乡村工作和生活、具有一技之长或特定管理和服务能力的本土人才（图 1-2 为课题组与福建省南平市科技特派员优秀代表座谈）。

图 1-2　课题组与福建省南平市科技特派员优秀代表座谈

南平市基本上是按照国家对五类乡村人才的培养要求（见表 1-2），发挥科技特派员队伍熟悉基层情况，掌握实用技能的优势，以及对乡土人才建设的引领带动作用，助力乡村人才振兴。

表 1-2　国家对五类乡村人才的培养要求

人才大类	人才小类	培养重点
农业生产经营人才	高素质农民	全产业链培训、在线教育培训及跟踪服务
	家庭农场经营者	立项、生产、质量、市场培训，职称评审、技能等级认定
产业融合发展人才	农村创业创新带头人	农村创业创新导师培训、乡村企业家培训
	农村电商人才	建立农村电商人才培养载体及师资、标准、认证体系
	乡村工匠	设立名师工作室、传习所等，鼓励院校开展传统技艺传承人教育
	农民工劳务输出组织人才	建立技能培训体系和评价体系，完善创业扶持、品牌培育政策
乡村公共服务人才	乡村教师	统一中小学教职工编制标准，职称评审“定向评价、定向使用”
	乡村卫生健康人才	定向免费培养全科医生，支持城市医师到乡村多点执业
	乡村文旅体育人才	培养乡村文创团队、文化志愿者、非遗传承人和乡村旅游示范者
	乡村规划建设人才	支持熟悉乡村的规划设计团队，实施乡村本土建设人才培育工程
选调乡村治理人才	乡镇党政人才	允许县、乡两级公职面向本地高校毕业生、退役军人等人员招考
	村党组织带头人	注重从本地致富能手、返乡人员、高校学生、退役军人中培养选拔
	一村一名大学生	采取在校学习、弹性学制、农学交替、送教下乡等方式开展职业教育
	农村社会工作人才	鼓励社会工作职业资格评价和各类教育培训并给予奖补、减免税激励
	农村经营管理人才	充实农村经营管理队伍，将农村合作组织管理人才纳入职称评审
	农村法律人才	推动公共法律服务力量下沉，完善和落实“一村一法律顾问”制度

续表

人才大类	人才小类	培养重点
农业农村科技人才	农业农村高科技领军人才	鼓励实施农业农村领域“引才计划”，加强优秀青年后备人才培养
	农业农村科技创新人才	完善科技人员兼职兼薪、股权分享、领创企业、成果分配机制
	农业农村科技推广人才	允许提供增值服务合理取酬，推广“科技小院”等模式
	科技特派员	逐步实现科技特派员科技服务和创业带动全覆盖，结成利益共同体

在南平市通过科技特派员制度带动乡土人才建设实践中，主要做到了“五个围绕”。

一是围绕产业兴旺，当好科技向导。聚焦地标产品、乡愁文旅等特色优势产业和资源，增强服务工作的针对性和服务措施的可行性，当好农村产业发展的指导员、技术推广的示范员、市场销售的联络员，切实把创新的动能扩散到田间地头。培育壮大乡村特色产业，聚焦创新驱动、乡村振兴和产业转型升级，助力第一、第二、第三产业快速发展与深度融合，带领群众掌握技能、增收致富。

二是围绕科技培训，培育职业农民。采取手把手现场讲解、亲身示范指导、入户面授交流、集中培训等形式，积极推广和应用农民一看就懂、一学就会、一用就灵的先进生产技术，努力提高农民的种植养殖技术水平，增强他们依靠科技致富的信心，加快科技致富奔小康的步伐。狠抓科技示范村、科技示范户和示范园（区）建设工作，努力把科技示范户、种养大户、营销大户培养成“乡土专家”，充分发挥科技“二传手”的作用。

三是围绕成果转化，形成示范效应。充分发挥自身技术特长，组建专业技术协会，积极推进科研院校、科技企业同村集体、种养殖业合作社、种养大户以及农户间的合作，积极引进先进适用新技术，推广新品种，探索新模式，着力推动先进科技成果转化和应用，促进产业转型升级，提高经济效益。及时为农民提供致富信息，帮助群众发展农村电商，建立农产品网店，疏通营销渠道，开拓销售市场，努力促进农业增效、农民增收。

四是围绕创新创业，实现利益共享。深入乡村开展创业和技术服务，大胆创新思路、创新方法、创新模式，带信息、带项目、带技术，通过带领农民创办、领办、协办科技型企业、科技服务实体或合作组织，采取技术转移等多种形式建立利益共同体，努力实现共同富裕目标，引领更多乡土人才投身乡村振兴一线，在农村广阔天地大显身手，实现人生价值。

五是围绕民生服务，保障乡村福祉。发动科技特派员团队积极开展卫生健康知识普及和健康检查等活动，让农民群众足不出户就能接受医疗服务，通过开展培训讲座、技术帮扶、建立转诊绿色通道、远程诊疗等方式，培训一大批乡村医疗技术骨干，促进优质医疗资源辐射基层，提高基层医疗服务水平。

二、福建南平乡土人才培养机制典型案例梳理

习近平同志在福建、浙江工作期间总结和创新福建南平科技特派员制度，至今已逐步形成“南平模式”。调研发现，自“南平模式”创建以来，科技特派员和乡土人才具有地域、学习、能力、服务等多重共性特征，还具有目标、任务、行动和步骤的一致性。同时，这两支队伍也存在执行机构、制度安排、人才来源、人才结构等差异，这些差异也恰恰形成了互补优势。例如，科技特派员覆盖了高校科研机构、机关事业单位、乡村科技人才以及高、中、低三个资质或职称层级人才范畴，并且建立稳定有效的“金字塔”形人才结构；而作为“塔基”的乡村科技人

才主要体现为乡村籍贯或长期在乡村工作和生活、具有一技之长或特定管理和服务能力的本土人才，与一般意义上的乡土人才具有高度耦合性。

（一）福建南平乡土人才与科技特派员发展现状

从调研情况看，全国、福建及南平都缺乏乡土人才的相关统计，但科技特派员的统计体系相对完善。而乡土人才和科技特派员两大群体具有较大交集，因此本章仅以科技特派员的统计情况对南平乡土人才发展情况进行借鉴性分析。

自 1999 年派出第一批科技特派员以来，南平以制度创新推动人力资源整合，推动从单人单点服务向组团联动服务转变，为地区发展输送了一批高水平科技创新人才，基本构建了个人、团队、法人一体化科技服务网络。20 多年来，南平累计选派 1.78 万人次科技特派员下基层服务，推广新品种、新技术 1.6 万项（次），培训新型职业农民和经营主体 620 多万人次，带动超过 6000 家家庭农场和专业合作社发展，产生不可替代的历史作用和社会价值①。科技特派员制度作为农村工作机制的重大创新，也得到了联合国开发计划署（UNDP）的高度评价和有力支持。

1. 科技特派员人才规模

1999 年以来，南平全市累计选派 1.78 万人次科技特派员下基层服务。先后对接北京大学、中国科学院等 300 多家高校和科研单位，引进高端科技特派员 2000 多人次，目前在岗科技特派员 1589 人、团队 715 个、法人 26 个，实现了全市所有行政村及重点产业、特色产业全覆盖。

2. 科技特派员业务能力

科技特派员在南平累计推广新品种、新技术 1.6 万项（次），完成技术需求和成果对接 3000 多项，培训新型职业农民和经营主体 620 多万人

① 除特别注明外，科技特派员统计数据均来源于南平市科技局提供的相关文件。

次，科技对农业增长贡献率提高到 60% 以上。科技特派员队伍也获得巨大创新与发展红利，累计有 1300 余名科技特派员得到提拔重用，近 3000 人次获得各类表彰和奖励。

3. 科技特派员致富能力

科技特派员和乡土人才帮助南平 3.77 万建档立卡贫困人口全部脱贫，南平农民人均纯收入（2013 年统一调查口径为农民人均可支配收入）年均增长 9.8%，居于福建前列。

4. 科技特派员带动能力

南平共有 1788 名科技特派员参与建立利益共同体，带动发展家庭农场 2650 户、专业合作社 3635 家、龙头企业 153 家，带动产业转型升级实现经济效益超过 100 亿元。

（二）福建南平乡土人才发展问卷调查及分析

课题组在福建省农业农村厅、南平市农业农村局、南平市科技局的支持下，借助微信小程序，向南平市范围内的乡土人才、科技特派员、农业农村管理人才、农民随机发放了乡土人才培养机制典型案例研究调查问卷，进行辅助定性和定量分析。

课题组共收到南平地区 2001 份有效的乡土人才培养机制典型案例研究调查问卷，调查问卷信度和效度表现优秀。调查问卷共包括 11 个问题，包括 5 个单选题和 6 个多选题。问卷主要分析结果如下。

76% 的受访者对乡土人才了解或非常了解，81% 的受访者对科技特派员了解或非常了解，77% 的受访者认为科技特派员是乡土人才，86% 的受访者认为科技特派员有能力带动乡土人才发展，75% 的受访者认可农民是乡土人才的评价主体，84% 的受访者认为每个村需要 2~5 个或更多乡土人才，近 80% 的受访者认为项目支持是促进乡土人才发展的最有效手段。

受访者普遍认为专业培训不足、产业基础不足、激励条件不足、科技素养不足、组织管理不足是制约乡土人才发展的最主要因素，产品销路、品种选择、培训咨询和组织管理是乡土人才最重要的作用，专业技术能力、带头致富能力、思想创新能力、组织管理能力是评价乡土人才的最重要标准。

1. 受访者的工作以种植养殖为主（其他选项以外）

受访者从事种植养殖、组织管理、技术指导的比例（除“其他”选项以外）位居前三位，占比分别为 35.18%、19.74%、16.99%，均在 15% 以上（如图 1-3 所示）。

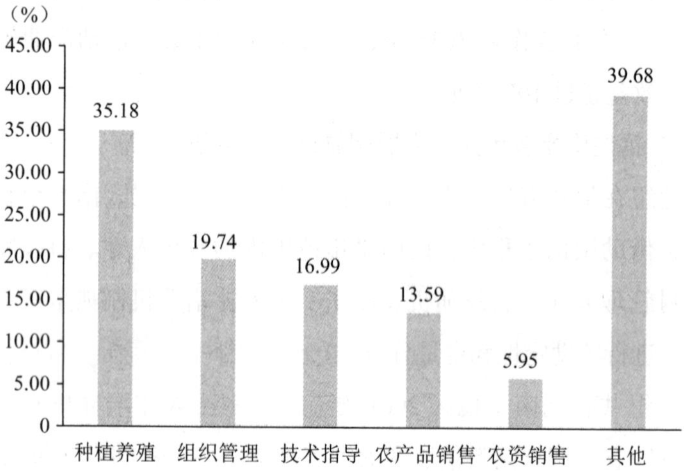

图 1-3　受访者主要从事工作占比（多选）

2. 绝大多数受访者了解乡土人才和科技特派员

乡土人才、科技特派员为大多数受访者熟知。受访者对乡土人才非常了解、了解的占比分别为 24.25%、51.65%，二者合计高达 75.9%。而科技特派员制度自 1999 年施行以来，为推动农业发展、提升农业生产力作出了重要贡献。受访者对科技特派员非常了解、了解的占比分别为 26%、55.3%，合计占比达到 81.3%（如图 1-4 所示）。

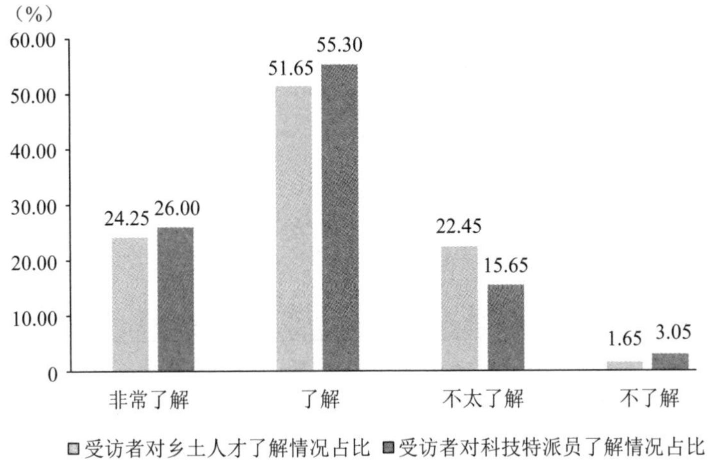

图 1-4 受访者对乡土人才和科技特派员了解情况占比

3. 绝大多数受访者认为科技特派员是乡土人才

科技特派员是我国农业科技应用推广的重要支撑力量，乡土人才是乡村振兴人才队伍的重要部分，76.75% 的受访者都认为科技特派员是乡土人才，是助力乡村振兴最忠实、最稳定、最前沿的宝贵人才资源（如图 1-5 所示）。

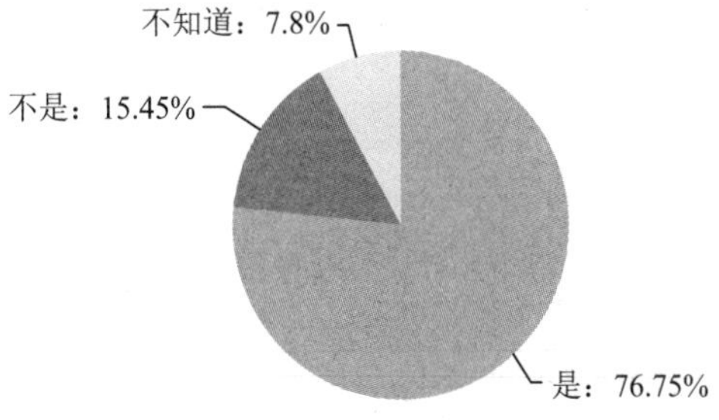

图 1-5 受访者认为科技特派员是乡土人才的占比

4. 绝大多数受访者认为科技特派员能带动乡土人才发展

经调查分析，高达 85.95% 的受访者认为科技特派员有能力带动乡土人才发展，促进农业发展、农村繁荣、农民富裕（如图 1-6 所示）。

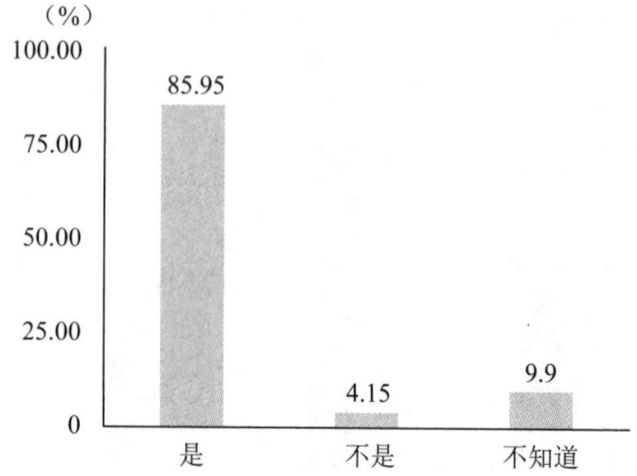

图 1-6　受访者认为科技特派员带动乡土人才发展的占比

5. 受访者普遍认为农民是评价乡土人才的最重要主体

接近四分之三的受访者认可农民是乡土人才的评价主体，认可职称资质、专业机构评定和政府认定三种评价乡土人才的方式所占比例均为二分之一左右（如图 1-7 所示）。

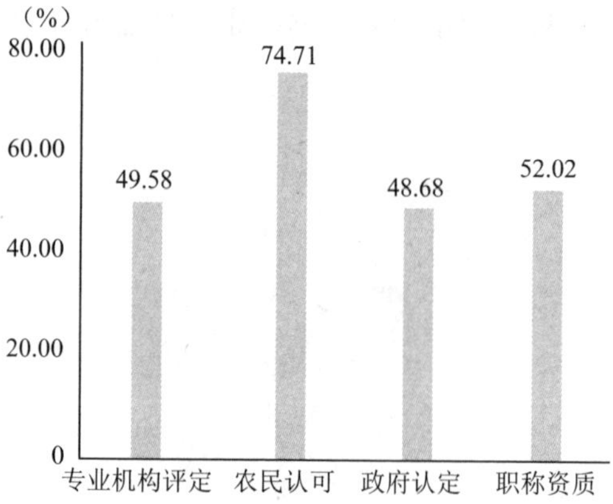

图 1-7　乡土人才评价主体占比（多选）

6. 受访者对乡土人才在产品销路、品种选择、培训咨询方面的作用最为看重

我国农业发展受到很多因素制约，乡土人才是突破这些制约、加快

现代农业建设的重要因素。产品销路、品种选择、培训咨询囊括了农业产业链的销售、种植、技术等关键环节，是乡土人才发挥自身能力的关键所在（如图 1-8 所示）。

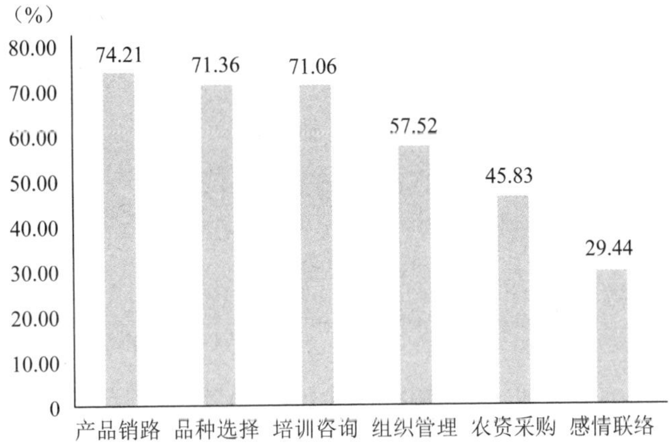

图 1-8　受访者认为乡土人才能力重要性的占比（多选）

7. 专业技术能力和带头致富能力是受访者评价乡土人才最重要的两个方面

87.61%、77.46%、60.97%、59.37% 的受访者分别认为专业技术能力、带头致富能力、思想创新能力、组织管理能力是评价乡土人才的评价标准（如图 1-9 所示）。

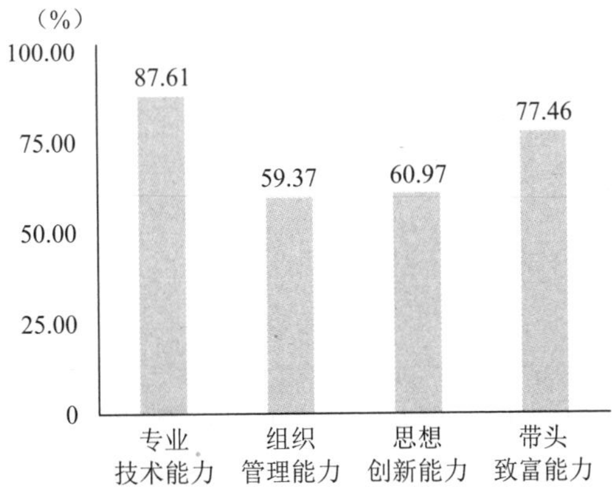

图 1-9　受访者认为乡土人才的评价标准的占比（多选）

8. 大部分受访者认为每个村需要 2~5 个或更多乡土人才

乡土人才数量是影响乡土人才发挥作用的重要因素。32.95% 的受访者认为每个村应配有 5 个及以上的乡土人才（如图 1-10 所示）。

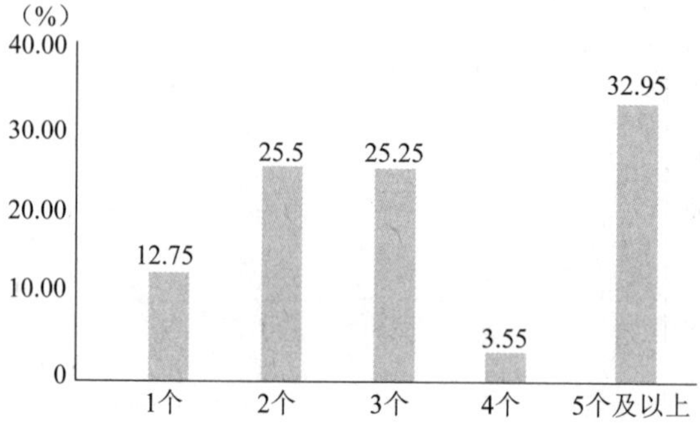

图 1-10 受访者认为每个村乡土人才数量的占比

9. 乡土人才发展的制约因素

认为专业培训不足、产业基础不足、激励条件不足、科技素养不足、组织管理不足是乡土人才发展制约因素的受访者占比分别为 66.42%、59.77%、58.27%、57.47% 和 41.78%，这也说明乡土人才在服务“三农”、助力乡村产业振兴方面还存在一定不足（如图 1-11 所示）。

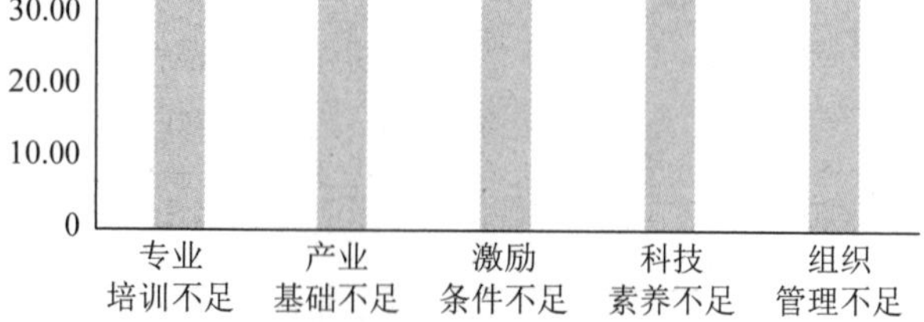

图 1-11 受访者认为影响乡土人才发展的问题占比（多选）

10. 近 80% 受访者认为项目支持能有效促进乡土人才发展

乡土人才的发展提升需要众多手段措施，项目支持、物质奖励、灵活认证是受访者最认可的三种提升手段，79.96% 受访者认为项目支持是最有效的方法（如图 1-12 所示）。

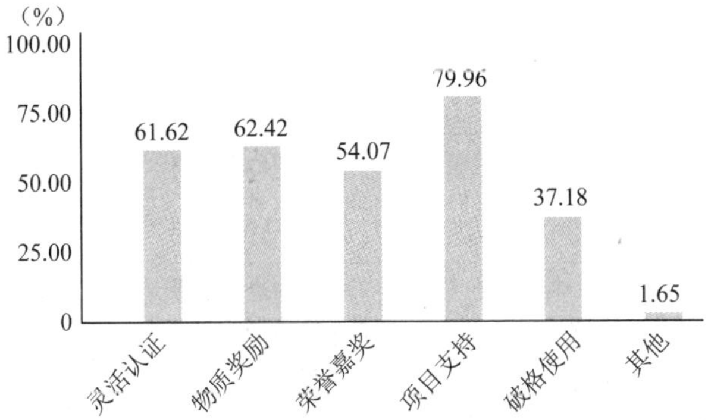

图 1-12 受访者认为促进乡土人才发展最有效方法的占比（多选）

农民是农业和农村的核心，提升农民的综合素质才能够让科技成果更好地转化为农业生产力。为了把技术真正留在农村，南平市通过科技特派员制度创新培养了一大批懂技术、会经营、善管理的乡土人才。课题组在调研中也发现，为了将众多科研成果更好地传授给农民，一些科技特派员自己编写各种科普读物，免费发给农民阅读。同时举办农民培训班，给当地农民讲授科技知识、传授技术，让农民提升了技能；将资本、管理等生产要素向农村聚集，推动了农业全产业链增值和向品牌化、高端化发展。这也与调查问卷的分析结论相吻合。

三、福建南平科技特派员制度机制创新

南平市在实施人才战略中，坚持乡土、实践、质量、经济四项工作

原则，强化“一把手抓第一资源”的责任，实施“才聚武夷”行动计划（见表 1-3），重点实施包括科技特派员在内的四大人才工程。

表 1-3　南平“才聚武夷”行动计划直接涉及乡土人才的四项工程

科技特派员激励工程	技能人才支撑工程	乡村人才振兴工程	教育卫生人才提升工程
1. 引进高精尖短缺科技特派员并给予项目经费支持	1. 传承弘扬“工匠精神”，加快技能人才队伍建设	1. 坚持和加强党对乡村人才工作的全面领导	1. 面向全国引进教育医疗领军人才、骨干人才
2. 每年打造高标准示范基地并支持连片推广	2. 鼓励产教融合型企业试点和社会力量参与技校办学	2. 加强乡村振兴五类人才培养，促进人才回归	2. 组织实施教育名师培养工程
3. 深化利益共同体等政策落实并加强金融支持	3. 推行校企“双主体”现代学徒制人才培养模式	3. 推进乡村振兴合伙人制度和乡村创客培育工程	3. 完善名医、名师、名校长评选活动，开展“师带徒”工作
4. 支持科技特派员学院争创全国一流教育培育基地	4. 与省内高职院校开展“2+1”产业技能人才培养	4. 持续开展优秀农村实用人才评选活动	4. 柔性引进专家团队在南平建设名医工作室
5. 科技特派员创建、领办省级及以上创新载体给予补助	5. 抓好产业技工培养基地、技能大师工作室等平台建设	5. 建立职业农民职称制度并提供金融等增值服务	5. 每年支持一定数量的培育对象到国内外研修
6. 对实现关键技术研发成果转化的项目给予奖励	6. 鼓励本地高校、职业院校与企业建立战略合作关系	6. 完善机关年轻干部在农村基层培养锻炼机制	6. 设立医学专项课题支持中青年医生科研创新
7. 每年评选明星科技特派员、科技特派员服务之星	7. 实施高技能人才职称评审、职业技能自主评审等制度	—	7. 可采取面试考察方式简化紧缺急需人才招聘程序

资料来源：根据《南平市“才聚武夷”行动计划》整理。

南平市在推进乡土人才建设工作中始终坚持四项工作原则。一是坚持乡土原则。立足乡村发展实际，以解决乡村当前发展困境为目的来开发乡土人才，找准人才开发的方向。二是坚持实践原则。乡土人才能否适应乡村发展的需求，要通过实践进行检验。“土专家”是实践型人才中的代表，对乡村的生产实践能起到积极作用。避免唯资历论、唯级别论等做法导致乡土人才“用不上”的情况。三是坚持质量原则。优先遴选青年人才、知识人才、技能人才，提高乡土人才的整体素质。四是坚持经济原则。乡土人才开发应追求经济性，发展乡土人才应与乡村经济社会的现实状况相结合，正确处理乡土人才成本和效益之间的关系，实现乡土人才开发的最优性价比。

南平市把科技特派员工作作为科技人才服务乡村振兴的关键环节和有力抓手，结合农村实际，面向农民需求，创新工作思路，创优服务模式，建立保障机制，让科技特派员在广阔农村各显其能，成为农民学习和创业的榜样，成为乡土人才培育和成长的摇篮。同时，广大科技特派员植根农村、贴近农民，通过领办、协办、兴办各类资源的科技项目，用科技“法宝”，带动农民脱贫致富和乡土人才建设，促使传统农业转型升级。

（一）创新工作机制

南平市培育发展利益共同体，对全市事业单位科技特派员推动建立利益共同体实行政策扶持。

创新管理机制。以制度创新推动人力资源整合，构筑新型农村科技服务体系，改变了以往农村科技服务“线断、网破、人散”的局面。

创新主导产业服务工作机制。推动科技特派员在服务第一产业的同时，向第二、第三产业延伸拓展，从单一科技服务向综合服务拓展，从节点服务向全链条服务拓展。在征集产业发展技术需求并摸底科技特派技术合作（服务）意向的基础上，选派不少于 2000 名科技特派员，直接服务七大绿色产业发展，每个产业至少实施科技特派员项目 30 项，每个项目总投资额不少于 300 万元。

创新乡村振兴服务工作机制。制订科技特派员帮扶乡村产业振兴行动计划。每年不少于 1000 名科技特派员和 60 个科技特派员服务团队服务乡村产业振兴。

创新项目示范服务工作机制。由市领导包片以点带面打造一批科技特派员示范载体，每个县（市、区）建成至少20个市级科技特派员工作站、20个市级科技特派员示范基地，认定1家以上科技孵化器。同步夯实多级管理协同工作基础，市、县两级分别建立跨部门联席会议制度，直接由市、县科技特派员工作领导小组领导，乡村加强科技特派员工作站和服务点建设，做到科技特派员选派、服务、管理的全环节标准化，并通过科技市集、驻村服务等方式，打通科技服务“三农”的“最后一公里”。

（二）创新激励机制

南平市以“科技特派员利益共同体”方式建立农户、企业、科技特派员之间的利益联结纽带。

“科技特派员利益共同体”是指由科技主管部门认定选派的高校、科研院所、企事业单位专业技术岗位的科技特派员或团队，携带技术、项目、资金领办、创办经济实体，或以科技成果和知识产权入股、资金入股、技术服务和租赁经营等多种形式，与服务对象合作结成“风险共担、收益共享”的经济实体（企业、农民专业合作社、个体工商户、家庭农场等）。

“科技特派员利益共同体”由科技特派员和服务对象自愿协商建立，需要符合以下条件：科技特派员与服务对象结成的利益共同体不得影响科技特派员派出单位知识产权和经济利益，不得违反国家法律和相关行业政策规定；结成利益共同体的科技特派员与服务对象双方需要就结成利益共同体签订正式有效的协议文本，协议必须就入股方式、股权比例、利益分配、知识产权归属等进行明确规定；结成的利益共同体可以是企业、农民专业合作社、个体工商户等，备案前必须有合规的工商登记等手续，家庭农场必须有合规的农业农村部门认定手续。同时对于国家机关和国有企业党员领导干部参与的“科技特派员利益共同体”作了备案限制。

允许科技特派员兼职兼薪。科技特派员在兼职服务期间领取服务对象给予的合法报酬或从利益共同体获得的收益为合法收益，归科技特派员所有，不受本单位绩效工资总量限制，不计入本单位绩效工资总量。

鼓励科技特派员在所在单位发明的成果、专利优先优惠转让给所创办或服务的企业。转让方式由所在单位与企业按照国家有关鼓励科技创新成果转化规定订立协议，并按程序公示后生效。科技特派员（团队）职务科技成果转化收益可由科技特派员（团队）和所属单位约定分配，未约定的，从转让收益中提取不低于 50% 的比例用于奖励科技特派员（团队）。

同时，在不违反相关规定的前提下，高等院校、科研院所科技特派员在利益共同体所持的股份不受身份改变和是否继续担任科技特派员等因素影响，经向所在单位备案后可继续持有股份，确保利益共同体持续稳定发展。

（三）创新组织机制

产业组织是产业兴旺的难点。为加强对科技特派员创业服务的组织领导，在人员选派上坚持层层审核，严把选聘关口，明确管理考核、职责任务、目标成效等。同时，根据农村发展的现实需要，优选各领域、各行业的精英骨干向基层一线、重点企业、特色产业倾斜，实现科技特派员服务在全县农业企业、专业合作社及乡村振兴示范村的全覆盖，为科技特派员施展才华、展现作为提供了广阔舞台。通过建立一体运作机制，优化科技特派员服务模式，乡镇重点推行“科技特派员 + 金融助理 + 流通助理”模式，行政村重点推行“支部 + 公司（专业合作社）+ 科技特派员 + 农户”模式，整合科技特派员、挂钩帮扶干部、驻村第一书记、党群工作者等多支队伍，调动了科技特派员和乡土人才的积极性和创造性，形成合力实现乡村产业兴旺可视化、公共服务专业化、社会治理现代化的和谐局面。

南平市农业农村局选派的科技特派员刘梦莹，是生物技术专业硕士研究生，擅长绿色食品打造和产品品质管理，帮扶张屯小白茶产业，有效留住和吸引了当地农户及返乡人才。刘梦莹帮助村集体组织开展各种茶叶培训班，帮扶地区组织斗茶赛，传授茶田套种油菜技术，培养了梯队式的茶专业人才，当地每千克茶叶市场售价可达1500元，形成当地村庄户户参与茶产业的良好局面。

杨水明是光泽县华桥乡园岱村陈家店嘉禾种植合作社负责人，也是经过认定的省级乡土人才，通过反复实践试错，总结出了中药种植实用技术。2016年，杨水明组织当地合作社开展投资经营，发展到了数百亩的种植规模，主要种植当地优势中药材品种多花黄精和七叶一枝花。该种植合作社有50户，每年分红，工人均为村里留守老人，日薪150~160元。课题组在南平邵武调研的几家黄精产业加工企业，也都有省农科院定期组织科技特派员免费进行技术指导（如图1-13所示）。

图1-13　课题组调研南平邵武市和平古镇黄精种植基地及加工厂

（四）创新投入机制

丰富科技特派员金融产品，每年除安排科技特派员创新创业专项计划资金6200万元以及福州市每年支持的1500万元专项资金外，通过推动“政银担”共同发力，由南平市政府出资引导建立4000万元规模风险补偿资金池，放大放贷规模4亿元，综合叠加“五增信、双降本”金融政策组合优惠政策，即实现科技特派员技术服务、农业保险、农业担保、科技项目、风险投资“五增信”，实现支农再贷款、绿色金融双降本。

同时推进“科特贷”产品创新迭代，实现免担保、免质押、低利率放贷，截至目前，科技特派员专项金融已累计放贷超过 1.8 亿元，为科技特派员在闽北创新创业提供了有力的金融支撑。下一步，中组部将向 160 个乡村振兴重点地区选派科技特派员服务团，拟在工作中全面推广南平“科特贷”做法[①]。

四、福建南平科技特派员制度的示范效应

（一）政策引导效应

福建省南平市先后出台了《深化创新科技特派员制度十项措施》《关于进一步深化科技特派员制度的若干措施》等十余项主要政策以及若干配套政策，持续从政策上突破、从机制上推动、从待遇上保障，不断激发科技特派员创新创业活力。比如，单列年度优秀指标，在同等条件下优先评先评优、评聘职称、晋升职级，完善科技特派员工作经费使用办法，保障科技特派员个人待遇，支持科技特派员通过技术入股、成果转让、领办创办企业等方式，与农民、企业结成利益共同体，共担风险、共享收益，并率先实行利益共同体备案制。

（二）能人带动效应

在农村乡土人才队伍中，绝大多数人在当地农民群众中具有较大的影响力，他们上连技术专家、下连一线农民，一方面积极参加上级业务部门组织的各种专业培训学习，并对所学到的新知识、新技术、新成果进行大胆实践，反复进行试验和示范，积累了丰富的经验，创造了许多

① 财政和金融支持科技特派员制度发展的各项数据来源于地方总结材料和媒体公开报道。

新的成果；另一方面，他们又通过传、帮、带，把自己掌握的技术、信息、经验毫无保留地传授给身边的群众，帮助、指导其他群众使用新技术和新成果，使农业科技得到了广泛的传播、推广、普及和应用，大大提高了农业生产力水平。同时，还有一批具有一技之长的乡土人才在长期的生产实践中掌握了种植、养殖、加工、运输等技术，积累了丰富的经验，成为当地有名的专业户、个体户、种养能手和带头致富的典范，极大地促进了当地产业结构的不断调整和优化，促进了村集体经济的发展，增强了当地农民发家致富和建设家乡的信心，维护了农村社会和农村家庭的和谐稳定。

市级科技特派员张良胜是福建农林大学金融专业本科毕业，曾先后在机关单位从事财务工作、南下海南创业，后返乡带领乡亲种植猕猴桃，目前是邵武市猕猴桃种植带头人和“土专家”。其种植合作社有30多位会员，通过不同资金入股，形成实体运营机构，对标品质上乘的新西兰奇异果和陕西齐峰果业的优质标杆产品，每亩施足5吨有机底肥，同时创新科学套种西瓜技术，在提升产品品质的同时，开源创收。目前基地年产优质猕猴桃30多万斤，每斤红心果不同采摘期售价范围为12~20元，大大高于当地采购价格，产品供不应求，每亩年产值达到4000~8000元（如图1-14所示）。

图 1-14　课题组调研南平邵武市科技特派员张良胜的猕猴桃种植基地

（三）平台赋能效应

2019年，南平市依托市委党校在全国率先专门成立了科技特派员学院，全面提升师资库、课程库、现场教学点等，推进培训教育“市场化”、业务承接“专业化”、培训课程“清单化”、考察参观“定制化”、师资配备“多元化”，构建了专任教师、客座教授、聘用人员“三位一体”的师资队伍，进一步完善了学院组织架构和业务体系，形成了市场化运作机制，实现了学院自身“造血”功能。学院自成立以来，已累计培训省内外科技特派员1500余人次，“科技特派员制度展示馆”累计接待省内外参观、考察、学习人员100余批次、3000余人次。通过科技培训和成果转化平台的推广和广大科技特派员的不懈努力，先进的农业科技成果和现代农业生产理念在南平扎下根来，许多农村从“靠天吃饭”到“科技兴农”，为农民增收、乡村致富、农业发展发挥了重要作用。

永富农业公司与中国水稻所、市农科所科技特派员团队合作项目，取得19项国家专利、5项水稻品种权，年平均销售水稻种子100多万斤。瀛洲农业公司流转500多亩土地，建设集无土栽培、水肥一体化控制、物联网、安全可追溯系统于一体的现代设施农业种植基地，成为农业高质量发展的示范窗口。

（四）扶农助农效应

20多年来，南平市发挥科技特派员的桥梁作用，将技术、信息、资金、管理等关键要素导入农村，全面提升产业规模和层次，带动农民脱贫致富，累计实施科技特派员科技项目1.5万项，比较典型的有科技特派员对仙芝科技公司的帮扶案例。仙芝科技公司省级专家服务基地与全国相关科研院校广泛建立技术协作关系，充分利用基地平台，导入科技特派员团队，建立省级星创天地、产业联合体等技术服务平台，为提升服务质量提供了坚实的技术保障。同时，积极建立灵芝帮扶长效机制，精准扶持闽北山区贫困户进行灵芝种植，打造“公司＋基地＋贫困户入股”模式，通过流转贫困户土地、优先开展贫困户就业培训并安排到基地工作、创建扶贫车间吸纳贫困户就业等模式助力贫困户脱贫致富。现已累计推广种植灵芝 1.1 万亩，带动农户 5100 户，实现户年均增收 1.5 万元；累计帮助 1000 多户贫困户脱贫，形成“龙头企业带动、科技支撑、村企合作、农企合作、寄养代管”的产业互助服务模式，发挥示范效应，有效巩固脱贫攻坚成果和助力乡村振兴发展（如图 1-15 所示）。

图 1-15　课题组调研南平邵武市科技特派员的绿农食用菌工作站

五、科技特派员制度发展面临的挑战

（一）现代教育和乡村需求脱节，导致科技特派员源头不丰沛

当前职业发展和职业技能教育并未充分考虑乡村人才需求。农村学生所接受的知识和训练也很难直接应用于家乡建设，个人发展与乡土发展预期不统一，导致乡村孩子不断接受教育的过程也是不断远离乡村的过程，通过读书改变命运的乡村学子，返乡创新创业的只是少数。尽管中国有很多农业类大学，也开设了诸多与农业相关的专业，但是现实是修习这些专业的学生在毕业时往往另谋出路，真正从事与农业相关工作的人数比例并不高。

据南平市农业农村局一位陪同调研的干部介绍，目前在高校农业专业人才中，出现了严重错配现象。比如，每个省都有农业院校，加上市区的农业技术学校，每年都会有 1 万名左右的农业高校毕业生，然而这些人才转行流失率非常高。以其求学的福建农林大学为例，大学一年级时，土壤专业所在院系有 80 余位同学，大学二年级时只留下一半左右，其余的同学或者转专业或者退学复读，到大学毕业时，几乎已经没有同学直接从事农业领域专业工作。想方设法脱离乡村、脱离农事生产领域，正在成为年轻一代更为现实的选择。

（二）制度安排和执行机制脱节，导致科技特派员政策打折扣

作为重点激励政策的利益共同体扶持政策，在现实工作中推动难度很大，科技特派员普遍担心政策的权威性和稳定性，希望从更高层面出台政策；作为核心要素支持的“科特贷”放贷总额仅完成了目标的 2/3，科技特派员创业风险投资基金的投资任务仅完成了目标的 1/3。

此外，目前在示范村的财政资金主要用于基础设施建设，而对于人才的吸引、培养和投资几乎是空白；对科技特派员在评先评优、职称评聘等方面的支持举措，也由于缺乏约束性规定，使得派出单位在实际操作中存在选择性执行现象，而且政府派出的科技特派员在帮扶工作中仍然是无偿从事指导工作，目前还没有取酬标准。

农村乡土人才开发管理服务尚不完善，特别是培训资源分散，培训机制不健全，不能有效发挥整体功能作用，给培养拔尖型、带头型技能人才带来难度，加上激励措施不足或不到位，影响了乡土人才的发展后劲。

（三）职能定位和服务能力脱节，导致科技特派员工作聚焦难

一方面，适应现代农业发展需求、服务全产业链发展的高层次人才和团队深层次融合服务匮乏，市、县两级专家服务基层活动的需求较多而供给不足。另一方面，农村空心化趋势尚未改观，并且一些进城务工农民保留土地的主要目的变成保留退路而不是增产增收，因而选择出租土地或放弃经营，对农业生产技术需求减弱。

缺乏青壮年劳动力，严重制约了一些边远山区农业农村发展。邵武市猕猴桃种植基地负责人、市科技特派员张良胜介绍，该村户籍人口900多人，目前只有100多位老人留守村中，连妇女和儿童都进城生活了。在其猕猴桃种植基地的10多位当地技术工人队伍中，最年轻的59岁，最大的67岁，没有一个年轻人，未来土地谁来种、农村谁来住，都是很大的问题。这部分留守人员文化层次较低，原有技术老化，更新知识困难，很难适应现代农业科学技术发展的需求。

与此同时，基层企业和群众对科技特派员制度缺乏全面了解，也缺乏对接渠道，这也导致"科技特派员是个筐，啥都往里装"的泛化现象以及农户诉求和提供服务匹配性差等问题的产生。

（四）组织架构和协同管理脱节，导致乡土人才效率碎片化

"南平机制"催生了科技特派员、驻村第一书记、流通助理三支队伍，在运作过程中，对于乡土人才的目标制定和工作推动，各部门彼此之间通常缺乏沟通和协同，资源共享机制未能有效建立，人力资源没有高效利用起来。

县级科技特派员工作领导协调机构发挥作用不明显，部门参与的热情不高，联席会议制度优势没有得到充分发挥。科技特派员的监督考核主要依托原单位进行，监管主体和工作实际容易错位，造成不能及时了解情况和进行有效监管。

市、县两级科技特派员工作管理机构普遍少编缺人，县级科技部门管理职能弱化，乡镇科技特派员工作管理职能也随之弱化，出现"小马拉大车"现象。

（五）评价机制和上升通道脱节，导致科技特派员底层动能弱

不健全的乡村职称制度堵塞了真正扎根农村、服务于基层生产一线的科技特派员的上升通道。"土专家""田秀才"等科技特派员和乡土人才生在农村、长在农村，他们的实践经验在农村接地气、易推广，更容

易获得群众信赖和支持，是实现乡村振兴的一支重要队伍，但长期以来社会地位普遍不高，甚至不被认同为“人才”，与学历挂钩的人才评价标准并不适用乡土人才群体，而大多数乡村尚未建立科学、合理的人才评价机制。

特别是在市场经济条件下，一些具有传统技艺又不具学历优势的民间工匠，采用的是家庭作坊式的发展方式，发展空间严重受限，又缺乏成就感和荣誉感，纷纷到城市寻找发展空间，导致代际传承问题比较突出，很多技艺传承面临断层危机。

六、乡土人才建设的启示及对策

乡土人才了解乡村蕴含的市场机会，有能力借助新技术抓住机会，并对开发乡村、建设乡村有浓厚的“情怀”，这些都是“下乡”资本所不具备的，尤其是在互联网电商兴起背景下，乡土人才已经占据主场优势。这是属于乡土人才的新兴产业类型，产业振兴的相关政策应呼应这些市场诉求。

（一）坚持科技特派员制度带动乡土人才发展的四项原则

通过深入调研和总结归纳，课题组认为，以科技特派员为代表的乡土人才发展应坚持以下四个原则。

一是坚持初心为农、行动富农的原则。农民在农村的主体地位是历史形成的，如果不遵循这一规律，在农村创业必然会走上弯路歧途或碰得头破血流。乡土人才只有和农民建立起紧密利益联结机制，做给农民看、带着农民干、帮着农民赚，才能在农村立住脚、吃得开。

二是坚持产业孵化、服务强化的原则。依托农业农村特色资源，发掘多重产品和服务价值，逐步补强中间化服务体系，不断延伸产业链和价值链，实现共享发展和共同富裕。

三是坚持市场主导、政府引导的原则。支持乡土及回乡创新创业的技术人才、经营人才、管理人才等各类乡土人才，并通过这些乡土人才实现城市要素市场和消费市场有效对接，盘活存量资源，激发创造活力。制度安排应该顺应市场发展趋势，做好引导、做好服务、做好保障、做好推广。

四是坚持创新驱动、创业带动的原则。鼓励城市科技成果向农村转移转化，并与农村实际、乡土科技和地方能人进行有机结合，接地气，能扎根，以创新引领创业，以新技术催生新业态。

（二）加强科技特派员制度带动乡土人才发展的顶层设计

科技特派员既是乡土人才的中坚力量，也是乡土人才的培育摇篮。应按照《关于加快推进乡村人才振兴的意见》中建立健全乡村人才振兴体制机制的要求，重点完善乡土人才的职业技能等级认定制度、荣誉待遇申报宣传制度、乡村振兴项目支持制度、财税金融特殊扶持制度，支持社会资本参与乡土人才培育。将科技特派员和乡土人才建设工作纳入当地党委人才工作大局统筹谋划，同部署、同落实、同考核。

一是制定专项规划。对标实施乡村振兴战略需要，评估乡土人才供求总量和结构，细分乡土人才供求缺口，深化科技特派团、科技小院等创新性农村科技推广应用的有效模式，建立乡土人才信息库和需求目录。在摸清乡村人才现状基础上，制定乡村人才振兴规划，明确乡村人才振兴的总体要求、重点任务、政策措施，推动“三农”工作人才队伍建设制度化、规范化、常态化。同时，强化农村创业创新服务。发挥县乡行政服务大厅就业创业服务窗口和政府门户网站作用，为返乡创业人员提供政策清单、申办流程等“一站式”服务。

二是完善组织架构。夯实乡村振兴的“第一工程”，加强乡村基层党组织建设，增强“三农”需求端的积极性和动力，消除“等靠要”的思想土壤，把党管农村工作的政治优势进一步转化为推动乡村全面振兴的强大动力和基础保障，保障科技特派员制度落地生根。重点强化县、乡、村三级管理力量，分级设立县级科技特派员服务中心、乡级科技特派员服务站、村级科技特派员服务室，确保乡土人才政策在“最后一公里”得到落实。

三是狠抓政策落实。明确特派员科技成果的商品属性，打出税费、信贷等杠杆和政策的“组合拳”。发挥经济杠杆作用和政策引导功能，在税费、信贷、土地、工商、规划等制度方面给予相应的优惠和倾斜，使科技特派员带来的企业、资本、成果、人才从“三农”发展中获得相应的利润和回报，激励社会优质资源向乡村流动，刺激新技术、新产品、新业态辐射乡村。同时，对已出台政策文件的贯彻落实情况进行总结梳理，开展“回头看”，形成问题清单，对现有政策存在的短板和不足进行调整完善，及时出台政策“补丁”，推动将分散在不同部门、不同行业的乡村人才工作进行统筹部署，形成乡村人才振兴的工作合力。例如，针对反映职称评聘政策落实不到位的问题，建议人社部门设立科技特派员专用职称聘用指标，每年按50%的比例对达到聘用条件而未被聘用的科技特派员选优聘用。

四是聚焦产业生态。注重将科技特派员和乡土人才选派到产业关键链条上，围绕主导特色产业，聚焦产业转型升级，建立一批科技特派员和乡土人才研发基地、创新联盟、公共实验室等，加快产业科研攻关和成果转化，催生一批具有自主知识产权和竞争优势的重大创新产品，不断建链、补链、强链，推动产业向差异化、特色化、高端化方向发展。推动特派员结构向链条型转变，健全产业各环节的科技支撑。集体经济、产业链整体高质量是兼顾效率和公平、包容性发展的基石，一校一院难以系统提供上下游、金融、政策等支撑产业各环节的系统化人才链供给，因此，要突破点状、局部的科技特派员结构，向有联结关系的链式、网状“政产学研金”联盟科技特派员格局转变，增强人才供给的系统性，并充分调动各类企业法人特派员服务乡村的能动性。

五是搭建事业平台。充分发挥农业农村部在全国建设的1096个各具特色的全国农村创业创新基地（园区）和200个农村创业创新典型县，为基层科技特派员和返乡创业人员提供实习、演练的场所和机会。支持资助基层科技特派员和返乡创业人才参加各级各类新农民新技术创业创新博览会和农村创业创新项目创意大赛，搭建政策宣讲平台、成果展示舞台、励志故事讲台、创意比拼擂台，让基层科技特派员和返乡创业人才有成就感、荣誉感、归属感和使命感。

（三）建立科技特派员制度带动乡土人才发展的评价体系

2020年全国组织部长会议提出："坚持以实际能力和贡献评价人才。"这是最贴近乡土人才实际的评价原则和工作导向。

一是创新人才供需匹配方式。探索"三农"发展职业经理人、运行中介和大数据引擎。乡村靠自身能力很难对产业发展、特色经济的专业谋划和创新设计有新突破，科技、人才供需的精准对接问题由来已久。建立乡村职业经理人、运行中介和大数据引擎，充分认识乡村产业规划、新产品新业态、项目设计、人才科技匹配等，让专业的人采用专业的方法，建立共享共担机制，架设责权利融为一体的供需通道和桥梁。

二是完善人才分类评价标准。借鉴科技特派员的分类评价标准，整合优化现有人才政策，突出以使用和效用为导向，以创新能力、业绩、贡献为重点，整合集成条件认定、资格评审、自主评价、柔性评估等多种人才评价机制，建立符合地方经济社会发展需求的人才分类评价和支持体系，营造有利于创新、创业、创造的良好人才环境。支持科技特派员向第一、第二、第三产业拓展，加大深度开发乡村资源的科技供给。科技特派员的专业类型应从单一的农林类专业向工业、信息、文旅、规划、管理等领域拓展，农技师、农创客、工程师、规划师等各路科技特派员队伍合力促振兴、奔共富，带动各类人才走进乡村，助推乡村全面振兴。

三是突破乡土人才评价机制。借鉴科技特派员的绩效评价方法，破解乡村人才瓶颈，应突出需求导向，完善乡村高技能人才职业技能等级制度，组织农民参加多种技能评价，探索“以赛代评”“以项目代评”，完善农业农村领域高级职称评审申报条件，对乡村发展的急需紧缺人才可以设置特设岗位。同时，应遵循乡村人才成长规律，突出不同职业、专业、岗位区别，突出品德、能力、业绩评价，制定适合乡村人才实际和特点的评价标准，尤其对农技推广等应用型人才放宽学历、论文、外语等各种限制性条件。

四是明确乡土人才考核目标。借鉴科技特派员的目标管理机制，将乡土人才建设工作纳入五级党委和政府绩效考核指标，按全国、省、市、县分级，按专、兼职分类进行管理，推广福建省科技特派员服务云平台服务积分管理模式，建立乡土人才日常服务、组织培训、实施项目等情况的服务积分管理制度，并根据考核结果予以奖励、召回，实现动态管理。

五是激发乡土人才创业热情。借鉴科技特派员的宣传推广经验，完善乡土人才开发的利益机制。借鉴南平科技特派员“利益共同体”机制设计，进一步深化乡土人才收入分配体制改革，并明确政策红线和负面清单。以实际待遇提升感召乡土人才植根乡村沃土，抒发乡梓情怀，懂农业，爱农村，带领群众致富，发展乡村产业，释放创新创业影响力和带动力，真正形成乡村振兴宝贵的人才资源。

六是提升乡土人才社会认同度。借鉴科技特派员的身份激励创新，为乡土人才评职称，不仅可以丰富乡土人才队伍建设的内容，而且有利于提升乡土人才的社会认同度，真正让乡土人才“响”起来、“用”起来、“香”起来。

（四）培育科技特派员制度带动乡土人才发展的赋能生态

一是开展产业赋能。依托科技特派员产业服务能力优势，引导社会资本下乡，通过“老板带老乡”实现合作共赢、共同发展。多办农民办不了、办不好、办了不合算的产业，把收益更多留在乡村；多办链条长、农民参与度高、受益面广的产业，把就业岗位更多留给农民；多办帮农带农的产业，带动农村同步发展、农民同步进步。开展科技特派员项目带动人才发展专项行动，支持高技能人才开展科技攻关、技术革新和工艺研修，评选优秀技术攻关项目给予资金奖励。对实现成果转化并取得重大经济效益的，鼓励企业从所得收益中以奖金等形式给予相应奖励。结合农业农村基础设施和产业发展项目，支持科技特派员带动乡土人才创办家庭农场、专业合作社等经济实体，在投资补助、资金补贴等方面给予奖励。

二是开展学用赋能。依托高校和科研机构高层次科技特派员的人才带动优势，开展产教融合型试点企业建设。每年遴选一批产教融合型试点企业，对试点企业直接或间接参与职业院校办学，可按投资额的一定比例（建议不低于30%）抵免企业当年应缴教育费附加和地方教育附加，引导职业教育与乡村人才振兴需求相匹配。完善科技特派员带动乡村人才引进机制，发挥“增量”人才作用。通过实施高层次人才引进计划、高校毕业生乡村成长计划、返乡创业就业推进行动等措施不断优化发展环境，以乡情乡愁为纽带，研究建立有效激励机制和制定人才柔性引进管理办法，引导各类人才向乡村集聚，发挥“增量”人才作用。针对不同类型的乡土人才，以提升综合素质和专业技能为抓手，开展形式多样的学习培训。探索与高校的合作方式，借助外界力量，进一步帮助乡土人才扩大视野、增长见识。特别是应抓住各地职业院校设置乡村振兴相关专业、推进“1+X”证书制度试点（在院校实施“学历证书＋若干职业技能等级证书”制度）的机遇，制定并实施农村实用人才带头人和大学生村官示范培训、青年在乡返乡人才专项培训、高素质农民培育计划，优化涉农专业设置和涉农人才培育标准。加大对全国、省、市、县四级职业技能竞赛的支持力度，推动行业企业冠名、赞助技能竞赛机制，推动技能竞赛良性循环。对获得各级竞赛一定名次的选手，可“以赛代评”认定为技能大师候选人和技能大师工作室领办人。

三是开展待遇赋能。依托科技特派员已有制度基础，推动专业技术人才和技能人才贯通发展。高技能人才在现工作岗位上近 3 年年度考核合格可参加职称评审，符合条件的可分别申报评审相应专业助理级职称、中级职称、副高级职称。专业技术人才取得助理级、中级、副高级职称，累计工作年限达到申报条件的，可分别申请参加与现岗位相对应职业（工种）的高级工、技师、高级技师职业技能评价；具有所申报职业相关专业毕业证书的，可免于理论知识考试。

四是开展数字赋能。依托科技特派员的技术能力优势，加快推进数字人才建设。引入“互联网 +”“数字 +”“云上 +”等新理念新业态，发展数字经济，推进产品上网、企业上云，产生更多新产品、新活力、新动能。重点实施“互联网 + 人才”工程，建立乡土人才信息库、网络申报管理平台和资金拨付监管平台，实行重要人才招聘岗位在线发布、人才政策“一网查询”、人才政策兑现“一网通办”，运用信息化手段简化办事流程、提高办事效率，着力为各类人才提供更加精准、高效、便捷的人才信息化服务。

20 多年来，南平科技特派员制度所开创的适应农民需求、富有中国特色的农业科技创新创业之路越走越宽广，焕发出日益强大的生命力。实践证明，科技特派员这一源于基层探索的制度创新，填补了市场经济条件下的农技服务空白，通过传、帮、带，正在逐渐形成以科技特派员为核心的乡土人才生态，并由此打通了农业科技成果转化的“最后一公里”，让一项项先进、适用的农业技术开花结果，原本不赚钱的小茶苗、小橘柚、小菌菇等成为帮助农民脱贫致富的大产业，彰显了农业科技的魅力，也满足了广大农民的迫切需求。科技特派员制度也为广大农技人员服务“三农”、把论文写在大地上指明了正确方向，开辟了有效途径，搭建了广阔舞台。

面对全面推进乡村振兴、以高质量发展推动共同富裕的目标要求，乡土人才和科技供给在专业广度、层次水平上尚有不足，系统性尚待提升。因此，深入推行科技特派员制度，迭代升级乡村人才和科技的类型、层次和体系更具现实意义。以科技特派员制度带动乡土人才建设，并重点围绕农业和农村经济发展的需求，不断让人才服务渗透于产前、产中、产后的各个环节，将现代科技要素植入生产一线，使生产、技术与市场有机链接，公益性服务和经营性服务相互推动，共同推进农业科技创新和科技成果的产业化。

在新时代和新使命背景下，需要不断加大支持力度、壮大人才队伍、完善组织形式、创新帮扶模式、提升服务成效、探索长效机制，让科技特派员制度和乡村人才振兴焕发出更为强大、更为持久的生命力。

参考文献：

[1] 张志文，周定财 . 乡土人才振兴的现实困境与实践路径 [J]. 中共乐山市委党校学报（新论），2021，23（3）：61-65.

[2] 何忠国 . 以乡村人才振兴推进农业农村现代化 [R]. 中央党校习近平新时代中国特色社会主义思想研究中心，2018（10）.

[3] 夏柱智 .“中坚青年”和乡村振兴的路径选择——兼论青年研究视角的优势 [J]. 中国青年研究，2019（8）：34-41.

[4] 沈希 . 深入推行科技特派员制度　推进乡村全面振兴 [N]. 农民日报，2022-9-1.

第2章

脱贫县非农产业发展典型案例研究

——以井冈山竹产业为例

王建武　田志[①]

内容摘要： 本章以井冈山竹产业为研究案例，通过现场调研和座谈走访，对井冈山竹产业发展的总体情况、发展阶段、存在问题进行分析，并就竹产业在全国的推广进行经验总结，提出有针对性的建议，主要包括借助国际竹藤组织影响扩展竹子产业价值链、强化政府政策引导制定竹产业发展规划、实施竹产业从产品到品牌的驱动战略、做好竹产业的要素支撑、促进竹子与碳汇结合、做好竹农增收的制度保障工作等。

关键词： 非农产业；农民增收；案例研究

产业兴旺是乡村振兴大格局中的重要一环，其中既包括农业，也包括乡村非农产业。非农产业是农村经济中除农业生产活动之外各产业的统称，即农村第一产业以外的第二产业、第三产业。近年来，中央一系列政策文件中提到的非农产业对于乡村发展具有重大意义。目前，非农产业已成为农民群体收入增长的主要贡献力量。大力发展非农产业，能够有效延长农业产业链，在乡村地区创造更多附加值，并有助于在县域形成主导产业，进而实现城乡融合发展。

① 本章作者：王建武，自然资源部国土空间规划研究中心研究员；田志，中投咨询有限公司研究中心高级经济师。课题组组长：王建武。课题调研团队成员：王建武、田志、万俊、沙睿。

一、产业扶贫的主要思想

2016年4月24日，习近平总书记在安徽省六安市金寨县花石乡大湾村考察脱贫工作时指出，“要脱贫也要致富，产业扶贫至关重要，产业要适应发展需要，因地制宜、创新完善”[①]。

（一）非农产业要找准路子突出特色

推进扶贫开发、推动经济社会发展首先离不开清晰的思路。要立足当地资源，宜农则农，宜林则林，宜牧则牧，宜商则商，宜游则游，通过扶持发展特色产业，实现就地脱贫。坚持从实际出发，因地制宜，理清思路、完善规划、找准突破口。

（二）产业扶贫要发挥新型经营主体作用

新型经营主体带动是贫困户长期稳定脱贫的关键路径。发展现代农业、推广良种良法、开发特色产业，需要一定经营规模，也需要农民合作社、家庭农场等新型经营主体引领。要提高组织化程度，培育带动贫困人口脱贫的经济主体，其关键是要激发企业到贫困地区投资的积极性，如吸纳农村贫困人口就业的企业按规定享受税收优惠、职业培训补贴、扶贫再贷款等支持政策。

（三）产业扶贫要培育可持续脱贫机制

产业精准扶贫的核心和落脚点是贫困人口增加收入和就业。要多给贫困群众培育可持续发展的产业，多给贫困群众培育可持续脱贫的机制，多给贫困群众培育可持续致富的动力。通过改革创新，让贫困地区的土地、劳动力、财产、自然风光等要素活起来，让资源变资产、资金变股金、农民变股东，让绿水青山变金山银山，带动贫困人口增收。通过建立利益联结机制等可持续脱贫机制，让每个贫困家庭都有稳定收入来源。

① 《总书记和人民心贴心丨“总书记对俺们老区是真有感情！”》，新华网，2022年6月15日，http://www.news.cn/2022-06/15/c_1128742524.htm。

（四）产业扶贫要做好科技、金融市场等服务

产业扶贫要健全科技支撑服务体系，鼓励各级技术研发推广机构以产业基地为依托，加快科研成果转化应用。要加强对农民的职业技能培训，加强教育引导，各地要办好各种类型的农民夜校、讲习所。加快农村金融改革创新步伐，推动各类金融机构实施特惠金融政策，发挥好政策性金融和开发性金融在脱贫攻坚中的作用。增加金融资金对扶贫开发的投放，吸引社会资金参与扶贫开发。新阶段产业扶贫要注重解决产销脱节、品牌弱小、“丰产不丰收”等问题。产业扶贫重点要在扶持贫困地区农产品产销对接上拿出管用措施。

（五）产业扶贫要建立长效机制

要防止急功近利、形式主义，现在一些地区产业扶贫措施比较重视“短、平、快”，考虑长期效益、稳定增收不够，很难做到长期有效。现在贫困群众吃穿不愁，农业产业要注重长期培育和发展，防止急功近利。新阶段更要注重长短结合，进一步凸显产业扶贫的普遍性、根本性、持续性作用，增强贫困地区造血机能。

二、学界对于乡村非农产业发展常见问题的研究

针对脱贫县非农产业发展工作，国内学者认为目前脱贫县在产业精准扶贫工作中做了大量探索，积累了丰富经验，并提出了相关思考。

（一）产业发展链条较短

江西社会科学院李志萌等（2016）认为，产业扶贫存在种养品种单一与非农产业多样性需求的矛盾、扶贫产业链短与“接二连三”产业利益链延长的矛盾、单一政府融资模式与产业扶贫资金需求的矛盾。例如，2014 年，黑龙江省农产品加工业产值与农业总产值的比例为 0.92 ∶ 1，农业服务业增加值仅占第一产业产值的 1.8%；云南省农产品加

工业产值与农业总产值之比更低，仅为 0.5∶1。

（二）产业发展要素存在瓶颈

目前，土地、资金、人才等要素供给不足，成为许多地方推进农村产业融合面临的突出因素。例如，按自然资源部规定，以农业为依托的休闲观光度假场所，各类庄园、酒庄、农家乐，以及各类农业园区中涉及餐饮、住宿、会议、大型停车场、工厂化农产品加工、展销等的永久用地，必须严格按建设用地进行管理，使得许多农村产业融合发展项目难以正常实施，一些电商的经营场地、仓储用地和大规模培训场地用地也难以得到满足。现有的农村金融产品、服务和贷款抵押方式相对较少，租用土地及大量农业设施又不能抵押，能够得到银行贷款的规模十分有限，直接融资渠道狭窄，融资难、融资贵问题比较突出。有些较大规模的农业产业化企业年均融资成本占比高达 20%。

广西大学梁将（2018）认为，贫困县非农产业存在科技人才缺乏、科技扶贫动力不足等问题，资金短缺制约非农产业发展，非农产业融合力度不够，普遍存在非农产业规模小且分散的特点。随着我国城镇化不断推进，区域间的人口流动不断加强，农村人力资源逐渐流出农村，农村产业发展受到限制，当前农业发展的致命性问题是人才短缺，即农业产业发展、管理、经营和创新等方面人才培养计划滞后严重，相关农业专业人才短缺不仅限制了产业优化升级空间，而且限制了乡村振兴战略向更深层次发展。

（三）产业竞争力存在不足

一是宏观层面国内市场开拓难度逐步加大，农村企业生产的主导产品呈现落伍现象，产品缺乏创新和技术含量。二是微观层面农村产业市场开发难度大，乡村产业受到区位和交通条件限制，当地的劳动价值缺乏交换平台。农村产品缺少中间渠道，只能靠农民自己运输到乡镇市场销售。三是农业多功能挖掘不够，休闲农业、旅游农业以观光为主，文化传承、人物历史、风土乡俗等触及不多，高品位、多样性、特色化不足。此外，少数地方的农村产业融合项目同质性强，雷同严重，缺乏差异化竞争和深度开发，抢资源、争市场过于激烈，导致资源过度开发、市场无序竞争、环境严重破坏。

（四）集体经济组织结构松散，合作模式单一

农户和企业利益联结不紧密，农民增收效果不明显。企业与农户之间只是简单的买卖关系，没有成为利益共享、风险共担的利益共同体，农民收益没有增加，所以参与积极性不高。例如，黑龙江省农业产业化龙头企业与基地农户的合作，采取利润返还合作方式的占 15% 左右，采取按股分红方式的仅占 5%。

（五）产业经营主体带动能力不强

一是有实力的新型经营主体少，部分合作社不具备自我发展能力。例如，黑龙江省 2000 余家水稻加工企业中，规模以上加工企业不到 600 家，全省乳类加工企业的年销售收入仅为 350 亿元，不及一个伊利或蒙牛。二是部分新型经营主体结构单一、管理粗放、经营能力不强，大多数合作社“有名无实”，家庭农场和专业大户规模小，参与融合能力差。2014 年，宁夏回族自治区只有 40.2% 的农民专业合作社实现了一体化经营，且大部分属于生产—营销型结构，平均利润仅为 10.4 万元。三是农户参与度不高、困难户话语权较弱，扶贫效果与农民参与非农产业的程度成正比。

三、脱贫县非农产业发展成功路径及典型案例

结合产业经济学和地方实践，脱贫县非农产业发展路径及成功经验主要如下。

（一）科学选择产业类型

一是以“资源优势 + 产业优势 + 经济优势”选择产业。脱贫县从本

地实际出发，充分考虑本地生态适应性、环境条件、区位条件，宜农则农，宜牧则牧，发挥资源比较优势。四川省南部县立足脆香甜柚这一本土特色品种，有针对性地对贫困户分户规划实施了小庭院、小养殖、小买卖、小作坊“四小工程”。

二是以“市场为导向＋供给侧结构性改革”优化产业。脱贫县以市场需求为导向，以增加绿色优质农产品供给为重点，着力优化农产品品质结构，深入推进农业供给侧结构性改革。新疆察布查尔县引进优质德系西门塔尔牛冻精 3 万剂并在乡（镇）场免费发放，通过品种改良提高个体的生产性能，提高养殖效益。重庆市万州区在适宜区域大力推广稻虾、稻蟹、稻鱼等种养模式，亩均增加经济效益 1000~3000 元。重庆市武隆区持续实施“三大富民工程”，培育壮大大闸蟹、冷水鱼、棘腹蛙等六大“十亿级”产业链。新疆民丰县对安迪河甜瓜、红柳大芸、昆仑雪菊、维吾尔医药材等加大精细化加工和品牌包装力度，不断增强市场竞争力。

三是以“规划＋实施方案＋项目”引领产业。脱贫县通过产业精准帮扶规划，逐渐形成“一县一业”“一村一品”。河北省望都县、江西省井冈山市、河南省滑县、重庆市黔江区、重庆市丰都县等地在制定产业规划的基础上，进一步分年度、分专项细化实化出台实施方案，落实特色林果、草食畜牧业、光伏帮扶、旅游帮扶、电子商务等专项产业帮扶工程。通过规划有效建立了产业到户、到人的精准帮扶机制。

（二）培育新型经营主体带动能力

一是以“风险补偿＋增信担保＋贷款贴息”提高市场经营能力。河南省滑县推出“扶贫贷”，引入政府增信机制，通过“风险补偿基金＋贷款对象”的形式，政府出资设立风险补偿基金，农业银行按照基金扩大 10 倍的数额，以基准利率向困难农户、企业、合作社提供免抵押、免担保贷款，有效解决发展资金短缺、县域和农村“贷款难、担保难”

等问题。

二是以“示范创建＋项目库＋资金补助”激发帮扶动力。重庆市万州区开展示范创建活动，对区级以上帮扶龙头企业和示范专业合作社，优先纳入重点项目库，优先对外招商引资，优先获得农业产业化贴息等专项资金，优先享有参加农业产业化经营重大活动及补贴权利。四川省南部县对“两个带动”作用特别突出的新型农业经营主体在新建农产品仓储、物流、加工设施等方面给予财政补助，对自行投资新建道路、水利、电力等基础设施达到要求并事先申报批准的，政府按投资比例给予资金补助。

三是以“规范管理＋能力建设”建立长效机制。脱贫县引导多种形式的农民合作社规范运行，鼓励家庭农场按照自愿原则开展家庭农场登记，鼓励农业产业化龙头企业发展混合所有制。重庆市万州区指导农场主采用企业管理模式，实施规模化、商品化、集约化生产经营。重庆市黔江区多次组织区级和市级龙头企业参加企业管理能力培训等课程。江西省吉安县指导合作社建立健全规章制度，强化财务管理，并开展管理人员培训。

（三）创新带贫机制

一是项目设置创新。全面推行资金项目跟着困难村困难户走、贫困户跟着合作社走、合作社跟着龙头企业走、龙头企业跟着市场走的“四跟进”模式。河南省滑县筛选确定带动困难户增收的企业（合作社）与贫困户签订带贫协议，每带动一户困难户，由所在乡镇向企业（合作社）拨付扶持资金 5000 元。企业（合作社）按期向困难户支付带动资金，期限为 3~6 年，每年每户不低于 1000 元，每户困难户最终受益不低于 6000 元。

二是利益联结创新。全面推行“企业＋合作社＋困难户”“企业＋基地＋困难户”“园区＋合作社＋困难户”等模式。江西省吉安县采取“四统一分”“四提供一回收”等方式，提高农民自我发展能力。四川省南部县等通过“产业园—扶贫园—观光园”三区同建，带动流通加工、印刷包装、交通运输、餐饮服务等上下游产业快速发展。

三是收入来源创新。推行家庭经营赚现金、土地流转赚租金、就近务工赚薪金、股份合作赚股金的“四金”收入模式。脱贫县除了采取贫困户通过流转土地、参与发展和务工的形式获得收入外，江西省井冈山市引导贫困户以产业帮扶资金或土地、林地折价入股合作社，参与产业发展，并按照约定比例分红。四川省南部县引进的森肽集团出资 25 万元、贫困户通过贴息贷款出资 75 万元，组建农民专业合作社并获得银行贷款 450 万元。由森肽集团负责生产管理、技术指导和产品保底回收，困难户认领 1 个棚并负责生产。在每年净利润中拿出 100 万元用于贫困户和企业保底分红，其余利润作为合作社公积金。

四是集体资产运营创新。在有条件的地方，推行资源变资产、资金变股金、农民变股民的“三变”改革模式。重庆市万州区盘活集体资产，探索完善集体经济发展模式，按照合同或章程，定期向股东大会报告工作，依靠股东大会明确收益分配方式，并及时向股东分配当年收益。

（四）支持欠发达地区产销对接

一是引进龙头企业。发挥对口支援制度优势，西藏自治区昌都市和对口支援省市采取定向招商、以商招商、项目推介招商等方式，吸引龙头企业、知名企业和人才团队、先进技术及优势项目。

二是服务市场。河南省兰考县完成 290 个益农社和 270 个农村电子商务村级服务站建设，实现全县农业信息服务全覆盖，建立产业发展微信群、“果蔬价格”公众号，及时发布种植技术及供求信息。

三是创建渠道。重庆市万州区建立订单生产、“互联网 +”、商业服务、农资交易配送、农产品交易网点建设、农超对接、直供直销、连锁经营等新业态。2017 年，重庆市秀山县新发展特色农产品电商基地 24 个，“武陵遗风”“边城故事”累计上线产品 728 款，全县农产品电商销售额实现 8.15 亿元。“互联网＋三农”模式被纳入“全国农村电商十大模式”。

四是组织展销。江西省井冈山市支持农产品“三品一标”认证，每年均会组织 10 多场赴外展销活动。河南省兰考县组织参加各类“农博会”“农展会”，打造全省乃至全国农产品著名品牌。重庆市黔江区组织区内农产品生产企业参加中国西部国际农产品交易会，取得签约 4.1 亿元订单协议，现场销售额达 40 余万元。

五是打造品牌。青海省都兰县绿色食品基地覆盖面达 60% 以上，10 家企业获得良好农业规范（GAP）认证，获得“国家级枸杞出口质量安全示范区”和“国家良好农业规范认证示范区”称号，良种推广和品牌效益使种植户年均增收近万元。

（五）强化科技服务和人才培养

一是“农技指导专家＋技术指导员＋科技示范户＋农户”的技术推广模式。重庆市黔江区依托基层农技推广体系改革与建设项目，主要针对主导产业和特色效益农业，每个产业遴选 100 名科技示范户，每个产业聘请 1 名技术指导专家及 10 名农业技术指导员，采取集中培训及分户指导的方式，每名专家联系指导 10 名技术指导员，每名技术指导员联系指导 10 名科技示范户，每名科技示范户联系帮扶 10 名农户及困难户发展产业，提高了农民的科技水平，示范带动效果增强。

二是“农业乡土专家＋种植能手＋新型经营主体技术骨干＋科研教学单位一线服务人员”的社会化服务模式。江西省井冈山市组建井冈蜜柚社会化服务队，主动与困难户、合作社对接，承接种植与管理，初步实现技术服务市场化。河南省滑县构建“专家—农技人员—新型农业经营主体”科技服务平台，因户施策、因人施教，对所服务的新型农业经营主体开展精准指导。重庆市丰都县建立科技特派员驻村制度，每个困难村选派4名符合需求的科技特派员、农业科技人员和懂技术、会经营、善管理的能人，组成95个科技服务团，指导帮助群众科技致富。

三是“田间学校”“专家大院”等形式多样的实用技术培训模式。河南省滑县实现“帮扶产业项目实施到哪里，技术培训就跟进到哪里”，定期为困难村开展技术培训，通过农技短信、QQ视频、网上云课堂、“12316”等方式，保障每个发展产业的困难户每年至少接受一次技术培训。重庆市武隆区在新型职业农民培训中推行“一点两线、全程分段”模式和农民田间学校模式。

四是“引进来＋留得住＋走出去”的招才引智模式。重庆市秀山县扎实开展“三支一扶”、农村本土人才回引培养计划、农村青年致富带头人培养“领头雁”计划。西藏自治区昌都市卡诺区全面落实高校毕业生生活补贴、住房保障补贴、求职补贴、学费和国家助学贷款代偿、创业政策。青海省都兰县通过“走出去”加强与中国科学院、青海大学等科研院所和高校的产研合作，构建良种资源快繁、高效栽培、高端产品研发平台，繁育出“柴杞”“青杞”系列新品种，良种覆盖率达96%。

（六）强化金融保险服务

一是建立“担保贷款＋贷款贴息＋现金直补＋产业保险”的多形式金融支持模式。江西省吉安县建立实施“大干大支持，小干小支持”“先干先补，不干不补”激励机制。新疆维吾尔自治区巴里坤县实行“脱贫攻坚帮扶干部＋‘访惠聚’驻村工作队＋村委会＋乡镇政府”四级模式，原扶贫办、金融机构联合审核金融扶贫贷款工作机制，累计向1969户建档立卡困难户发放金融扶贫贷款。

二是建立“全民创业＋小微企业＋实体经济”多主体金融支持模式。河南省滑县金融机构推出“返乡农民工创业贷款”“金燕快贷通信用贷款”“巾帼建功创业贷款”“职业技术培训贷款”等10多个全民创业贷款新模式，对小微企业创新出“税易贷”“创业贷”“善融贷”“网通贷”“POS 贷”等 10 多个新产品，开发“政融保”“扶贫保”贷款信用保证保险等服务实体经济保险品种。

四、井冈山市竹产业发展主要情况

井冈山市地处赣湘两省交界的罗霄山脉中段，属亚热带季风气候，四季分明，雨量充沛。井冈山是亚热带植物原生地之一，保留大片原始态或半原始态森林，是世界上最有代表性的山地亚热带常绿阔叶林区，拥有全球同纬度迄今保存最完整的次原始森林 7000 多公顷，还有一片被联合国环境保护组织誉为世界仅有的亚热带常绿阔叶林。

（一）井冈山市竹产业现状

井冈山市素有“九山半分田，半分水路和庄园”之称，井冈山市竹子资源丰富，竹文化独特，具备发展竹产业的良好基础。全市竹林面积约 2040 平方千米，有楠竹、方竹、淡竹、观音竹、寒竹、苦竹、凤尾竹、实心竹等 100 多种竹子，毛竹蓄积量约 2576.38 万株。近年来，井冈山市践行“绿水青山就是金山银山”理念，围绕“红色引领、绿色崛起”发展战略，做“竹”文章，追“竹”梦想，推动竹产业高质量发展（如图 2-1 所示）。

图 2-1　课题组调研井冈山市茅坪镇神山村黄洋界林场的毛竹林

井冈山市拥有“井冈翠竹”文化名片，“井冈笔筒”在全国竹制笔筒市场占有率接近70%。近年来，井冈山市旅游业迅速发展，竹产业发展有足够的市场支撑。

井冈山市为了做好竹产业，实施多项有效举措。一是加大培育力度。抢抓竹类特色产业项目建设契机，推进毛竹低产低效林改造，提高竹林资源的总量和质量。截至目前，全市累计完成毛竹低改15.6万亩①、维修竹林道路172千米。二是推进精深加工。启动1000亩的竹木加工产业园项目建设，招引优质加工企业入驻，推动全市毛竹加工产业高质量发展。三是深化院校合作。加大与高校院所交流合作力度，举办了全国户外重组竹产业可持续发展井冈山峰会等活动，为产业创新发展注入科技动力。目前，全市共有毛竹5500余万株，全市现有竹子加工企业48家、从业人员4000余人，年消耗竹材约690万株，实现年加工值4.5亿元。

（二）井冈山市竹产业全链条发展状况

在竹子种植培育阶段，井冈山市根据经营方向不同，对竹林按材用林、笋用林规划，分别制定培育措施，改善竹林水肥条件，调整林分结构。地方政府支持选育优质专用竹品种，研发高效栽培技术，将竹林基地培育纳入新一轮退耕还林、造林补贴、森林抚育补贴、森林植被恢复等项目。

在竹子加工阶段，井冈山市加大竹木加工园区建设力度，计划引进科技含量高、单位附加值高、吞吐能力大的龙头企业，延伸本土竹产业链。降低入园门槛，促进形成小的产业集群，逐步发挥集聚作用。不断引进新技术、新设备，开发新产品，为“井冈笔筒”量身打造行业标准。

在竹子第一、第二、第三产业融合发展阶段，井冈山市将竹产业与旅游、森林小镇、森林康养等结合，创立了“井冈翠竹”商标，建立了井冈翠竹园。打造竹文化旅游精品，推动竹种植与竹文化、竹编工艺

---

① 1亩=0.00067平方千米。

与竹创意设计深度融合，打造一批竹文化馆、竹创意园、竹工艺品特色街、竹文化主题公园、竹生活康养基地等文化旅游产品，让乡村游进竹林、看竹景、歇竹亭、品竹酒、吃竹鸡、尝全竹宴，培育建立兼具风景旅游区和林业产业示范园区功能的竹种园，让竹旅经济渗透到井冈山全域旅游。以创建省级（国家级）森林城市为契机，将符合条件的竹林人家、竹林小镇、竹林康养基地、竹林公园优先申报省级森林人家、省级森林小镇和省级森林公园。大力发展林下经济，围绕绞股蓝、铁皮石槲、青钱柳等中药材产业，规划打造 1~2 个千亩示范基地。采取“公司 + 基地 + 合作社 + 农户”的模式，推动形成“深度加工—生产肥料—竹下种养—回归竹林”的循环经济模式。

（三）井冈山市竹产业发展存在的问题

一是有基础但质量和效率不高。井冈山市竹产业发展具有一定基础，是该市的支柱产业，但和国内发达地区相比，主要面临加工企业布局分散、规模小、品牌知名度低等问题，资源优势没有很好地转变为经济发展的比较优势。井冈山市目前每根毛竹的经济效益在 20~80 元，国内发达地区的浙江省安吉市、福建省永安市每根毛竹的效益可以达到 200 元。

二是有潜力但竞争压力大。井冈山市共有毛竹 5500 余万株，目前竹子相关企业只利用了这些资源的 30%~50%，但同时面临周边省市的竞争，省外包括浙江省安吉市、福建省三明市及湖南省醴陵市等竹子产品的冲击。吉安市内的峡江县、万安县等也在发展竹产业，竹子原材料的价格不高。目前井冈山市尚无产值 2000 万元以上的竹子企业，原因主要是竹子企业分散在乡镇，一直难以做大；而如果竹产业集中在园区，又会面临竹子采后运输距离过长等问题。

三是有产品但没有品牌。井冈山市竹子企业有产品，但没有形成知名性品牌，产品质量水平参差不齐，产业基础薄弱。虽然竹制品质量均稳步提高，但产品质量水平不高，而小企业产品质量还不稳定，档次不高，易出现不合格现象。企业管理与产品质量存在较大联系，不少小微企业质量意识淡薄，质控体系缺失，质量提升难度较大。虽然创立了“井冈翠竹”品牌，但由于品牌宣传力度不大，没有溢价效益，导致竹子企业的品牌意识不强，创牌认知也不高，只注重产品的生产和同质化模仿，大多是无牌加工（如图 2-2 所示）。发展定位模糊或不切实际，没有形成自己的企业文化和品牌特色，无法让品牌优势形成可持续的、稳固的品牌链条。

图 2-2　课题组调研井冈山市竹子加工产业家庭工坊

四是有企业但没有核心竞争力。当地竹产业企业核心竞争力不强，产业合力不够。大部分企业仍处于产业链价值链的低端。企业尊重知识产权、自觉保护知识产权的意识不够。目前井冈山市竹产业专利申请集中在实用新型专利和外观设计专利上，技术发明专利数量很少。最重要的原因是缺乏科技人才，目前竹产业从业人员基本上是高中以下学历水平，企业老板的水平稍微高一点，根据调研得到的信息，科技含量最高的一家企业老板之前是学习产品编程的，该企业可以按照欧美客户需求提供简单的产品定制，但对于更复杂的工艺可能就无法完成。

五是有历史传承但受到经济和行业下行影响。全市竹产业链方面还存在运作不顺畅问题，竹农生产积极性降低。竹子产品同质化严重，市场需求不断变化，竹产品市场萎缩，全国竹加工企业有近一半转产停业，毛竹价格也持续降低，而劳动力成本又逐年增加，导致竹产业发展受到一定制约。

五、井冈山市竹产业助农增收典型案例

“井冈山革命斗争时期，苏维埃政府就成立了竹木委员会，发展毛竹贸易，搞活根据地经济。如今，脱贫摘帽只是万里长征第一步，要持续巩固提升，还需发展好竹产业。”据井冈山市委书记刘洪介绍，全市现有毛竹林 25 万亩，规模以上竹木加工企业已有 53 家，在脱贫攻坚中发挥了重要带动作用。

（一）井冈山市神山村发展山地竹林产业增收

井冈山市神山村有竹林 4000 多亩，过去是砍竹子卖，一根价格七八元。加之山高路远，挣的钱还不够运费。竹在山中烂，人在家中穷，贫困发生率一度高达 22%。最近几年，当地引导村民发展竹制品深加工，一个雕花笔筒相当于一整根竹子的价钱，一瓶竹筒米酒能卖 80 元，产品附加值大幅提升。江西省林业局的专家还把技术送到家门口，帮助神山村实施毛竹林丰产培育，由政府出资、困难户投劳，累计可提供岗位 4992 个工日，增加林农劳务收入 59.91 万元。

为了推进竹子旅游，神山村建设了 1050 亩竹子示范林，每根竹子都标明年份，进行施肥、松土、定向除杂。示范林出笋率高，竹子也长得粗壮厚实、枝繁叶茂，吸引了不少游客，村里投资修建的竹林漫道，很快成为新的拍照“打卡地”。2019 年，神山村接待游客超过 32 万人次，竹旅融合渐成一道风景线。

（二）井冈山市源头村发展红色文旅产业增收

“井冈山的竹子，是革命的竹子！”这是小学语文课文《井冈翠竹》中耳熟能详的经典语句。在井冈山源头村红军挑粮小道，戴上八角帽，

肩挑竹扁担，沿着蜿蜒的挑粮小道，三三两两的游人在竹林中穿行，不时驻足拍照。这身行头是从村民那里租的，价格10元。村里的农家乐还售卖红军餐，每份32元，有南瓜汤、红米饭和就地取材的新鲜笋干。2019年，只有340人的源头村接待游客达10万人次，售出红军餐1.6万份。62岁的原建档立卡贫困户廖茂贵，在村委会鼓励下开办了农家乐，做起了红军餐，老廖的妻子刘小梅则到挑粮小道上出租红军装、卖矿泉水，2019年家庭纯收入3万多元。如今，源头村44户贫困户已全部脱贫。

为延伸红色旅游内涵，在吉安市博物馆帮助下，源头村修缮了毛泽覃创建的“乔林党支部”旧址，增设了挑粮运动历史陈列，集中展示竹扁担、竹钉阵等红军时期竹制品。沉浸式体验与场景还原相结合，改变了传统红色研学宣讲模式。不少游客挑粮归来，额角的汗还来不及擦，便又被展览吸引了。一根毛竹制成扁担，将30多万斤粮食挑上井冈山，90多年前的“挑粮运动”解决了红军给养难题。如今，靠同样一根扁担，老区人民吃上了“旅游饭”。

（三）井冈山市塘南村走龙头企业与竹农合作联营发展之路

年底拿分红，平常领工资，既当股东，又是员工。塘南村村民龙品华的6亩毛竹全部入股合作社，给公司巡山护林，每年还能再领4500元。在龙品华家中的困难户收益确认公示表上，2018年家庭收入达66282元。带动该村竹产业发展的井红公司是省级龙头企业，日消耗毛竹近100吨。通过合作社，井红公司与竹农合作联营8000亩竹林，不仅供应有保障，更是帮助了37户困难户增收致富。

（四）井冈山竹产业带动农民增收案例总结

井冈山市变资源为资产、变资金为股金、变竹农为股东，增强了“造血”功能，强化了贫困户与企业利益联结。近年来，江西省、市、县三级共组建25个扶贫团、313个驻村工作组，下派第一书记118名，助力井冈山脱贫攻坚。据不完全统计，自 2017 年率先脱贫“摘帽”以来，全国各地已有 700 多批 2.6 万余人到井冈山考察脱贫攻坚成果。

从革命之路到脱贫之路，井冈山市将经验总结为四个字——“因地制宜”。通过“231”富民产业工程实施，大力发展毛竹、油茶、林下经济等林业产业，以产业扶贫“授人以渔”，实现群众增收，其中全市竹产业带动建档立卡困难户 120 户就业增收，实现人均年增收 6000 元。

为了继续巩固脱贫攻坚效果，井冈山市政府努力做好服务工作，加强社会资本、竹农、科研院所之间的联系，提高竹子产业效益和拓宽竹子产业就业渠道。一是落实产业奖补，带动社会资本投入。持续推进茶、竹、果“231”富民产业工程建设，2020 年在毛竹产业重点发展乡镇和国有林场实施毛竹低改 1.3 万亩，将全市 41 户红（蓝、黄）卡户毛竹林纳入了实施范围，每亩奖补 150 元，实现户均劳务增收 3000 元以上。二是开展技术培训，提高竹农技术和竹子效益。以实施中央财政林业科技推广示范项目为抓手，依托江西农大科技支撑，组织建档立卡贫困户开展毛竹丰产林技术培训，建设毛竹林丰产培育示范区 2000 亩，推广示范毛竹林丰产林培育技术，不断提高贫困群众竹林收益。三是发展毛竹加工业，增加竹农就业。大力实施竹木加工产业园和竹艺小镇建设，着力提升竹地板、竹家具、竹旅游工艺品及竹笋加工水平和效益。通过扶持井红饰材等竹加工龙头企业发展，吸纳 80 余名建档立卡贫困人口参与企业务工，实现人均年增收 6000 元以上。

六、井冈山市竹子产业融合发展典型案例

（一）竹子与旅游、文化结合的百竹园项目

百竹园位于井冈山市上井村，距茨坪 6 公里，占地面积 200 亩，由江西井冈山企业集团公司投资 170 万元兴建。井冈山百竹园有竹子种类

120余种。竹的形状有方圆之分，有弧状、球形之别；竹竿有龟背、佛肚、观音、弯直之奇；颜色有紫、绿、黄、黄中镶绿、绿中镶黄之美。以龟甲竹、湘妃竹、小佛肚竹、鸡毛竹等为竹类的珍品。竹林中最引人注目的是大毛竹——也就是袁鹰笔下的“井冈翠竹”，当年它为井冈山革命斗争立下了汗马功劳，今天它依然风采不凡（如图2-3所示）。

图2-3 井冈山百竹园的竹子

（二）竹子与文化、旅游、电商平台结合的“互联网+”新模式

课题组前往江西省吉安市井冈山市茅坪镇马源村，走访了井冈山市比较活跃的电商企业木泰竹业公司。这是一家竹子文创产品电商企业，在自家宅基地上建有“竹木家具生活馆”，通过抖音、快手直播卖货，一年销售额500万元，所售产品部分由其自己的家庭工厂加工，也有部分来自全国其他一些供货渠道（如图2-4所示）。

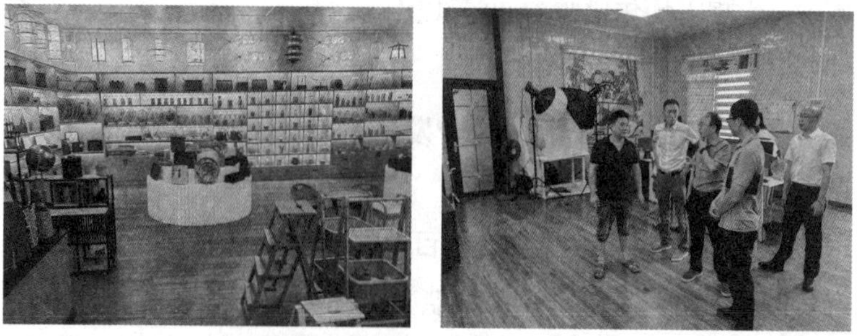

图2-4 课题组调研木泰生活馆

目前井冈山市正在鼓励竹子企业借助各大电商的直播带货平台，开拓直播带货新方向，在网上直播售卖竹子加工产品，并且安排竹子产品从生产到加工等全过程直播，以直观感受表现竹子产品的绿色有机特性。同时依托“井冈林业”网络自媒体平台，借助井冈山国际杜鹃花节、森林旅游节以及井冈山强大的红色旅游客流量宣传“井冈林业”自媒体平台，以“红色 + 杜鹃花海”为主题，传承红色基因热潮，带动竹子文化的传播，吸引社会各界关注，推动竹子相关产品营销。

（三）竹子废料再利用——竹炭加工产业

竹制品加工过程中会产生大量边角料或竹屑，一根竹子做成产品大概只有 70% 的材质被有效利用。井冈山市井翠竹炭公司负责人谢禄传用这些原料进行竹炭加工，带来了可观收益。他曾经拥有当地最大的工艺、家具类竹产品加工企业，年产值高峰时期超过 2000 万元，目前产值 1000 万元。该公司早些年做竹地板和竹家具，目前重点做竹炭加工生意，仍是全市龙头型企业（如图 2-5 所示）。

该公司共有 102 个窑洞，一天所需原料为 80 吨，能够产生 11 吨竹炭，每天启动 5 个炭窑，每吨炭需耗费 50 度电完成工艺流程。而烧竹炭则需经过 13~14 天的窑中缓慢燃烧炭化，最后进行包装和装箱。该公司的竹炭客户遍布广东、山东、河北、重庆等地，主要由当地批发商提供给餐饮行业做火锅炭所用。

图 2-5　课题组调研竹炭加工厂

七、井冈山市竹产业发展的对策建议

我国是世界竹类植物资源最为丰富的国家，有着悠久的栽培利用历史和深厚的竹文化底蕴，竹产业发展优势明显，潜力巨大。作为世界上最主要的产竹国，我国竹类资源、竹林面积、竹材蓄积量、竹材产量以及竹产品对外贸易量均居世界首位。竹子原产于中国，类型众多，适应性强，分布极广，我国的竹子分布在除新疆、内蒙古、黑龙江、吉林之外的其他省份。可以说，我国绝大部分区域都适合竹子生长。

我国向来看重竹产业拥有的巨大经济价值、生态价值和文化价值，2021 年 12 月，国家林草局等 10 部门联合印发《关于加快推进竹产业创新发展的意见》，指出到 2035 年，全国竹产业总产值超过 1 万亿元，现代竹产业体系更加完善，美丽乡村竹林风景线基本建成，主要竹产品进入全球价值链高端，我国成为世界竹产业强国。当前，在全球“竹代木”“竹代塑”“竹代钢”理念下，竹子是极其重要的关键元素。竹产业横跨第一、第二、第三产业，是极具活力和潜力的绿色富民产业。

井冈山市竹产业立足于当地的特色资源——竹子，从最初的简单作坊加工到慢慢引入技术、打造品牌，再到最后政府介入，加大招商力度，积极扶持企业入园，逐步解决发展中的土地、资金、技术和制度难题，为脱贫县非农产业发展提供了一条切实可行、科学、绿色发展道路。为了促进竹产业在全国的发展，解决脱贫县产业发展难题，课题组特提出以下几点建议。

（一）拓展竹产业价值链，打造全球独特竞争力

竹产业作为我国的优势产业领域，具有特殊的行业话语权和国际市场竞争地位。比如，可以充分发挥国际竹藤组织的作用，这是第一个总部设在中国的、独立的、非营利性的政府间国际组织，也是唯一一家针对竹和藤这两种非木质林产品的国际发展机构。国际竹藤组织认为，竹

和藤作为可再生非木质林产品，具有快速生长的资源优势，在促进包容与绿色发展方面有着至关重要的作用。可借助国际竹藤组织影响扩展竹藤产业价值链，支持农村竹藤加工企业发展壮大，从而推进农村贫困社区的包容与绿色发展。具体合作方式包括，初期与国际竹藤组织召开论坛，利用国际竹藤组织影响力邀请相关专家和投资方到井冈山考察，推进井冈山竹子资源与资本、知识对接。在产业升级之后，召开竹子产品展销会，向全世界推介井冈山发展竹产业的相关产品、模式和经验。

2022 年 11 月 7 日，国际竹藤组织成立二十五周年志庆暨第二届世界竹藤大会在北京举行。本届大会以“竹藤——基于自然的可持续发展解决方案”为主题，中国政府与国际竹藤组织在大会上共同发起倡议，倡导在全球深化“以竹代塑”合作，更好发挥竹子在代替塑料产品方面的突出优势和作用。竹产业要借助这个契机，以年产竹材超过 6 亿吨的规模来替代全世界 4.6 亿吨塑料的消耗量，打造万亿级的竹产业，推进生态文明建设和绿色产业发展。

（二）强化政府政策引导，制定竹产业发展战略规划

2022 年 9 月，中国竹产业协会发布《全国竹产业发展规划（2021—2030 年）》，各主要竹产区人民政府要高度重视竹产业发展，加强政策支持，将竹产业发展列入议事日程，编制专项规划，出台配套政策措施，在土地使用、道路建设、水利灌溉、机械补贴等方面给予扶持。在此背景下，建议各级政府鼓励竹子相关企业加大研发投入，对新认定的国家、省、市级企业研究院、研发中心、重点实验室等给予补助；以各级政府质量奖、绿色工厂、绿色认证培育工作为抓手，鼓励企业导入先进质量管理方式，提升质量管理水平。

（三）实施竹产业从产品到品牌的阶梯驱动战略

构筑竹子主导产业培育梯度，对竹子企业进行系统性、阶梯性的引导和优化。加快优秀竹子企业培育，大力培育一批具有设计研发、核

心制造能力的竹产业骨干企业，加快培育一批“专精特新”竹子中小企业，使其成为大企业、大品牌、高端产品配套的依托力量。要引导和扶持产品质量水平较高、市场美誉度高和社会责任感较强的企业争获各级荣誉，通过推广宣传，提高品牌知名度。要以优势品牌为依托，围绕优势品牌培育二线品牌，加强产品的差异化供货，摆脱以简单产品生产为主的生产方式，向有目的、有受众、有利润的方式转变和升级。通过企业品牌的培育，打造产业集群，通过集群品牌和企业品牌的联动，大幅度提高市场占有率。

（四）做好竹产业的要素支撑

一是做好金融支撑。结合竹林股份合作经营模式，加大财政流转支持力度，引导培育股份制合作社、家庭林场等新型竹林经营主体，鼓励社会资本、工商资本、龙头企业参与竹林经营。实施毛竹林分类经营管理和定向培育措施，有效解决竹林规模经营融资、销售等难题。

二是做好企业服务支撑。提升企业升级意识。要充分认识转型升级对于企业发展的重要性，主动增强升级意识。促进企业经营者转变观念，逐步引导企业建立与完善现代企业制度，优化人才引进和培养机制。打造技术创新服务平台，促进竹制品市场信息交流，提高集群的整体技术水平。

三是做好竹子行业协会支撑。培育和发展竹产业，需要集群区域内所有竹子企业的共同努力，避免利益驱使下个体的理性行为带来集体的非理性结果，陷入“囚徒困境”。因此，必须充分发挥竹子行业协会的作用，使竹子行业内的各企业自律。竹子行业协会一方面要发挥组织和服务功能，另一方面要发挥协调和管理功能，制定行业标准，规范同业竞争，着力保护企业的权利和行业利益。

（五）促进竹子与碳汇结合

竹林具有固土蓄水、净化空气、美化环境等功效，生态保护作用明显，是绿色低碳发展的典范。竹子生长快，一次种植，永续利用，竹林的固碳能力很强，集约经营的毛竹林 1 年碳累积量为 12.75 吨 / 亩，地上部分碳累积量是速生杉木的 1.46 倍，加工成产品储存碳，实施“以竹代塑”工程，是对我国实现碳达峰碳中和目标的有力支撑。当前，全球森林面积急剧下降，但竹林面积却以每年 3% 的速度增长，全球竹林面积目前约为 4800 万公顷，竹林固碳是减缓气候变化的主要途径之一。

建议井冈山市将竹林碳汇项目作为一个新兴的绿色发展项目，促进竹林生态价值货币化，形成竹林碳汇产业。可依托丰富的竹林资源，积极响应国家发展碳汇产业、走低碳发展道路的战略方针，充分利用碳汇市场需求大、竹林碳汇成本低的特点，加强与相关机构合作，按市场运作规则实施竹林碳汇交易。具体措施包括：与江西农业大学等机构开展合作，为井冈山竹子碳汇收储交易奠定理论基础和政策依据；与江西银行等金融机构合作，针对井冈山竹农、购汇企业及收储平台推出绿色金融产品；井冈山市成立“两山转换”企业，推进增汇工程，通过修建竹林道路、毛竹加工点等，抱团形成集中集聚的可交易碳汇产品，以盘活、重振整个竹产业，让“资源从农民手中来、效益回到农民手中去”，实现绿水青山变成金山银山。

（六）做好竹农增收的制度保障工作

竹产业是资本密集型产业，在发展壮大后竹农并不能真正增收。建议加大竹子开发与利用力度，建立以竹子企业为平台、科技为生产力、“公司 + 基地 + 农户”为模式的产业创新体系，拉长竹产业链，实现科研、生产、市场的良性循环。优化资源配置，把握重点，集中优势力量，组建集团或大型企业，开发科技含量高、附加值高、市场占有率高的竹子品牌产品。

具体政策包括：一是按照就近原则，在竹林重点乡镇或者重点区域，加快推进“毛竹半成品加工基地”和“竹制品初级加工小微园区”

建设，解决本地区笋、竹等原料的出路问题，增加竹农就近、就地就业和创业的机会。二是制定竹林流转奖补政策，鼓励竹林经营权流转，引导竹农以承包经营竹林资产或货币出资入股的方式，组建按股份分红的股份制合作组织，加快推进竹林经营向规模化集约高效发展。三是加强财政和金融支持保障，重点加大财政对林区道路等基础设施建设的扶持力度，探索设立竹产业发展基金，探索开展竹材价格保险，确保竹材的供给稳定。

参考文献：

[1] 习近平 . 决胜全面建成小康社会 夺取新时代中国特色社会主义伟大胜利 [N]. 人民日报，2017-10-28.

[2] 中共中央党史和文献研究院 . 习近平扶贫论述摘编 [M]. 北京：中央文献出版社，2018.

[3] 井冈山市发展和改革委员会 . 井冈山市国民经济和社会发展第十四个五年规划和二〇三五年远景目标纲要 . 2022 年 1 月 2 日 .

[4] 井冈山市林业局 . 井冈山市林业发展“十四五”规划 .

[5] 樊纲 .“三农”问题的根本出路在于非农产业化 [J]. 农村经济与科技，2003（2）：12-13.

[6] 韩炜，蔡建明，马恩朴 . 以乡镇企业为代表的乡村非农产业对农村居民收入作用研究 [J]. 经济问题，2019（8）.

[7] 梁将 . 南宁市青秀区农业产业扶贫模式研究 [D]. 广西大学，2018.

第3章

金融资本助力乡村产业振兴路径研究

——基于江苏、四川典型案例的调查

成春林　唐强①

内容摘要：当前金融资本助力乡村产业振兴取得了一定成效，在对江苏、四川等地乡村振兴局、金融机构、资金需求主体的一线调研基础上，本章凝练出了五个具有代表性的典型案例。与此同时，本章发现金融资本助力乡村产业振兴存在一些共性问题，包括资金需求主体融资存在多重障碍、金融供给系统推进不足、政策指引和支持不够深入等。对此，课题组认为金融资本助力乡村产业振兴是一个系统工程，应由政府、金融机构和融资主体共同发力。一是协同推进，多方联动。包括国家乡村振兴局与各部委“总”对“总”政策联动、商业性与政策性资金联动、金融机构联动和地区联动。二是精准分类，有效供给。推进乡村产业振兴网格信息库建设，在此基础上分类指引，有序助力，注重融资与融智结合。三是保障匹配，政策为民。搭建“政＋金＋企（民）”常态化对话平台，推动土地确权资产的评估与处置平台试点，加强金融管理人才培养和需求主体金融素养提升，提高乡村治理水平，优化融资环境，以此形成金融资本助力乡村产业振兴的合力。

关键词：乡村产业振兴；典型案例；金融资本；供给合力

乡村产业振兴需要高质量的金融支持，更为重要的是形成金融与乡

① 本章作者：成春林，南京师范大学商学院金融系副教授；唐强，审计署交通运输审计局干部。课题调研团队成员：成春林；丁可心、周晨鸣、孟恬、王琦，南京师范大学商学院研究生。

村产业振兴的良性循环。在乡村振兴战略推动下，各级政府部门及金融机构开展了支持乡村产业振兴探索与实践，也形成了一定的示范经验。2022 年 7 月 12 日至 22 日，课题组先后对江苏省沛县、高邮市及四川省绵竹市等地的乡村振兴局、金融机构、新型农业经营主体、农户进行调研访谈，掌握了较为丰富的金融资本助力乡村产业振兴的一手信息，对其典型案例进行了总结。

一、金融资本助力乡村产业振兴的实践探索

（一）国家政策及宏观背景

实施乡村振兴战略是党的十九大作出的重大决策部署。自 2021 年起，我国进入全面推进乡村振兴战略阶段，这是一个包括产业振兴、人才振兴、文化振兴、生态振兴和组织振兴的系统工程。而产业振兴是基础，是实现其他方面振兴的基本前提。

乡村产业振兴涉及领域广、投资数额大，资金需求主要源于两方面：一是农业的现代化。我国农村经济已从传统的小农生产向农业现代化方向迈进，土地市场流转与规模经营是推进农业现代化的动力，农业的机械化、信息化及农业经营主体的多元化改变了金融需求以往额度小、期限短、零散的特点，呈现差异化、多元化、层级化的趋势，需要高质量的金融支持。二是乡村产业的发展壮大。在农田水利、农业科技研发、农产品加工业等领域，推进农业科技的研发，农业机械设备的升级，实现一二三产业融合发展，促进农业产业链和价值链的形成等皆需要金融支持。实现乡村产业振兴目标，金融大有可为。

从金融供给的正规主体来看，包括政府专项资金、政策性金融、商业金融等。2019 年以来，多部委先后出台金融支持乡村振兴的相关文

件[①]，对于贯彻新发展理念，围绕巩固拓展脱贫攻坚成果、全面推进乡村振兴对金融部门提出了要求，包括创新金融产品和服务，健全金融组织体系，完善基础金融服务，引导更多金融资源投入“三农”领域。金融资本供给由内驱力和外驱力共同推动：内驱力体现为金融资本逐利的天性，乡村产业振兴给予其业务和绩效增长的空间；外驱力则体现在政府的指引和推动以及资本自身的社会责任驱动。金融业是社会性最强的一个行业，其清算支付、资源配置、价格发现、风险管理及信息提供等功能有利于推进乡村产业振兴，而乡村产业振兴带来的产业兴旺、百姓富裕也为金融发展提供更为广阔的空间。金融资本与乡村产业振兴良性循环，能够保证乡村产业的可持续发展。

（二）金融支农情况及成效

从全国基本面来看，在政策引领下，金融资本助力乡村振兴取得了一定成效，表现在涉农贷款规模持续增长、金融组织体系逐渐健全、金融产品和服务创新加快、多渠道资金供给体系不断健全。

1. 涉农贷款规模持续增长

投放涉农贷款是我国金融支农的主要手段。近年来我国“三农”贷款投入稳步增长，农村资金短缺问题得到持续改善。2022 年 3 月末，我国金融机构人民币各项贷款余额 201.01 万亿元，同比增长 11.4%。在各类贷款中，农村贷款、农户贷款和农业贷款余额分别为 38.13 万亿元、14.05 万亿元和 4.84 万亿元，同比增长 12.8%、12.9% 和 8.4%。截至 2021 年 12 月末，涉农贷款余额 43.21 万亿元，较年初增长 11.83%，同比

① 2019 年，中国人民银行、银保监会、证监会、财政部、农业农村部联合发布《关于金融服务乡村振兴的指导意见》；2021 年，中国人民银行、银保监会、证监会、财政部、农业农村部、国家乡村振兴局联合发布《关于金融支持巩固拓展脱贫攻坚成果 全面推进乡村振兴的意见》；2022 年，中国人民银行发布《关于做好 2022 年金融支持全面推进乡村振兴重点工作的意见》；2022 年，银保监会发布《关于 2022 年银行业保险业服务全面推进乡村振兴重点工作的通知》等。

增长10.94%[①]。较2011年末的14.6万亿元增长195.96%，十年间平均年增速为11.46%[②]。相应地，我国农村贷款、农户贷款和农业贷款也呈现逐年递增趋势，分别较2011年同期增长197.53%、334.52%和87.30%，十年间平均年增速分别为11.52%、15.82%和6.48%[③]，农户信贷约束问题正逐渐改善。

2. 金融组织体系逐步健全

现阶段农村金融机构种类趋于丰富，覆盖面持续扩大，金融服务乡村振兴能力显著增强。截至2021年末，全国银行网点乡镇覆盖率为97.13%，全国行政村基础金融服务覆盖率为99.97%，全国共有农村中小银行3899家，其中农村信用合作社（含农村商业银行1596家、农村合作银行23家）2196家、村镇银行1651家、资金互助社39家、贷款公司13家。其中，农村商业银行、村镇银行显著增加，占比分别为40.93%和42.34%，分别较2012年增加373.59%、106.38%；农村信用合作社、农村合作银行由于农村金融机构改革的持续推进，数量逐渐减少[④]。

3. 金融产品和服务创新加快

一是个性化、特色化的农村金融产品不断涌现。例如，中国银行针对陕西农业产业创新推出“果商贷”“椒商贷”“猕猴桃贷”等特色产品。中国邮储银行围绕农林牧副渔行业特点，创新抵押方式，成功落地高标准农田、土地综合治理等项目贷款。二是依法合规拓宽农村抵押物范围，盘活农村资源资产。我国已在多地试点探索供应链融资和大型农机具、林权抵押贷款等新型农村金融服务形式，同时加大了对绿色环保、新型城镇化领域的金融支持力度，创新推出以水电、水利、供水、

① 数据来源：中国银保监会发布的《关于2022年银行业保险业服务全面推进乡村振兴重点工作的通知》。

② 数据来源：中国银行业协会发布的《2011年度中国银行业服务改进情况报告》。

③ 数据来源：中国人民银行发布的各年度金融机构贷款投向统计报告。

④ 数据来源：中国银保监会发布的银行业金融机构法人名单，2022年3月23日。

排水项目的收益权、所有权作为抵押物的抵押贷款。三是积极促进不同金融产品的协同创新，开展一系列“期货 + 保险”“期货 + 保险 + 银行”“银行 + 保险 + 租赁”的协同创新[①]。四是金融科技赋能农村金融产品和服务创新。金融机构运用金融科技创新涉农主体信用评价模式，提升信用贷款发放比重，推出线上信贷产品，有效增加了农村信贷供给。

4. 多渠道资金供给体系不断健全

加大对农业农村的有效投资，为符合条件的农业企业提供募集资金的渠道，引导农业企业实现高质量发展。一是股票市场服务“三农”。截至 2021 年末，共有 102 家证券公司结对帮扶 323 个脱贫县，服务脱贫县企业公开发行股票并上市项目 10 个，推荐脱贫县企业在全国中小企业股份转让系统挂牌项目 6 个，以其他方式服务脱贫县企业直接融资金额达 609.07 亿元[②]。二是债券市场服务“三农”。截至 2021 年末，地方政府乡村振兴专项债存量合计 52 支、余额 660.39 亿元，相较 2020 年末增加 19 支、合计 424.44 亿元[③]。三是期货市场服务“三农”。自 2016 年以来，145 家期货公司积极响应行业服务国家脱贫攻坚战略行动倡议，立足精准要求，聚焦专业帮扶，结对帮扶 292 个国家级贫困县，投入帮扶资金 9.69 亿元，为脱贫攻坚贡献了“期货智慧”和“期货方案”[④]。四是“保险 + 期货”试点项目稳步推进。截至 2022 年 6 月 30 日，期货经营机构通过“保险 + 期货”模式为脱贫地区天然橡胶、玉米、大豆、鸡蛋、苹果、棉花、白糖等品种提供了价格保障，承保货值约 547.60 亿元，在稳

---

① 王修华：《乡村振兴战略的金融支撑研究》，载《中国高校社会科学》2019 年第 03 期第 35-43 页。

② 根据中国证券业协会发布的《2021 年度证券公司履行社会责任专项评价数据统计结果》计算获得。

③ 宋颖杰、王维维：《我国乡村振兴债券发展现状及政策建议》，载《中国货币市场》2022 年第 02 期第 12-17 页。

④ 中国期货业协会：《期货行业全面推进乡村振兴助力实现共同富裕倡议书》，2022 年 1 月 2 日。

定农业生产、促进农民增收方面发挥了积极作用。[①]

二、金融资本助力乡村产业振兴典型案例分析

本章基于一线调研信息，凝练了“大网格 + 大走访 + 大数据”模式、“政策性资金” + “商业性资金”协同发力、“政务 + 金融”、政策专项资金灵活运用、生物资产证券化五个具有代表性的典型案例。

（一）沛县农村商业银行：“大网格 + 大走访 + 大数据”模式

沛县农村商业银行整体上采用“大网格 + 大走访 + 大数据”的模式，从构建科技平台到精细化管理，从创新产品服务到优化实践方法，实现全员零售。通过网格化管理坚定做零售的决心，明确营销范围；通过普惠金融数字化营销平台归纳分类客户信息，按企业、个体户、个人等属性分别整理客户存贷款情况，实时监测并按时更新、完善不良贷款率等指标，通过科技手段发现营销蓝海；通过大走访，金融干部深入农村，以饱满的精神状态、扎实的工作作风支农支小，全面完善信息、点对点提供服务。

大网格是大走访和大数据的基础，大数据以乡、村、组划分的网格层次归类，大走访按照网格和大数据反馈的信息指示进行，三者的联动有助于需求信息的明晰（如图 3-1 所示）。首先，利用大数据细化和数字化网格的信息为后续工作提供基础；其次，基于大数据提供的网格信息安排人员大走访，进一步更新和补充现有大数据平台中记录的信息；再次，乡（镇）、村（社区）、组、户依据不同融资主体、不同行业类型、不同资产及信贷规模、不同职业、不同风险等进行层次的细分，并确保信息的准确性；最后，形成大数据平台综合分析及结果指引，因户施

① 中国人民银行农村金融服务研究小组：《中国农村金融服务报告 2020》，中国金融出版社 2021 年版，第 50 页。

策，助力乡村产业振兴。网格信息系统的构建有助于金融机构维持存量客户、发现潜在客户，也有利于金融机构对农户、农村企业进行精准分类，从而实现有效供给。

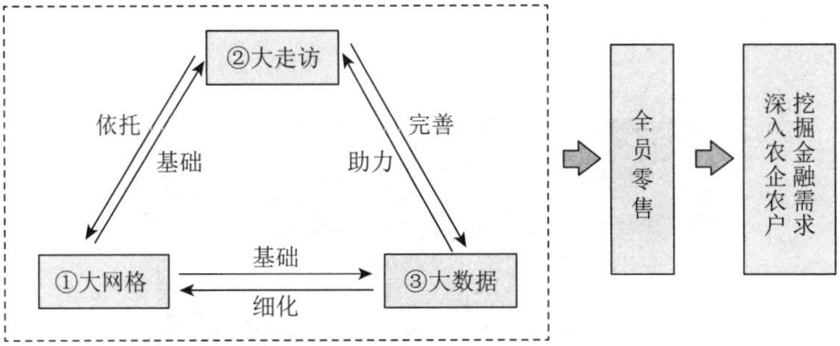

图 3-1　“大网格 + 大走访 + 大数据”模式示意图

1.“大网格”：优化营销管理，赋予社会治理金融内涵

大网格是运用大数据和进行大走访的基础。沛县农村商业银行的特色网格化管理分为两个部分。首先是三级划分。沛县农村商业银行以支行为单位，结合政府网格化管理模式，对全县 18 个镇和街道（场）的 372 个行政村（居）进行网格划分，搭建乡、村、组三级网格系统，其中组别按户籍信息匹配划分。其次是标准化的营销模式。该行采用“一表一图一说明”的标准化网格营销模式，“一表”即为每个网格的组织架构表，表内反映网格的基本信息，包括户数、人口、面积以及网格内干部等主要联系人信息，为服务对接联系提供参考；“一图”即为网格内的每个村（街道、市场）的地理位置，具体包括主要道路、规模农田、养殖集聚区、每户村民、商户的姓名和位置等，为精准营销打下基础；“一说明”即为对网格内的客户信息进行分析，主要包括网格内人员的业务办理情况以及网格内人员的行业信息、年龄结构等，让客户经理熟悉网格情况，找准营销方向。

截至 2022 年 6 月末，沛县农村商业银行共建立一级网格 30 个、二级网格 405 个、三级网格 1230 个，在网格内导入 37 万户农户信息、10.74 万户个体工商户信息、2.69 万户小微企业信息，一季度完成个体工商户走访 4916 户，通过网格化营销管理，为辖区内个体工商户、小微企业不断送上“及时雨”，为客户解决问题，办实事、办好事（如图 3-2 所示）。

图 3-2　调研团队参加沛县农村商业银行战略研讨会

2.“大走访”：定期进村入户，金融干部常驻金融惠民服务岗位

大走访依托于网格化管理的框架，负责填补大数据平台的信息缺口。沛县农村商业银行选派 150 名金融干部驻村开展大走访工作，坚决扛起乡村振兴责任使命，破解金融服务“三农”难题，搭建“便民服务、富民强村、产业发展、共建共享”平台，当好金融知识普及的“宣传员”，做好金融供给支持的“服务员”，争当集体经济建设的“指导员”。金融干部通过进村入户调研，发扬老一辈农商行人的“挎包精神”，围绕涉农类的种养大户、涉农企业、家庭农场、农村专业合作社等开展信息建库，量身定制贷款产品，最大限度满足各类人员的融资需求，推动乡村产业持续振兴壮大，为实现农民稳定增收拓宽了资金保障渠道，获得了村民们的一致认可。

金融干部主要职责有三方面：一是普及信用知识。金融干部注重依托基层党政力量，向村“两委”、村民小组、广大村民普及金融知识，加强对农村金融消费者的教育，积极宣传“守信受益、失信受制”的信用理念，帮助农户提高金融知识水平和培养金融信用意识。二是开展信用评定。金融干部按照相关实施方案和评定办法，严格评定标准和步骤，定期开展信用镇、村、户创建工作，并将评定结果作为农户小额信贷发放的重要参考。三是加强风险监测。金融干部建立、加入当地村民微信群，方便老百姓随时咨询了解惠民政策和金融知识，同时能时刻了解百姓关注点，保持对农村非法金融活动的高度预警，协调配合有关部门加大对农村非法金融活动的打击力度，全力构建良好的金融生态环境。自 2021 年 9 月 29 日召开沛县“金融干部驻基层办好实事促振兴”动员会以来，沛县农村商业银行统一设定周四为金融干部驻村日，开展“防金融诈骗知识宣讲”等主题党日活动。

为应对农村离城镇网点距离远、办理金融业务不便的问题，沛县农村商业银行还建设了 343 个驻村金融服务站点——“沛泽驿站”，围绕社保服务、金融服务、民生服务、电商服务四大便民功能，实现一站式办理农保、医保缴纳、补贴领取、转账、小额取现等便民业务（如图 3-3 所示）。2022 年启动“沛泽驿站”品牌打造计划，建立准入和退出机制；增添助老服务设施，优化机具适老化功能，逐步增加双面大屏机具；开

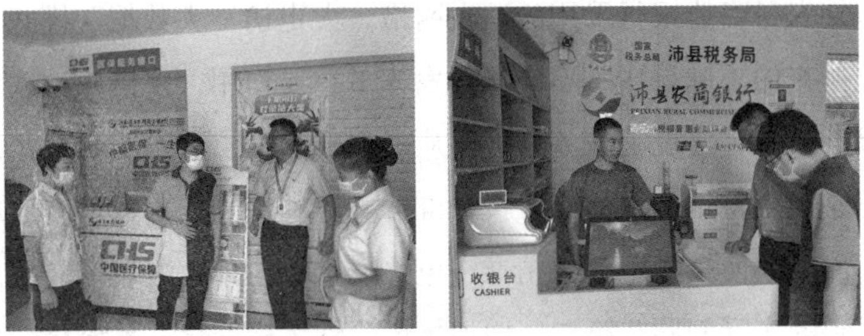

图 3-3　课题组走访沛县汉润社区、敬安镇孙楼村“沛泽驿站”

发上线“沛泽通”二维码需求登记系统，村民可通过扫码登记存款、贷款、电子银行等业务需求，村客户经理手机实时接收信息，强化服务点连接银行网点的作用，致力于打通农村金融服务的“最后一百米”。

3.“大数据”：科技赋能，实施建档授信一体完成

大数据助力提升入村入户和信息归纳整理的效率，并进一步细化网格分类。为实现数据归集、数据交互功能，中国人民银行沛县支行联合县金融监管局、县农业农村局、县市场监督管理局、县信用办、县不动产登记交易服务中心搭建农村数字普惠信用平台。沛县农村商业银行在此平台基础上，进行信息的采集、归纳和处理，在大数据平台中将客户分类为企业、农户、新型农业主体等，通过走访等完善基本信息、收入情况、交税信息、营业状况等资料，分析多方面信息并进行预测和决策。通过走访发现营销蓝海，如部分农户因在外务工造成信息难以采集，银行有针对性地走访工厂，实现一次多户营销，降低走访成本。

沛县农村商业银行推行“985”工程，确保年内行政村有效建档率不低于90%、授信覆盖面不低于80%、授信签约率不低于50%。6家金融机构利用平台征集数据开发“数字普惠贷”，金融干部对辖区内372个行政村的25.1万户农户及个体工商户进行整体建档、授信，授信额度达178.61亿元，授信签约户数共68297户，授信签约率为38%；用信户数共36207户，用信率为20%。

沛县农村商业银行采用的“大网格+大走访+大数据”模式，在乡村产业振兴的不同层次、不同方面发挥了重要作用，多措并举取得了良好效果。第一，实现了服务升级。从规划到实践，从实践到总结，沛县农村商业银行将辖区内的农户按标准分类，利用网点的数量、地理优势和产品创新，使金融服务更精准、更快捷，专注于解决农户、农商、农企所遇到的实际问题。第二，增加抗风险性。标准化、系统化、数字化的管理是对抗风险的重要手段，网点工作人员的流动对乡村产业振兴工

作的持续推进造成的影响会被显著降低。第三，推进信息共享。沛县农村商业银行可将由“一表一图一说明”和大数据平台构成的信息库与农业农村局、乡村振兴局等政府机构共享，以便于与政府等多方协同开展乡村振兴工作。

（二）高邮农村商业银行：“政策性资金”+“商业性资金”协同发力

高邮农村商业银行持续强化政银企合作实践，与地方政府合作推进资金池项目建设，以“政策性资金”+“商业性资金”助力小微企业发展，具体通过政府、银行、担保机构三方合作、风险共担模式（如图 3-4 所示），加强对辖区内普惠小微贷款的支持力度，促进辖区企业增产增收，增加税收收入，增强财政实力，实现“政、银、企、担”共赢发展。截至目前，高邮农村商业银行已与高邮镇、城南新区、高新区、三垛镇人民政府及担保机构达成合作，并签订资金池协议，为小微企业提供增信。已合作乡镇园区共计提供保证金 3100 万元，白名单企业 625 家，用信企业 53 家，金额 2.25 亿元。图 3-5、图 3-6 为课题组在高邮市相关部门开展调研的情况。

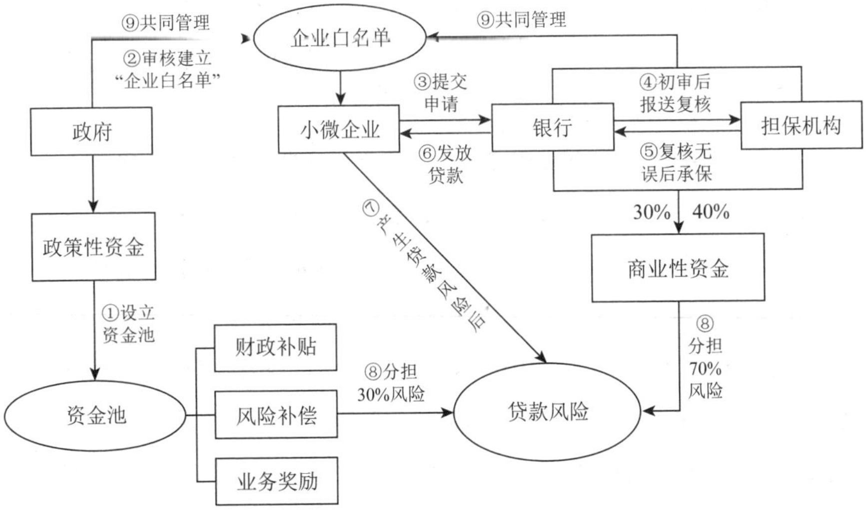

图 3-4　政府、银行、担保机构三方合作、风险共担模式示意图

图 3-5　课题组在高邮市农业农村局调研

图 3-6　高邮农村商业银行监事会调研座谈会

1. 政府设立资金池，用于财政补贴、风险补偿及业务奖励

地方政府提供“政策性资金”，设立专项保证金资金池并建立持续补充机制，银行及担保机构按照保证金余额的 n 倍放大信贷担保规模，面向产业基础好、风险控制好的县域，适当提高放大倍数。此资金池用于财政补贴、风险补偿和业务奖励。财政补贴针对小微企业，包括贷款贴息和保费补贴；风险补偿针对银行和担保机构，包括对银行贷款本金损失进行补偿和对担保机构发生的赔偿损失超出一定比例的部分进行补偿；业务奖励同样针对银行和担保机构，按照其发放贷款金额和实际承保贷款金额进行一定比例的奖励。资金池在合作的金融机构设立资金专户，实行专款专用，授信到期后继续滚动使用。

2. 政府牵头建立“企业白名单”，银行与担保机构协同管理

由政府牵头，围绕普惠等领域，将具有独立法人资格、财务制度健全、生产经营稳定、正常纳税、工资发放及时、按要求缴纳社保、无违法违规和信用不良记录的小微企业纳入小微企业库，建立“企业白名单”。此外，在实际运行过程中，政府联合银行、担保机构两方共同加强对“企业白名单”的管理，协调联动。银行根据“企业白名单”逐户对接到位，严格按照贷款协议规定，跟踪贷款使用情况，采取电话回访、实地查看等方式，避免“贷而不用、贷而他用”等情况发生，对未按约

定使用贷款资金的，及时启动多方干预机制，确保贷款资金发挥应有作用。在“企业白名单”管理过程中，凡发现企业出现违反国家法律法规和产业政策、环保政策、金融政策，侵犯消费者权益，存在失信行为等情形，上报地方政府，由地方政府审核后将其移出“企业白名单”。

3. 企业提出贷款申请，银行与担保机构审核后放贷承保

符合条件的贷款企业提出贷款申请，银行在收齐企业申报资料后3个工作日内将企业资料报担保机构，共同启动贷款审核。担保机构及银行在7个工作日内完成企业尽职调查并分别独立审核。银行通过其风险控制体系对贷款业务进行初步审批，经审核符合贷款条件的，银行提供明确贷款金额、还款方式、担保措施等内容的具体贷款方案报担保机构复核，担保机构复核无误后进行承保，银行在收到贷款保单后3个工作日内，通知贷款企业办理贷款手续并发放贷款。其中，保险费由贷款企业一次性交清，再由担保机构向专项保证金资金池申请补贴保费，运营管理方接受保费补贴申请核查无误后于1个月内拨付至担保机构，再由担保机构将收到的保费补贴返还贷款企业，贷款企业还清贷款本息后，银行向担保机构提供本金偿还凭证复印件为其解除保险责任。

4. 建立贷款损失分担机制，分散风险

当发生贷款逾期风险时，建立贷款损失分担机制，由政府、银行、担保机构三方按以下约定承担：由资金池（政府）承担逾期贷款本息部分的30%，银行承担逾期贷款本息部分的30%，担保机构负责偿还不良贷款本息部分的40%，即政策性资金承担风险的30%、商业性资金总计承担风险的70%，按比例共担风险，使风险得到有效分散。银行负责按有关协议依法追索欠款，追索所得扣除追偿费用后按政府、银行、担保机构三方承担风险比例返还至三方账户。

在“政策性资金”+“商业性资金”协同发力下，政府搭建协作平台，提供风险补偿支持，银行发放贷款，担保机构为小微企业等提供保

证保险，通过财政、信贷和保险三轮驱动，共同改善小微企业等融资难的困境，具有借鉴和推广意义。

其中，“政策性资金”发挥着财政资金“四两拨千斤”的撬动作用，使银行和担保机构放贷承保意愿明显加强，扩大了信贷担保额度；吸引大量社会资金，鼓励引导项目、资金等更多流向小微企业；通过外部增信降低了银行的经营风险和担保机构的代偿责任；通过贷款贴息和保费补贴减轻了贷款企业负担，降低其融资成本。“商业性资金”通过“企业白名单”进行放贷承保，减少信息不对称风险；在更小的经营风险下为更多缺乏有效抵押物的小微企业、农业生产经营主体等提供贷款和保险，拓展了金融供给覆盖面；政府、银行、担保机构三方之间彼此分担风险，相互促进，促进银行“敢贷、愿贷、能贷、会贷”，促进担保机构“敢保、愿保、能保、会保”，以支持小微企业等获得更丰富的信贷保险，扩大经济和社会效益，增强了品牌效应。

（三）绵竹农村商业银行：“政务＋金融”模式

绵竹农村商业银行针对农村金融服务的新特点、新情况、新需求，持续优化营商环境，2021年以来，绵竹农村商业银行重点加强与党政部门和社会各界合作，加快金融服务与政务服务深度整合，推动服务渠道向“政务＋金融”转变，持续强化普惠金融服务，建设“政务＋金融”合作模式农综站，让广大群众在营业网点即可方便快捷地办理金融业务和获得多项政务服务，真正让“数据多跑路、群众少跑路”。2021年绵竹农村商业银行与市场监管局合作开展“零成本·直通车”代办个体工商户营业执照活动。

1. 依托“网点”，实现个体工商户开办“零距离”

深化政银合作，首批确定在绵竹农村商业银行的支行（分理处）设立25个个体工商户营业执照代办点，通过银行网点受理上传申请材料，市场监管登记人员在线审核通过后，由银行网点出照、发照。依托全流程电子化让“数据多跑路”，实现银行网点办理营业执照“立等可取”（如图 3-7 所示），目前，“零成本 · 直通车”服务已覆盖全部城区和乡镇。启动以来，“零成本 · 直通车”共办理个体工商户 2451 户，占全市同期个体户开办总数的 63.60%。

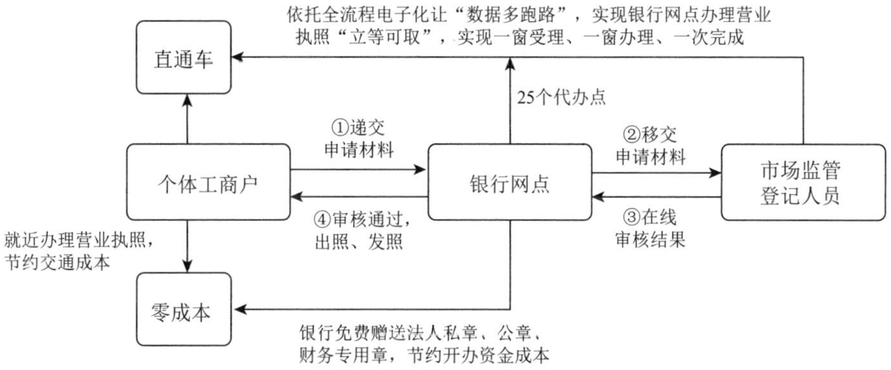

图 3-7　“零成本 · 直通车”模式示意图

2. 聚焦“热点”，实现个体工商户开办“零成本”

在全省率先实施“个体工商户刻章银行买单”，银行免费赠送法人私章、公章、财务专用章，节约开办资金成本。“零成本 · 直通车”服务帮助个体工商户在经营地址所在镇（街道）的农村商业银行网点就近办理营业执照，节约交通成本。启动以来，通过个体工商户开办“零成本 · 直通车”服务，为新开办个体工商户赠送印章共计 627 枚，节约开办成本约 29.3 万元。

3. 疏通“堵点”，实现个体创业“零担忧”

搭建“政务 + 金融”平台，银行为个体工商户推送金融惠民政策及服务，推出“创业贷”“复工贷”“战疫贷”等金融贷款项目。提供线上线下支付结算、代发工资、优先零钱兑换等金融服务，实现个体登记、印章刻制、银行开户、信贷服务“一窗受理，一窗办理，一次完成”。自启动以来，“零成本 · 直通车”服务累计为个体工商户授信 2651 万元，解决起步资金难题。

“政务 + 金融”模式具有以下几方面优势：一是便利个体工商户，该服务已覆盖全部城区和乡镇，通过农村商业银行网点办理营业执照节约了个体工商户的资金成本以及交通成本；二是可以将办理该项目的客户转化为农村商业银行的潜在客户，针对个体工商户创业初期的不同情况推出不同贷款项目，在为农村商业银行扩大客户群体的同时解决了个体工商户起步资金难题；三是可形成示范，“政务 + 金融”模式具有操作的可能性，可以为全国各地农村商业银行提供借鉴经验，同时该模式不局限于与市场监管局的合作，农村商业银行针对农村金融服务的新特点、新情况、新需求，可以与党政部门和社会各界合作，开发新的“政务 + 金融”模式，持续强化普惠金融服务。

国家市场监管总局、四川省和德阳市市场监管局及四川省个体私营经济协会先后到绵竹农村商业银行营业网点现场调研，对“政务 + 金融”模式给予高度赞扬。此服务让绵竹市个体工商户享受到真正的“零成本”，让广大个体工商户在享受高效便捷的营业执照制办服务的同时，也享受到量身定制的“一站式”金融服务，真正将“我为群众办实事”落到实处，打通了便民服务的“最后一公里”。

（四）绵竹市麓棠镇农村合作社：政策资金持续灵活支持

绵竹市把发展产业作为推进脱贫的根本之策，因地制宜、培育特色、壮大产业，带动贫困户增收，着力提升主导产业。麓棠镇充分发挥孙家林叶烟种植专业合作社优势，将专项扶贫资金和社会各种资源整合。图 3-8、图 3-9 为课题组在绵竹市相关部门和机构开展调研的情况。

1. 发挥村集体经济组织带动作用

绵竹市乡村振兴局向调研组介绍经验时提到，他们在充分调研的基础上，持续给予专项资金的支持，并积极探索“合作社 + 农户种植 + 贫困户分红”的模式，通过支持村集体经济组织控股的企业及合作社，带动村集体经济组织发展，发挥村集体经济组织助力乡村振兴的作用。麓棠镇石团村种植叶烟已有数百年历史，但种植规模小、品种单一、技术落后，多数以农户小规模种植为主。为壮大全村产业发展，2014 年“兵支书”张世富带领村“两委”成立了绵竹市孙家林叶烟种植合作社，与河南农业大学和川渝中烟公司合作，进行品种改良，为农户免费培育新品种，解决了大家销售的后顾之忧。2020 年，合作社将 54 户（99 人）建档立卡贫困户全部纳入产业帮扶对象，预分红人均 150 余元。2021 年全村 96 名贫困户参与了分红，分红金额 14400 元。目前合作社种植规模不断扩大，年用工量超过 3000 个，发放工资 30 余万元。2022 年合作社叶烟种植面积已扩大到 245 亩，示范带动 360 余户村民种植叶烟，有效解决了原建档立卡贫困户就业问题。

图 3-8　课题组在绵竹市乡村振兴局开展调研

图 3-9　课题组赴绵竹市麓棠镇石团村孙家林叶烟种植合作社开展调研

2. 重点帮扶村与非重点帮扶村的组合合作

绵竹市乡村振兴局一方面加强对乡村振兴重点帮扶村的支持，按照补齐弱项短板、巩固拓展成果、夯实发展基础、促进乡村振兴的要求稳步推进，健全防止返贫动态监测和帮扶机制；另一方面灵活调整乡村振兴政策措施，鼓励村集体经济组织联动起来，如重点帮扶村与非重点帮扶村的组合合作。原因在于两点：一是重点帮扶村政策资金充足，共有 60 万元，但有效需求不足；二是非重点帮扶村资金需求大，但政策资金相对有限，仅有 30 万元。通过村集体经济组织的组合合作模式，在资金项目安排上灵活调整，对有产业发展空间的非重点帮扶村予以政策上的倾斜，一方面，90 万元资金由两个村集体经济组织共同拥有，协调分配（如图 3-10 所示），使村集体经济组织的真实资金需求得到满足，拥有更大的资金灵活度；另一方面，原本各村集体经济组织只拥有本村的产业收益，采取集体申报项目资金发展其乡村振兴产业后获得的收益可供两个村集体经济组织分享，进一步带动当地居民创收致富。

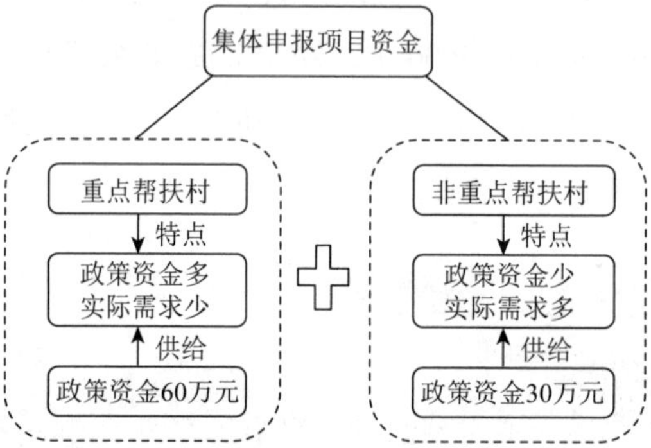

图 3-10　重点帮扶村与非重点帮扶村的资金共享模式

探索村集体经济组织的组合合作新模式，按照"缺啥补啥"原则在资金项目安排上予以倾斜，打通资金供给端与需求端之间的通道，抓紧补齐非重点帮扶村发展短板并进行定期监测评估，统筹推进乡村产业就业、综合保障、乡村建设、乡风文明、乡村治理等各项工作。

（五）鼎士科技公司：生物资产证券化

生物资产证券化调研是通过对鼎士科技周昊总裁线下访谈的方式开展的（如图 3-11 所示）。调研发现，农产品的品牌化需要构建标准化的产业链，包括种植端、加工端和流通端，其打造策略是先建构流通能力，即保证销路畅通，然后再反向构建加工端和种植端能力。但种植端的拓展恰恰是农业产业链中风险最高的环节，面临两大问题：一是农产品面临的气候、虫害、市场价格波动等多重风险；二是需要大量的资本投入。种植业标准化以及抵押资产的缺失影响了其融资能力，可在推动种植业标准化和农产品品牌化的过程中进行生物资产证券化的尝试。

图3-11 调研团队对鼎士科技公司总裁周昊的访谈

1. 生物资产证券化的基本思路

以当地国资平台为重要依托设立土地流转基金，完成土地流转经营权的买断，夯实规模化、标准化种植的现实基础，对每亩年预期收益进行评估，再以生物（果树）资产既定期限的经营性收益为基础资产，加入农业专业保险公司的保障，在订单农业模式下进行证券化（如图3-12所示），以此获得资金。

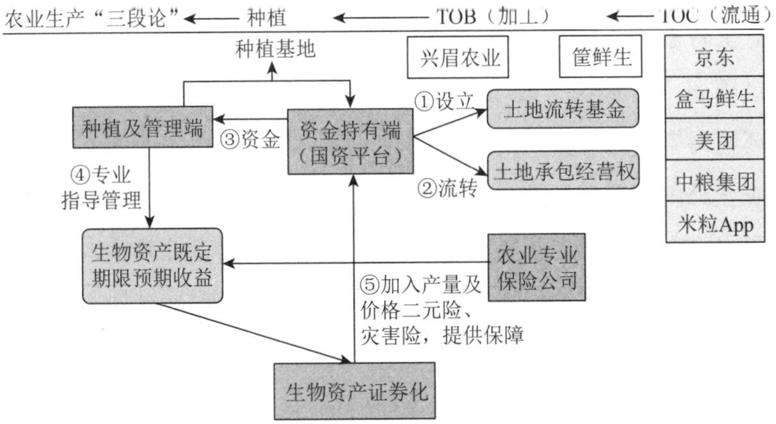

图3-12 “流通端—加工端—种植端”产业链构建及生物资产证券化思路

2. 生物资产证券化的流程——以订单农业模式为例

在订单农业模式下，生物资产证券化是指选择优质的农产品订单，将农户在订单中可预期得到的农产品订单销售收入权益组合成基础资产池，并将其资产组合证券化，利用“订单 + 期货 + 证券”或“订单 + 包销 + 证券”的结构化运作，将农产品的价值在订单合同中提前锁定，利用期货市场或政府包销的方式保证这种远期合同的实际履行，然后将这种确定的未来能产生现金流的资产权证化及证券化。

具体操作流程是：原始权益人在分析自身融资需求的基础上，选择确定可以用来证券化的资产（订单模式下的销售收入权益），再向 SPV[①]转让以销售收入权益组成的基础资产池；SPV 将证券化产品进行内部和外部信用增级；SPV 委托信用评级机构对证券化产品进行信用评级；SPV 发行以农产品订单收入权益为资产池的资产证券；SPV 委托服务银行将发行证券的收入支付给发行人，管理资产池，在证券偿付日，SPV 委托服务银行按时、足额向购买证券化产品的投资人偿付本息；偿付完毕后，如果资产池产生的现金流还有剩余，则交还 SPV 按照约定的比例和分配方法在各机构间进行分配。

3. 生物资产证券化的积极意义

对国资平台来说，改变了以往对城市基础设施建设、农林水利工程、环境污染治理等方面的投资惯性，转向了对特色农业的支持，切实带动农业品牌的形成和农村居民的增收，也让其在不占负债率的同时补充了资本金；对于致力于种植端和流通端标准化的企业来说，消减了农村用地及与农户的利益纠纷，除去了其在乡村产业振兴过程中的资金障

① 特殊目的机构（Special Purpose Vehicle），简写为 SPV，是专门为资产证券化设立的一个特殊实体，在资产证券化过程中起发行人的作用，先从发起人（原始权益人）手中购买支持证券化的资产，然后对这些资产进行分组、打包等技术处理，组成资产池，再以资产池中的资产为支持发行证券。

碍，可以专注于种植端标准化水平的提升；对于农村农业发展来说，资产证券化这种方式能够促进城市资金向农村回流，引导资金向农村地区供给。

（六）典型案例总结

现有金融资本助力乡村产业振兴的主要亮点有以下几个方面。

一是基层金融党建及合作是获取需求信息的有效途径。不管是金融干部的基层驻村走访，还是金融机构之间、政府部门之间的党建结对共建，都有利于掌握乡村产业振兴的金融需求信息，在信息相对充分的前提下，可以实现金融与政策、信用与信息、资金与资源的互融互促。

二是各层级政府部门、金融机构的合作是促进金融供给的重要推动力。国家多部委联合发布金融支持乡村振兴系列指导意见，自上而下的政策推动和方向指引可以为基层金融机构助力乡村产业振兴明确路线和方向。省级政府部门与金融部门根据地方实际进行战略合作，能够进一步推动金融供给，如银行省级分行与省农业发展信用担保公司的合作，风险分担机制形成后，有利于基层金融机构增加供给。在上级部门推动下，市、县级金融机构利用政府提供的信息、协作平台以及风险补偿支持，增加乡村产业振兴贷款的投向。

三是乡村产业振兴给中小金融机构带来发展契机。在推进乡村产业振兴进程中，中小金融机构的网点优势逐渐凸显，如农村商业银行已将“支农支小”作为战略定位，改变了以往源自政府和主管部门的强力推动，其自身的支农积极性已然提升。原因有以下几点：一是乡村产业振兴给予其业务增长点和盈利的空间；二是大中型银行在城镇的业务下沉挤占了其市场空间，使其必须专注深入潜力巨大的农村市场；三是做小做散正是基层农村金融机构的优势所在。

四是乡村产业振兴中的金融供给创新成效显著。调研中发现，农村商业银行利用网格大数据信息加上走访，完成对农户、农业企业等需求主体信息收集和分类，在基础上从“惠农”“惠民”“惠商”三个方面推出系列贷款产品。以产业支持为例，各银行按照“一户一策”原则客观分析支柱产业经营情况，并做好信贷支持。如绵竹农村商业银行专门制定《绵竹农村商业银行助力白酒产业高质量落实“十四五”发展规划金融服务方案》；沛县农村商业银行敬安支行则根据辣椒种植特点，积极调整信贷结构，将辣椒种植户纳入“阳光授信”名单，一次授信，随用随贷，循环使用，极大满足了辣椒种植户的生产需求，助力该镇将“小辣椒”做成“大产业”。

三、主要问题分析

尽管金融资本助力乡村振兴取得了一定成效，但在调研过程中也发现了一些值得关注的问题。从需求层面来看，农村农业产业基础薄弱、有效抵质押物缺乏、投融资意识不强、基础设施建设相对落后等问题的存在，影响了其金融资源的可获得性；从供给层面来看，金融机构的同质化竞争、信用担保机制的缺失、农业保险体系不完善、金融供给合力形成难等问题的存在，影响了金融供给的针对性和有效性；从政府层面来看，产业振兴方向不够明确、相关企业农户主体名录尚未建成、对金融机构的协调机制不完善等问题的存在，使得“政府＋金融机构＋融资主体”的催动型保障体系建设慢，影响了金融资本与产业振兴的良性循环。

（一）资金需求主体融资存在多重障碍

1. 农村产业化基础相对薄弱

目前农村产业化发展水平相对较低，产业链条较短，前后延伸不足，农村产业结构较为单一，产业特色不明显。明星企业或龙头企业数量相对较少，虽然新型农业经营主体正在逐步发展，普遍存在规模小、收益低、财务不健全不透明等共性问题，制约了金融机构供给的主动性和积极性。

2. 资金需求主体缺乏有效权属抵质押物及处置平台

三农客户普遍缺乏有效抵质押物，尽管农业担保公司解决了部分客户的需求，但仍有较大部分客户因为土地等历史问题无法获得担保，各级金融机构主体也在积极探索土地承包经营权、林权、农村住房财产权抵押等创新产品，但缺乏相应的土地承包经营权价值评估体系和处置平台，迟迟不能推进。

3. 农户和企业的投融资意识有待提升

乡村产业振兴过程中存在当地重点产业、基础设施建设等资金来源主要依赖发行政府专项债券解决，导致项目建设进度缓慢；社会层面资金积极性不高，投融资意识不强；一些新型农业经营主体和农户仍然存在“不愿贷、不敢贷”的现象，金融理念尚未融入其生产经营和投资的日常。

4. 农业基础设施建设相对落后

乡村产业振兴需要在道路建设、水利建设、功能区分布、农业资料农产品流通、农业教育培训等基础设施建设方面有所加强。虽然国家每年在农业基础设施建设方面投入不少，但相对于农业产业化和现代化对基础设施的要求来说远远不够，影响了农业产业规模化、产业化和现代化推进，也会影响由此产生的金融需求。

（二）金融供给系统推进不足

1. 银行机构竞争加剧，利润空间小

商业银行机构在助力乡村振兴进程中，出现政策趋同、产品和服务趋同、行为趋同的现象，在人工成本、农资成本上涨，农村农业客户对于利率更加敏感的情况下，地方中小型银行盈利空间收窄，影响其支持乡村产业振兴的积极性和持久动力。

2. 金融信用担保机制缺失

一是农村担保体系不健全、担保成本较高、互保联保风险敏感，使得本应通过担保方式获得融资的农业企业、农业专业组织融资难、融资贵；二是地方性担保公司规模小、风险补偿能力弱，风险分担的能力较差，对信贷风险的控制作用不大；三是政策性农业担保作用有限，部分地区政策性农业担保基金占涉农贷款余额比例极低。

3. 农业保险体系不完善

农业受自然环境影响较大，风险存在不确定性，生产过程存在诸多的不确定性和风险，且难以多向分散，商业性保险虽有介入，但积极性不高；农业保险产品品种相对较少，覆盖面不够大，基础服务网络还有待完善。

4. 农业金融服务能力不足

一是缺乏具有战略思维和担当的金融人才，使得金融资本助力乡村产业振兴难以有效推动；二是政策性金融机构的覆盖面不够广，使得金融资本助力乡村产业振兴难以深入推动；三是乡村产业振兴相关主体对金融产品和服务的自我排斥，延缓了乡村产业振兴的进程。

（三）政府及相关部门指引和支持有待加强

1. 乡村产业振兴的方向和指引有待明确

当前市、县级乡村振兴局的工作重心仍然是巩固和拓展脱贫攻坚成果、防止返贫，做好与乡村振兴工作的有效衔接，尚未系统研究乡村产业振兴的抓手，哪些产业属于乡村振兴的重点产业，以及支持的方式、手段、激励考核机制、时间表等，均有待上级部门进一步明确和指引，以使基层乡村振兴局及金融机构“有的放矢”。

2. 乡村产业振兴相关信息库待建设

金融资本助力乡村产业振兴不仅是支持农户、新型农业经营主体、农业龙头企业，也不仅是发放普惠贷款，而是需要有明确支持对象。对于一个区域而言，涉及乡村产业振兴的农户、企业主体信息的收录、分类是金融资本有效供给的基础，目前政府部门、金融机构各自已经着手整理了部分信息，但还有待整合、健全、分享。

3. 金融机构间的协调秩序待促成

在多地调研中发现乡村产业振兴中资金供需矛盾突出，主要表现是需求多元化、供给同质化、商业金融“嫌贫爱富”、政策性金融覆盖面不广、专项资金使用不够灵活。因此，有待政府及主管部门构建一个常态化沟通协调机制和平台，指导金融机构协调有序支持乡村产业振兴。

四、对策建议

金融资本助力乡村产业振兴是一个系统工程，针对乡村产业振兴中资金供需矛盾突出的问题，需要系统规划、多方施策、形成合力。

（一）协同推进，多方联动

1. 国家乡村振兴局与各部委“总”对“总”政策协同

金融资本助力乡村产业振兴的实际行动来自四个层面指引：一是中国人民银行的指导；二是银保监会的风险约束；三是乡村振兴局及各部委乡村产业振兴目标任务的明确；四是各金融机构总部的推动。需要“总”对“总”协同相应的政策及引导，再自上而下地推进，发挥各级乡村振兴局的作用，充分发掘和调研地方示范经验，选择适宜的地区进行推广。

2. 商业性与政策性资金联动

充分遵循市场规律，发挥政府和市场协同作用，结合乡村产业、集体经济的特点，推动政策资金和专项资金灵活使用，推动自然村集体经济的联合发展；优化地方国资平台农村农业投入的结构，统筹协调制定乡村产业振兴类国资平台的政策指引；发挥地方政府专项资金引导作用，可与金融机构按一定比例进行信贷联动；鼓励政策性金融机构和商业性金融机构渠道共享、信息互通，持续开展多元化、深层次、全方位的战略合作，共同建立分工明确、互补有序的合作局面。

3. 金融机构联动

明确各类金融机构定位，形成协同有序支持乡村产业振兴的局面。发挥政策性金融机构“当先导、补短板、逆周期”的职能作用；加大国有大型银行支持农业产业化龙头企业的力度，支持区域特色产业发展；发挥农村商业银行乡村振兴主办行的作用，推进基础金融服务覆盖面的持续扩大；发挥农村农业担保、特色农业保险的风险分担和补偿作用；推动政府债券向乡村振兴项目倾斜，满足农村农业基础设施以及优质产业项目的资金需求。

4. 地区联动

金融资本助力乡村振兴存在地区差异，应推进金融助力乡村产业振兴示范区建设，充分总结典型案例和做法，借助相关信息平台发布；鼓励金融机构进行区域内外经验交流与分享；加大对金融助力乡村产业振兴弱势地区的政策引导和人才支持力度，鼓励政府和金融机构相关人员赴示范区挂职锻炼。

（二）精准分类，有效供给

1. 推进乡村产业振兴网格信息库建设

由市、县级乡村振兴局主导，结合政府部门及金融机构的现有信息系统，与基层党建有效结合，科技赋能，开放数据，促成银企对接。构建有关乡村产业振兴核心企业、新型农业经营主体、农户等网格信息系统，可在县域政府及主管部门支持下，运用网格化系统加人工走访的方式不断健全和更新。对资金需求主体给予财政补贴和专项资金支持，并根据企业性质、规模和辐射范围，由不同金融机构给予支持，在减少信息不对称的同时，提升融资便利性，降低融资成本，调动龙头企业、农业产业链和价值链核心企业在乡村产业振兴中的积极性，发挥其辐射带动作用。

2. 引导多元主体对多元需求有效供给

根据网格信息，考虑不同融资主体资产规模、抗风险能力以及乡村产业振兴的着力点，可由中国人民银行联合农业农村局、乡村振兴局、金融监管部门对各类金融机构支持乡村产业振兴进行细分指引，形成多元化供给主体对多元化需求主体的有效供给，并根据乡村产业振兴金融支持的统计信息对各类金融机构进行考核。随着乡村产业振兴进程的推进，鼓励政策资金和专项资金灵活运用，引导社会资本投入。

3. 通过数字化技术提升金融服务能力

金融机构助力乡村产业振兴过程中，除资金支持外，还可利用自身网点和信息资源优势，对乡村产业链的核心企业、新型农业经营主体提供数据、渠道、场景的支持，并推动其数字化转型，实现供需主体的数字联动；对农户提供产品供求信息，农业技能培训平台、融资和保险规划、财富保值增值、风险预警等服务，促进农村高效养殖种植，搭建农村特色产品电商服务“直播间”，提升农户产业知识能力、金融素养水平和实际经济效益，有效应对农村劳动力流失和老龄化问题。

（三）保障匹配，政策为民

1. 搭建“政＋金＋企（民）”常态化对话平台

针对乡村产业振兴过程中供需矛盾这一焦点问题，市、县级乡村振兴局要搭建常态化涉及乡村产业振兴的政府主管部门、金融机构、企业和农户主体的交流平台，疏通乡村产业振兴金融供求主体的隔阂与障碍；把握梳理乡村产业振兴金融需求的特点和难点，及时向上级主管部门和金融机构反映，便于“总”对“总”协调。

2. 推动土地确权资产的评估与处置平台试点

政府主导或引导创新构建对宅基地、土地承包经营权、林权、农村住房财产权等进行价值评估和处置的平台，应对企业和农户融资中抵质押资产缺失的问题。有利于金融机构进行以农业知识产权、订单、应收账款、存货为质押的贷款业务创新，以及农村资产抵质押物范围的拓宽，平台还可为金融机构有可能出现的不良资产处置提供保障。

3. 加强金融管理人才培养和需求主体金融素养提升

金融资本助力乡村产业振兴需要人才来推动，应将乡村产业振兴作为人才锻炼成长的平台，选拔和培育有乡村情怀、懂农村、会农业、爱农民的金融管理人才，给予相应的制度和组织安排，使其深度融入乡村治理，积极投身到乡村产业振兴的进程中。推动基层农村金融机构网点前置，推动“大网格 + 大数据 + 大走访”，深入准确了解有金融需求的企业和农户，通过多种方式进行涉农信贷、保险产品和服务的宣传，激发有效金融需求；“面对面”向农户宣传防范电信诈骗、安全使用金融产品和工具、移动支付便民等金融知识，提升农村居民金融安全意识，促进乡村产业振兴中需求主体金融素养的提升。

4. 提升乡村治理水平，优化融资环境

我国农业农村发展滞后，金融支农效益低、风险大的问题依旧存在，良好的金融生态显得尤为重要。地方政府应积极提升乡村治理水平，推动信用乡镇、信用村、信用户、信用企业建设，结合大数据或区块链技术与金融机构实现信息互通、信息共享、风险预警，通过优质融资环境的打造，吸引更多金融资本流入。

第4章

新型农村集体经济发展路径典型案例研究

王建武　田志[①]

内容摘要：发展新型农村集体经济是中央提出的一项重大战略任务，是完善农村基本经营制度、实现乡村全面振兴、推进农业农村现代化的重要支撑。受发展阶段影响，我国新型农村集体经济发展还存在不少问题。一是“产权”变“产业”难度大，农村集体经济发展驱动后劲不足；二是农村集体资金效益不高，资本进入意愿不强；三是基层人才资源不足，发展集体经济力不从心；四是集体经济组织身份特殊，阻碍经济管理功能的发挥。通过梳理新型农村集体经济发展路径和地方案例，笔者提出以下建议：一是依托土地改革，盘活农村集体资产；二是加大帮扶力度，积极探索发展壮大集体经济有效途径；三是借鉴日韩经验，支持人才回流乡村；四是按照治理有效要求，优化集体组织治理结构。

关键词：集体经济；发展路径；集体产权

一、农村集体经济的基本概念

党的十九大报告中明确提出实施乡村振兴战略，其中包括巩固和完善农村基本经营制度，深化农村集体产权制度改革，保障农民财产权益，壮大集体经济的相关要求。中共中央、国务院印发的《乡村振兴战

① 本章作者：王建武，自然资源部国土空间规划研究中心研究员；田志，中投咨询有限公司研究中心高级经济师。

略规划（2018—2022年）》构建起了乡村振兴基本框架，提出“深入推进农村集体产权制度改革，推动资源变资产、资金变股金、农民变股东，发展多种形式的股份合作”。

（一）新型农村集体经济

按照农村集体经济演变历史，一般分为传统农村集体经济和新型农村集体经济两种类型。学术界对传统农村集体经济的认识比较一致，指的是计划经济时期的集体经济。随着中国社会转型的推进，传统农村集体经济的制度政策基础已经不复存在。在家庭联产承包责任制实施多年以后，面对农村集体经济空壳化、乡村社会空巢化、农民生活个体化的现实困境，党的十七大报告强调了复兴农村集体经济对于实现乡村经济社会发展所具有的重要意义，并对新型农村集体经济的内涵进行了界定，认为它是集体成员利用集体所有的资源要素、通过合作与联合实现共同发展的一种经济形态。因而，阐明新型农村集体经济“新”在哪里，既有利于学术研究的深化，也有利于推进制度政策的实践转化。

新型农村集体经济是一个与传统农村集体经济相对的概念。传统农村集体经济是在特定历史背景下，各合作社和社员将一切生产、生活资料归集体所有，并由集体统一经营、管理、核算和分配的经济组织形态。随着家庭联产承包责任制的推行，我国实行以家庭承包经营为基础、统分结合的双层经营体制，传统农村集体经济随之消失，新型农村集体经济在农业现代化背景下逐渐兴起。但目前学术界尚未就新型农村集体经济概念形成较为一致的定论。

如何认识“新型农村集体经济”的本质内涵，这是学术界首先试图回答的问题。朱有志等认为，新型农村集体经济是指以家庭联产承包经营为基础，在统分结合的双层经营体制下，成员在自愿、互利、民主、平等的原则下组织起来，在生产与交换过程中实行多元化的合作经营，分配制度上实行按劳分配和按生产要素分配相结合的所有制经济（朱有志、肖卫，2013）。苑鹏等认为，新型农村集体经济是以现代产权制度为核心，产权明晰、权责分明、严格保护、流转顺畅，以成员自愿合作与联合为原则，通过劳动者的劳动联合或资本联合实现共同发展的一种经济组织形态（苑鹏、刘同山，2016）。李天姿等认为，新型农村集体经济强调产权集体所有与股份合作，避免个体农户因过分强调个人产权而分解集体产权，产权和利益分配机制是破解农村经营统分难题的关键所在（李天姿、王宏波，2019）。崔超认为，新型农村集体经济的产权以集体所有制为基础，成员加入自愿、风险共担、利益共享（崔超，2019）。贵州财经大学李文钢（2020）等人认为，除了基于推动乡村经济发展、明晰农村产权等维度的考虑，新型农村集体经济还应该纳入社会维度，将复兴与乡土社会重建结合起来，并从理论和实践层面探寻两者之间的内在联系。

大力发展新型集体经济是推动农村共同富裕的重要战略举措。党的十九大首次提出乡村振兴战略，就将壮大集体经济作为实施乡村振兴战略的重要举措。随后《中共中央 国务院关于实施乡村振兴战略的意见》要求“探索农村集体经济新的实现形式和运行机制”“发展新型农村集体经济”。党的十九届五中全会再次强调“发展新型农村集体经济”。这些都充分说明党和国家对于新型集体经济在乡村振兴和农村共同富裕中的重要作用有着全面系统的认识并进行了全面部署。当前，发展新型集体经济已经成为适应我国农村劳动力结构、生产方式以及公共产品供给等方面重大变化，促进农村共同富裕、实现乡村振兴的主要途径。

（二）农村集体资产

1. 农村集体资产的概念

农村集体资产是指归乡（镇街）、村集体全体成员（社员）集体所有的资源性资产、非资源性资产，包括：集体所有的土地、森林、山岭、草原、荒地、滩涂、水面等自然资源；集体所有的流动资产、长期资产、固定资产、无形资产和其他资产。

2. 农村集体资产的载体

农村集体资产的载体是村集体经济组织，是指在农村双层经营体制下，集体所有、合作经营、民主管理、服务社员的社区性村经济合作社、股份经济合作社等。

3. 农村集体资产的内涵

农村集体资产包括资源性资产、经营性资产以及非经营性资产。一是资源性资产，包括集体所有的土地、森林、山岭、草原、荒地、滩涂等。二是经营性资产，包括用于经营的房屋、建筑物、机器设备、工具器具、农业基础设施、集体投资兴办的企业及其所持有的其他经济组织的资产份额、无形资产等。三是非经营性资产，包括用于公共服务的教育、科技、文化、卫生、体育等方面的资产。

4. 农村集体资产的占有和处置

归属村集体经济组织所有的资产归该村集体经济组织成员集体所有；归属组（队）集体所有的资产仍归该组（队）成员集体所有。集体资产所有权受法律保护，任何单位和个人不得侵犯，禁止任何单位和个人侵占、哄抢、私分、破坏村集体所有财产。农村集体资产处置与分配，除执行国家政策规定外，由农村集体经济组织全体成员（代表）会议讨论决定。

（三）集体经济的发展历程及历史演变

农村集体经济经历了曲折的发展历程，理论研究却从未停止。从农业生产合作化到乡镇企业异军突起，再到 2016 年开启农村集体产权制度改革，新型农村集体经济成为各界关注的焦点，相关研究方兴未艾，主要集中在以下几方面。

1. 农村集体经济实现形式不断转变

我国农村集体所有制开始于 20 世纪 50 年代，伴随着农村改革进程而不断推进。从发展历程来看，“集体”的内涵在不断丰富，从改革开放初我国苏南地区出现的集资入股社队企业，到 20 世纪 90 年代广东南海开始的农村土地股份合作制，再到四川崇州的农业共营制，都是集体经济在现实中的重要实现形式。

从实践看，我国农村集体经济有两大类：第一类是在生产资料集体所有的基础上，以农村集体经济组织为载体的社区型集体经济；第二类是以合作社或股份合作社为载体，农民群众通过出资入股实现集体经营的新型合作经济形式。还有部分学者根据集体经济组织的经营形态，把农村集体经济组织分为三类：一是以城市化发展所带来的土地增值收益为基础的房产租赁经营型社区股份合作经济；二是传统农区以土地适度规模流转为基础的农业产业化经营型集体股份合作经济；三是发达地区工业化发展所带动形成的工业产业型集体经济。

未来一段时期，完善与乡村振兴战略相适应的产权制度安排，需要重构农村集体产权的结构，允许集体资产权的跨村流转，提高乡村资源配置效率。相对发达国家而言，我国农村集体经济有效实现形式滞后，不能满足当前发展的需要。许泉等也观察到村域间集体经济发展差异显著等现象，指出应鼓励村际联合和跨地区发展。

2. 农村集体经济发展路径的学界最新探索

许泉等基于典型村的分析发现，经济发达地区的农村集体经济发展路径以资产租赁、政府补助和项目扶持、产业合作为主。孔祥智等在解析历史沿革的基础上，总结出我国不同类型村庄农村集体经济发展的三种模式，即工业化、后发优势和集腋成裘模式。温铁军等从生态经济学角度提出要发挥财政投入的杠杆作用，带动新型农村集体经济组织形成可自由支配的资产，促进集体生态资源价值增值。

3. 农村集体经济的现实困境和发展策略研究

梁昊指出当前农村集体经济发展存在路径狭窄、监管缺失、政策缺乏等问题，应加强集体资产财务管理、引导产权规范交易、强化财税政策支持。朱婷等从农村基本经营制度创新切入，提出面对改革推进主体、资产管理主体和实施价值取向的错位，应深化改革，创新合作模式，优化制度供给。李韬等基于陕西省调查发现，农村集体经济发展面临产业选择、土地资源、负债经营、人才匮乏等制约，并提出要推进三次产业融合发展、加快土地流转、破解融资难题、制定专才聘任政策等。高鸣等针对新型农村集体经济面临的发展规模小、质量不高等问题，提出要持续提高基本公共服务均等化水平，总结推广服务型、党建型发展路径，强化风险管理。

二、我国新型农村集体经济的发展现状和主要路径

（一）新型农村集体经济的发展现状

1. 发展新型农村集体经济是国家重大战略

发展新型农村集体经济是中央提出的一项重大战略任务，是完善农村基本经营制度、实现乡村全面振兴、推进农业农村现代化的重要支撑。2016 年，中共中央、国务院印发的《关于稳步推进农村集体产权制度改革的意见》提出“科学确认农村集体经济组织成员身份，明晰集体所有产权关系，发展新型集体经济”，这是中央层面首次提出“新型集体经济”概念。2021 年和 2022 年中央一号文件及“十四五”规划都明确提出要发展新型农村集体经济。

2. 我国农村集体资产家底清晰

清产核资和股份合作制改革是农村集体产权制度改革的两个重要任务，而清产核资又是推进股份合作制改革的基础和前提。自 2018 年起，

中央财政累计投入专项资金共计 6 亿元，支持全国开展清产核资。截至 2019 年底，全国有 299.2 万个单位完成了清产核资数据上报，标志着该项工作已经基本完成。

从资产量化情况看，全国改革时点共量化资产总额 12839.8 亿元，其中经营性资产总额 7774.5 亿元，约占 60.6%。分单位看，村级单位量化资产占所有单位的比重最大。从股本额看，全国农村集体经济组织改制后的股本额为 9307.2 亿元，其中成员股本金额 6952.5 亿元，占比最高。全国农村集体经济组织股金分红总额为 487.7 亿元，其中成员股东分红 411.3 亿元，占比最高。

全国仍有少量农村集体产权制度改革不彻底，仍保留一定数量的集体股，特别是村级单位的集体股占比最大，改革任务也最重（见表 4-1）。

表 4-1　2018 年全国农村集体产权单位资产清查情况

指标名称	合计	组级	村级	镇级
一、完成产权制度改革单位数（个）	217604	64096	152883	625
1. 在农业部门登记的单位数（个）	150343	40774	109106	463
2. 在工商部门登记的单位数（个）	27562	2098	25385	79
3. 其他（个）	39699	21224	18392	83
二、改革时点量化资产总额（亿元）	12839.7	1129.2	10380.4	1330.1
其中：量化经营性资产总额（亿元）	6874.5	653.8	6147.9	72.8
三、股东总数（万个）	25996.4	1261.4	24382.9	352.1
其中：成员股东数（万个）	24764.9	1172.2	23405.0	187.7
集体股东数（万个）	242.5	3.0	157.1	82.4
四、股本总额（亿元）	9307.2	773.6	8077.7	455.9

续表

指标名称	合计	组级	村级	镇级
其中：成员股本金额（亿元）	6952.6	591.7	6036.2	324.7
集体股本金额（亿元）	1192.4	98.3	1037.9	56.2

数据来源：农业农村部农村合作经济指导司、农业农村部政策与改革司，《中国农村经营管理统计年报·2018 年》，中国农业出版社 2019 年版。

全国农村集体经济组织年末资产总额为 29121.2 亿元，其中经营性资产总额 14252.9 亿元，占比为 48.9%。从经营性资产总额占年末资产总额的比重来看，镇级单位和组级单位占比均超过了 60%。这说明，集体资产盘活利用要注重发挥各级集体经济组织的重要作用，尤其是要发挥镇一级组织的统筹功能。

截至 2018 年底，全国农村集体经济组织公益性支出总额为 385.4 亿元，其中基础设施建设投入 264.5 亿元、公共服务费用 120.8 亿元。数据说明，农村集体经济组织仍在承担大量的“公共开支”。产权改革之后，不仅这些公益性支出没有明显减少，反而又额外增加了税费负担，很不利于调动改革积极性。农村集体经济组织并非一般意义上的经济实体，在剥离“公益性职能”之前，应当充分考虑其特殊属性，研究制定适合农村集体经济组织特点的相关税收优惠政策。具体数据见表 4-2。

表 4-2　2018 年全国农村集体组织资产支出情况

指标名称	合计	组级	村级	镇级
一、本年股金分红总额（亿元）	487.7	137.6	322.0	28.1
其中：成员股东分红（亿元）	411.3	124.9	263.4	23.0
集体股东分红（亿元）	27.2	2.4	21.1	3.7
二、年末资产总额（亿元）	29121.2	2443.7	24083.4	2594.1

续表

指标名称	合计	组级	村级	镇级
其中：经营性资产总额（亿元）	14252.9	1499.3	11017.4	1736.2
三、公益性支出总额（亿元）	385.4	10.1	369.7	5.6
1. 公益性基础设施建设投入（亿元）	264.5	5.3	254.3	4.9
2. 支付的公共服务费用（亿元）	120.9	4.9	115.4	0.6
四、上缴税费总额（万元）	759466.5	32717.7	597097.5	129651.3
其中：代缴红利税总额（万元）	24089.3	388.3	15836.8	7864.2

数据来源：农业农村部农村合作经济指导司、农业农村部政策与改革司，《中国农村经营管理统计年报·2018 年》，中国农业出版社 2019 年版。

（二）新型农村集体经济的主要路径

1. 政府扶持型路径

2018 年 6 月，中共中央、国务院印发的《关于打赢脱贫攻坚战三年行动的指导意见》指出，“制定实施贫困地区集体经济薄弱村发展提升计划，通过盘活集体资源、入股或参股、量化资产收益等渠道增加集体经济收入”。

基于这个文件，政府明确了实施贫困地区集体经济薄弱村发展提升计划的政府扶持路径。主要做法包括：一是以农村集体产权制度改革为契机，在厘清村庄资产基础上建立新型农村集体经济组织。二是通过专项资金和项目帮扶的方式，助推新型农村集体经济组织的发展，解决原始积累不足、经济组织发展滞后等问题。三是采取“以企带村”的发展模式，盘活农村丰富的资源要素，实现帮扶式发展。

2. 组织引领型路径

2019 年 1 月 10 日，中共中央印发的《中国共产党农村基层组织工作条例》指出，“党的农村基层组织应结合实际，领导和支持农村集体经济组织，协助集体经济的发展”。

基于这个文件，组织引领型路径是通过党支部领办合作社发展集体经济的创新路径，通过专业合作社带动股份经济合作社发展，形成具有代表性的组织引领型路径。具体做法包括：一是村集体通过清产核资小组核定村庄集体资产。二是成立新型农村集体经济组织（股份经济合作社），并以支部书记为理事长，成立理事会和监事会。三是股份经济合作社通过整合土地，发挥党组织的作用，带动股份经济合作社发展，增加农村集体经济的收入。

3. 市场激励型路径

2016 年 12 月 29 日，中共中央、国务院印发了《关于稳步推进农村集体产权制度改革的意见》，文件明确传达了各地应从实际出发探索发展集体经济的有效途径。

市场激励型路径主要针对集体经济基础较好的村庄，具体做法包括：一是理顺产权结构，将集体资产量化到成员。村集体经济组织一次性从经营性资产中提留一定比例的风险金，提留后将可量化的经营性资产作为总股本，分别设置集体股和成员股。二是理顺股份经济合作社的组织架构，通过聘请职业经理人等形式运营管理公司，形成成员代表大会、董事会共同决策的机制。三是通过原始积累的优势调整和完善村庄产业结构，推动村集体经济发展。

（三）新型农村集体经济路径的比较

1. 新型农村集体经济路径的共性比较

一是开放式的产权结构。集体产权的特征是封闭性，无论是集体成员，还是集体产权，都具有明确的边界。但正如部分学者所指出的，阻止乡村衰落、促进乡村振兴，需要打破封闭性，引入外部资本来增强对外开放性。开放式的产权结构首先表现为两个层面的产权明晰。一方面是厘清村庄内部产权结构，形成集体所有与个体享有相结合的产权结构。另一方面是厘清入市产权结构，农村集体产权制度改革的作用还在于与市场主体合作时，可通过股份形式明晰集体资产的多少。鼓励市场竞争的各类主体进行优势互补、相互依存，采取共同投资、参与运营等方式打破封闭的经济结构。在市场化的背景下，农村集体经济逐渐打破城乡资源要素的流动壁垒，通过“组团式”“抱团式”等模式带动要素流动。

二是专业化的管理团队。市场化的发展路径需要专业化的分工，一方面，农村集体经济组织的成立让村庄形成了“一核两翼”的组织架构。在党组织的领导下，村委会和经济组织并驾齐驱、各司其职，初步实现在党的统一领导下，由不同村集体组织承担经济和社会发展两大职能。另一方面，专业化的分工还体现在聘请职业经理人为其运营，通过职业经理人的管理来提高村集体经济的市场竞争力和经营效率。

三是规范化的分配机制。不同于传统集体经济时期非正式约定的平均主义方式，新型农村集体经济按照合法程序，通过正式规则和章程制定了分配机制。“按劳分配”和“按股分红”相结合，对参与农村集体经济组织运行、管理等人员采取按劳分配的方式，对于入股的股民（集体成员）按照股本分红的形式。

2. 新型农村集体经济路径的差异比较

一是发展动力不同，政府扶持型路径发展动力在于政府调动外部社会资本力量，通过提供专项资金或共同开发的形式助力乡村发展。而组织引领型路径是在无资源、无能人、无帮扶资金的“三无”情况下，通过发挥党的组织优势激活农村集体经济的发展活力。市场激励型路径则是主要依托乡村市场自身力量，助推乡村市场体系建设，进而推动集体经济发展。

二是发展模式不同，政府扶持型路径是通过利用帮扶资金、资源来与企业联合开发、共同投资来实现收益共享，与企业联系紧密。组织引领型路径相对简单，采取入股的形式实现发展。市场激励型路径的发展模式则主要是依靠村集体经济组织自主发展。

三是收益和风险不同，政府扶持型路径由于集体经济的基础较差，因此受市场影响较大，承受的风险也相对较大且不可控。组织引领型路径通过入股等形式加入专业合作社中，共享专业合作社前期建立的市场纽带关系，故其承担的风险相对较低。同时，由于采取土地入股形式，其获取的收益也相对较低。而市场激励型路径由于长期积累的优势和敢于创新探索，其产业布局涉及第一、第二、第三产业，产业链的延长使其集体经济组织保持较高且较稳定的收益。

3. 因地制宜选择不同路径来发展新型农村集体经济

三种路径综合比较分析，从发展前景来看，政府扶持型路径的发展模式相对保守，处于市场化的初级阶段；而组织引领型路径的发展模式通过与市场主体进行合作，其发展前景较好；对于市场激励型路径而言，发挥市场在配置资源上的决定性作用，前景最优。

总体来看，政府扶持型路径适合有外部帮扶资源的村庄，包括政府资源以及社会资本的帮扶，可通过“政府+”或者“企业+”的形式来发展集体经济；组织引领型路径适合组织化程度较高的村庄，或者针对没有外部资本的村庄，地方政府通过组织培育方式，发展新型农村集体经济；而市场激励型路径适合具有一定基础或者资源禀赋较好的发达村庄，或是城市、都市圈中地理位置好的村庄，利用特色资源优势进行自主创业、自我发展。

三、农村集体经济发展面临的问题及挑战

（一）“产权”变“产业”难度大，集体经济发展驱动后劲不足

1. 收入渠道单一，缺乏持续性

大部分地区农村集体经济收入主要靠土地、厂房租赁、征地补偿等，或者把村集体资金投入金融机构获取保底利润，经营性收入渠道较

少。由于对单一的资源依赖性太强，当集体资源消耗殆尽或者宏观经济形势不好时，集体经济的可持续发展将面临挑战。

2. 难以形成优势主导产业

部分农村拥有资源优势和区位优势，由于集体经济组织缺乏经营管理团队或人才，不能进行谋划和设计，优势难以得到很好的整合和利用，仍是传统产业，小散乱、层次低、链条短，经济效益低，抵御市场风险的能力差，未能形成具有本地独特优势的支柱产业。

3. 找寻合作经营主体困难

部分村地处边远山区，基础条件差，寻找合适的经营主体难，公开招标回响不大。一般经营农业项目风险大、投资期长、收益低，而集体成员对利益分配期望只增不减，经营主体基于自身利益的考虑也不愿承接项目。另外，也会出现经营主体亏损后跑路的情况，让基层干部苦不堪言。

（二）农村集体资金效益不高，资本进入意愿不强

1. 扶持资金强调保值增值分红

政府下发扶持专项资金一般都有明确增值和分红指标要求，以财政项目资金量化入股的分红收益，规定不低于基准利率收益，并做到逐年递增，这样给集体经济组织和经营主体带来了很大压力，扶持资金变成了“鸡肋”，不利于充分发挥扶持资金促进集体经济发展的作用。

2. 扶持资金难以发挥“造血”功能

为了减少风险，多数扶持资金都不敢用于发展收益更高的项目，而被投入金融机构，稳定地取得 6%~8% 的年收益率；或者以扶持资金入股到经营主体，但要求合作主体保证支付不低于集体资产保值的保底收益，增加了经营主体的负担和成本，削弱了其在市场上的竞争力和发展潜力，也削弱了带动作用。这样一来，在短期内虽然保证了集体成员的收益，但扶持资金并没有形成集体经济组织的“造血”功能。

3. 分红数额普遍较低且差距大，影响成员对产权改革的热情

目前，多数村仍处于发展壮大集体经济探索阶段，集体资产收益少，分红的资金量不大，为了让农民尽早享受到改革的成效，有些地区进行首次成员分红，但由于分红金额低，且在首次分红之后没有能力在第二个年度再次进行分红，因此农民参与积极性不高，也没有为集体经济组织服务的动力，给基层工作人员开展改革工作增加了困难。例如，安徽省金寨县 2018 年人均分红 23.34 元，肥东县徐井村 2017 年人均分红 10.15 元；甘肃省陇西县东巷村 2017 年人均分红 34.57 元。分红的金额取决于集体经济的状况与地理位置、经济发展水平和集体资产价值，区域之间差异明显。在中部地区的安徽省繁昌县城西村，2017 年人均分红 400 元，但是 2018 年分红就中断了，而北京市有的村每年人均分红数额高达几万元。

（三）基层人才资源不足，发展集体经济力不从心

1. 组织人员保障不足

虽然成立了集体经济组织，增加了集体产权制度改革的工作内容，但多数村是村“两委”和集体经济组织“两块牌子、一套人马”，职能交叉，事务繁杂，村委会的性质决定其会将其他工作放在优先考虑，对集体经济重视不够。村干部经常加班，习惯性地会将农村集体产权改革工作视为“规定动作”，而没有太多精力思考如何管理和发展集体经济。

2. 经营管理能力不高

现有村干部普遍存在年龄结构老化、文化程度偏低、专业技能不足、缺乏开拓创新精神等问题。由于各种条件限制，基层从外部引入人才困难，长期留住优秀人才更难。多数村对如何发展集体经济思路狭窄，无所适从，仅把发展集体经济的希望和重任寄托在寻找合作经营主体上，过分强调缺乏资金、资源、技术、人才等客观条件。

3. 村民对发展集体经济意愿不高

目前，绝大部分青壮年劳动力都在外面打工，留守村民年龄老化。长期以来，集体公共活动缺失，村民单打独斗，集体关系不紧密，对集体认同感下降。由于集体经济处于初级阶段，多数村民并没有从集体组织中得到较多红利，对于发展集体经济意识也不强烈，积极性不高，给基层工作带来了难度。

（四）集体经济组织身份特殊，阻碍经济管理功能的发挥

1. 身份特殊

2017 年，《中华人民共和国民法总则》已明确赋予农村集体经济组织“特别法人地位”的合法定位，2018 年全国逐步开展农村集体经济组织登记赋码及换证工作，领到“身份证”，以便开展经营管理活动。但由于农村集体经济组织法缺失（2020 年已经开始立法起草工作），农村集体经济组织地位并没有得到社会的广泛认可，在参与经济社会活动时，还是会因为特殊的组织构成、功能定位而遇到障碍。

2. 自主管理权有限

虽然成立了农村集体经济组织，但与村“两委”在人员配置、资金使用、功能发挥等方面往往相互交叉，管理方式并没有实质性改变。集体经济组织运行决策中的“条条框框”很多，重大经营事项经村委会讨论后，还要向上级报备，一些日常支出也须经有关部门审批，严重制约了集体经济组织的自主管理权。

四、我国新型农村集体经济发展典型案例分析

（一）四川省南部县三产融合的“五型”模式

四川省南充市南部县把发展壮大村集体经济作为实施乡村振兴战略的重要抓手，探索推行“五型”模式，助推农村集体经济走上发展“快

车道”。

1.“资源开发型”模式：盘活沉睡的资源“创利”

一是盘活闲置资产。对可经营、可利用的集体资产集中清理登记，采取集体自主经营、租赁托管等经营方式发展生态养殖、观光农业；租赁老旧办公用房、乡村学校等闲置资产发展小买卖、小作坊。村上以经营收入、资产收益等作为集体收入。

二是激活土地资源。村集体牵头组织撂荒土地整治，种植“短平快”经济作物。村集体统一提供种子、农药、肥料，农户通过投工投劳入股，收益 80% 作为群众收入，20% 作为村集体收入。

三是用活项目资金。将公益性基础设施项目所形成的固定资产交由村集体持有或管护，产生的收益归村集体所有；在财政项目资金投入产业建设基础上，涉及村完善水网、路网、渠网等配套设施，投产后村集体按每亩 30~50 元提取公积金作为村集体经济收入。

2.“产业带动型”模式：用好产业的空间“增利”

一是延伸产业链条。村集体创办农民种植专业合作社，引进业主共同经营，通过产业发展促进集体经济增收，带动周边群众致富。谢河镇射洪庙村将省扶持资金用于建设 530 亩花椒产业园，成立惠众种植专业合作社，村集体负责建设和管理，年集体经济创收 9.3 万元。

二是抱团规模经营。根据地域相邻、产业趋同原则，跨乡村资源整合，引导专业合作社通过流转土地、组织务工、种植托管等方式，实现村集体和贫困群众“双丰收”。目前，全县 15 个乡镇 108 个村在规模化建设晚熟柑橘、道地药材、木本油料、生态养殖四大基地，投产后每年村集体将增加 3 万元以上的经济收入。

三是发展稳定项目。抓住国家电价补贴等政策优势，在 30 多个村发展光伏项目，采取“板上发电、板下养殖”模式，村集体每年可增收 10 多万元。

3.“入股分红型”模式：依靠企业的合作“分利”

一是土地入股，集体提成。采取“公司 + 合作社 + 农户”方式，将生产要素转化为股份制，集体统一管理土地经营权，引导和组织群众联办产业基地，部分股权收益发给入股村民，剩余部分作为集体经济发展的积累资金。

二是资金入股，保本收益。坚持资金性质不变、投入投向不变、监管主体不变，将项目资金按比例转化为村集体持有的股权或股金，投入到企业、合作社实行市场化运作。打鼓山村将贫困村产业周转金 50 万元打捆入股合作社，除年获 3 万元固定分红外，年产业收益分红达 1.5 万元。

三是资产入股，按股分红。大力引进适合本地发展实际的龙头企业，将村集体资产租赁给龙头企业，同时按照经营业绩参与分红，获得收益与分红用于壮大村集体经济。大王镇郑家垭村将晚熟柑橘水肥一体化设施资产整体承包给四川天下农园公司，每年村集体经济保底收入 10 万元。

4.“乡村文旅型”模式：吸引游客的消费“赢利”

一是拓展旅游资源。针对旅游资源丰富、发展条件较好的村（社区），组织招引业主发展特色农庄、家庭农场等项目，发展全域旅游。流马镇黑龙观村通过流转土地，建设万亩荷园，带领周边群众发展乡村旅游，每年村集体经济收入达 8 万元。

二是打造精品线路。统筹规划盘龙至八尔湖、定水至升钟湖、火峰至长坪山三条特色产业示范线和农旅整合发展精品线，辐射带动升钟湖、西河沿线、嘉陵江以东三大片区 132 个村融合发展，每年举办“菜花节”“莲花节”“钓鱼节”等农业休闲观光游，年吸引游客 20 万人以上，旅游收入突破 6000 万元，村集体年增收 5 万元以上。

三是整村一体推进。坚持统一规划、统一建设接待服务体系、统一对外营销，对10个旅游资源丰富的村整村推进农家乐、民宿、观光农业等，打造精品旅游项目，逐步形成以升水镇临江坪村为代表的“水上农家乐”模式、以八尔湖镇纯阳山村为代表的乡村旅游产业发展模式、以伏虎镇正觉寺为代表的“田园风光”休闲观光农业发展模式，村集体年增收10万元。

5.“服务创收型”模式：提供有偿的服务“收利”

一是集体经营创收。采取“支部牵头、合作社运作”模式，鼓励村级集体经济组织牵头成立合作组织，通过村集体购置或受赠耕作机、收割机、榨油机等农用机械，为群众提供有偿服务，以农机收益的50%作为村集体收入。

二是物业服务创收。村集体开办物业，为村民提供保洁卫生、房屋托管、安全保卫等服务，为邮政、电力、供水等部门提供代收代办业务，提留一定比例服务收益作为村集体收入。

三是托管服务创收。针对外出务工人员较多的村，鼓励村党组织领办农业种植合作社，开展土地托管服务，村集体组织专业队伍统一耕种管收，扣除生产成本和服务费用后，收成全部归群众，实现群众收入和集体增收“双赢”。

（二）云南省昆明市七步场“社区集体经济”模式

昆明市呈贡区乌龙街道七步场社区是拆迁村融入城市发展的典型案例。按照“选好班子、找准路子、以资源换资金、以存量换增量、以服务换创收、以出租换收益，坚持多元化发展”的路子，大力发展社区集体经济，80%以上的劳动力实现了就地就业。具体做法如下。

1.积极成立专业公司运营集体资产

当地农民在取得征地补偿后面临的最大问题是让资产保值升值，避免“坐吃山空”。经过调研和村民大会讨论，2009年9月，以“居委会+公司+居民”的模式，按社区每个居民5000元自愿集资入股，筹资1000

万元，注册成立了以土石方工程、市政公用设施和园林绿化施工为主营业务的呈贡丰乐经贸公司，实现了社区居民人人有股份、户户有分红。

2. 规范公司内部管理机制，加强内部管理

七步场成立的经贸公司在现代企业管理制度要求下，通过选举产生了董事会、监事会，确立了股东代表大会、董事会、监事会的民主决策权；同时设立资产管理监控中心、成本控制中心等部门，责任落实到人，以工作业绩为第一考核标准；财务信息公开透明，经营管理公示于民，发展决策问计于民，形成了全民参与和全程监督的管理制度体系。

3. 多元化经营防范风险

为增强抵抗风险能力，经贸公司围绕美丽乡村建设大力发展第三产业，建成了130余公顷的绿化苗木基地，并扩展了物业管理、机械租赁等经营业务，同时还以“豆腐文化”为主题，宣传传承“七步场臭豆腐”呈贡非物质文化遗产。2017—2019年成功举办了三届“呈贡七步场豆腐文化旅游节”，以“豆腐宴”为主题的农家餐厅已发展了10余家。

4. 营收反哺社区建设

以集体经济的壮大为支撑，营收反哺社区建设，经贸公司投入650余万元，用于社区道路硬化改造、治安防控设施配备。同时新建了社区文体服务中心和居家养老服务中心，完善社区服务配套设施，提高公共服务能力。

（三）四川省彭州市小鱼洞镇“联营联建”模式

小鱼洞镇位于四川省成都市彭州市，辖9个行政村、1个涉农社区、104个村民小组、2个居民小组。通过深化农村集体产权制度改革，在明晰产权边界的基础上实现“联营联建”，盘活了农村集体资产，激活了生产要素潜能，为探索新型集体经济积累了丰富经验。

1. 深化集体产权制度改革，夯实集体经济发展基础

小鱼洞镇把土地、房屋以及集体经营性资产、非经营性资产和资源性资产等各类资产清理核实到位，在此基础上，组建两种不同性质的集体经济组织来推进集体资产股份化：一类是集体资产管理公司，主要在一些农村集体经营性资产比重较大、地理位置优越、发展基础较好的村集体成立，如大楠村、江桥村；另一类是村级合作经济组织，主要在集体经营性资产占比较低、市场化项目相对较少、时机尚未成熟的村集体成立。同时开展精准配置股权工作，根据“80% 按人口平均量化、20% 按农龄量化”的原则，设置“人口股”和“农龄股”两种类型，“农龄股”享有对象为户籍在本村且年满 18 周岁的农业劳动者，按照其农龄年限计算股份，兼顾了公平与效率，有效调动了成员关心集体经济发展的积极性、主动性，形成了有效的产权激励。

2. 全民共享发展权，激发集体经济活力

2015 年，小鱼洞镇通过出售工矿用地整理出来的建设用地增减来挂钩指标，共计获得现金 3000 万元。以这部分收入为基础，依靠现代股权制度将全镇 10 个村联结起来，探索跨区域合作开发的“联营联建”发展模式，实现了资金的有效整合、项目重点突破。同时，加强镇级层面的统筹工作，建立了“镇—村—项目”三级集体经济组织。镇级层面建立小鱼洞乡村旅游联合社有限公司，镇级联合社公司由 10 个村集体共同出资 2000 万元组建，村级层面在全镇 10 个村（社区）成立村级集体经济组织，并依托镇、村两级集体经济组织成立具有独立法人资格的乡村旅游项目公司。

镇级联合社公司动态设置股权结构，建立阶梯式分红体系，并与 10 个村达成了“三次分红”协议。以鱼凫湿地项目为例，在镇一级提取公积金、公益金后，对于 100 万元的年度分红，江桥村经过第一轮按照出资比例分红、第二轮运营项目分红以及持股比例分红三次分配，总共算

下来可以分到 73 万元。

3. 坚持市场化运作，创新多元发展路径

小鱼洞镇编制了《小鱼洞镇旅游产业近期行动计划（2016—2020）》《小鱼洞镇场镇概念性规划方案》等。以规划为引领来促进集体产业结构升级，同时以多元主体参与统筹开发运营，如复兴场社区“荒山变花山”、大楠村“竹林变酒店”、杨坪村蟠龙谷“山谷变公园”、江桥村“荒滩变湿地”。

这个案例带来的启示是，在集体产权制度改革基础上开展“联营联建”，统筹开发运营，可以带来诸多好处。一方面，有利于对接公共资源，促进规划、资金和项目整合，可以更加有效地聚焦引领发展的基础设施和公共服务建设，发挥集体经济在区域发展中的先导和支撑作用；另一方面，可以在更大范围内配置资源，为集体资产保值增值提供保障，特别是各类乡村旅游资源不再由村社分散经营，有利于发挥集聚效应，缓解了不同村社之间发展不平衡问题。

（四）新型农村集体经济发展经验

1. 紧抓改革机遇：以集体经济组织为核心的多业融合型发展

在改革进程中，通过清产核资、集体成员资格认定和股份量化，使每位集体成员都能准确掌握本村集体资产数量、自身所占份额及所应享有的权益等，能够扫清集体经济发展障碍，进而盘活农村集体资产。股权配置量化全面完成，农村集体经济组织登记颁证、赋码、换证全面完成，村级股份经济合作社组建全面完成。这些改革成果为新型农村集体经济的发展带来机遇，也为显化集体资产价值奠定了基础。

2. 用活各类资金：特色产业引领的资金推动型发展模式

产业发展是确保新型农村集体经济繁荣的基础，而资金问题是制约产业发展的重要因素。在脱贫攻坚过程中，贫困地区得到各级各类扶贫资金和社会资本的支持，其中绝大部分用于产业发展，从而推动了特色产业落地，使产业结构和经营方式得以丰富，在推动新型农村集体经济发展的同时，有效破解了产业发展瓶颈，实现了多业融合发展。

3. 发挥人才效力：“能人＋富人”的精英引航型发展模式

人力资本水平快速提升是实现经济发展的关键，因而对于新型农村集体经济的发展至关重要。2019 年中共中央、国务院发布的《关于建立健全城乡融合发展体制机制和政策体系的意见》着重指出：“允许农村集体经济组织探索人才加入机制。”通过发挥人才效用推动新型农村集体经济发展壮大，进而破解劳动力匮乏的难题，为农村减贫提供人力和智力支撑。丹凤县十分注重人才效用，一方面在吸引回流人才、尊重技术人才、用好用活人才上积极探索；另一方面充分利用县级包联领导、县直驻村帮扶工作队、乡镇包村干部、“第一书记”等干部力量，为发展新型农村集体经济提供强有力的人才支撑。

4. 坚持党的领导：品牌引领的“党建”带动型发展模式

村“两委”是新型农村集体经济发展的中坚力量，而其中农村基层党组织的领导尤为重要。《中国共产党农村基层组织工作条例》规定：“党的农村基层组织应当因地制宜推动发展壮大集体经济，领导和支持集体经济组织管理集体资产，协调利益关系，组织生产服务和集体资源合理开发，确保集体资产保值增值，确保农民受益。”通过坚持农村基层党组织在农村集体经济运行和发展中的领导地位，能够有效带动新型农村集体经济发展，确保在致富道路上的“一个也不能少”。

五、政策建议

（一）依托土地改革，盘活农村集体资产

1. 以土地产权制度改革助推农村集体经济发展

产权是交易的基础和要素，产权制度清晰是保障交易、降低费用的

重要手段。我国农村要素市场包括劳动力市场、金融市场和农村土地市场，其中土地市场是农村要素市场的中心，要通过完善农村土地的相关产权制度，以土地市场为核心，通过土地不同主体配置来带动人才和资本的流动，促进劳动力、土地、资金三大要素的匹配协调，从而助推新型农村集体经济发展。

2. 完善农地“三权分置”，夯实集体经济发展的农业基础

耕地的所有权、承包权、经营权“三权分置”改革中，最重要的是赋予集体成员承包经营权，承认农民对土地的财产权利。随着城镇化进程的推进，耕地承包权与经营权的分离是大势所趋。在耕地承包经营权确权的基础上，集体所有制下承包权与经营权的权利分割受到法律保护，以更好地保障所有者、承包者与经营者各自的权利。

3. 赋权盘活农村集体建设用地，增强集体经济发展实力

农村集体建设用地是农民财产性增收的重要手段，更是提升农村集体经济、维护农村社会稳定的重要保障。集体建设用地制度改革的关键在于：打破城乡分割的二元土地制度，赋予集体建设用地与国有建设用地同等的占有、使用、收益和处分权，对两种所有制土地所享有的权利予以平等保护，建立城乡统一的土地大市场，完善集体建设用地的租赁、转让、抵押二级市场。盘活建设用地的关键在于：通过规划引领，构建跨区域的股份合作制，将分散的集体建设用地进行集中开发，培育产业园区，实现集体的共建、共营、共管与共享，改善和优化土地使用权及市场资源等的配置结构；对集体经济组织进行治理与规范，在增强农村集体经济实力的同时，确保农村集体经济健康和有序发展。

4. 赋权宅基地流转交易，激发集体经济发展新动能

我国正在探索宅基地所有权、保障资格权、放活使用权的“三权分置”。但在改革探索中，盘活宅基地流转交易的难点在于：以改革为契机，对村庄的宅基地用地规模、布局、标准和发展意愿要进行合理规

划，将村庄布局与生态宜居目标结合，优化调整村庄生产、生活、生态空间；通过整理、置换宅基地或指标交易，撬动巨大的社会资本注入，引入企业家能力，建设共享房屋、共享庭院、共享村庄、共享田园等多种共享经济形式；将农民闲置住房发展为乡村旅游、休闲、养老、文化、教育等产业的有效空间载体，推进三产融合，发展新产业和新业态，释放村庄的自主发展活力。

（二）分类引导，积极探索发展壮大集体经济有效途径

发展壮大村级集体经济是新时期实现农民共同富裕、提高农村公共服务能力的重要举措，对于统筹城乡发展促进社会和谐具有重大意义。促进集体经济发展，要突出高点定位，精准发力，不断加大对村级集体经济的投入力度。

1. 因地制宜，积极推进产业扶农助农

大力实施乡村振兴战略，紧紧依托脱贫地区资源禀赋，准确定位脱贫地区优势主导产业，实施乡村“一村一品”的产业推进行动，因地制宜发展特色种养业、农畜产品加工业、民族手工业、商贸服务业、乡村旅游业等优势产业。采取整合项目、财政预算、贷款融资、招商引资等多种方式，对发展计划可行、经营风险小、管理科学的村级集体经营项目，以借款、贴息、奖励、补助等方式予以扶持。

2. 建立信贷支持和费用减免政策

强化地方政府部门、金融机构、实施企业多主体协同，引导政策性、开发性金融适度超前开展农业农村基础设施投资，撬动更多中长期信贷资金高效率、低成本地倾斜流入农业农村。协调涉及农业的金融机构，加大对村级集体经济相关项目的贷款支持力度。同时对农业项目要适当制定工商、税务、土地等方面的税费减免和优惠政策，并逐步建立职责明确、运转有效的基层组织管理体系，建立产权清晰、运营高效的农村集体资产运营管理制度，不断完善村级财务核算和监督机制。

3. 采取部门联动帮扶

要把乡村振兴与基层组织建设结合起来，探索发展新型集体经济的有效途径，拓宽群众增收的渠道，结合“城乡结对、联动共建”“联乡、驻村”等活动，按照“部门联动、分工负责、对口帮扶”等思路，结对帮扶村级集体经济薄弱村，帮助制定发展规划，落实帮扶计划，实施全方位、多形式、切实可行的帮扶政策。

（三）拓展乡村创新发展空间，支持优秀人才返乡创业就业

1. 借鉴日韩人才回流乡村经验，鼓励青年群体返乡创业

韩国于 2016 年公布了首个 5 年期归农、归村支援综合规划，通过提升务农收入、给予归农创业支援等措施，以期在 5 年间推动 1 万户年轻家庭回归农村创业，提升农村活力。在鼓励青年群体返乡创业方面，韩国农林畜产食品部实行“青年农业人培育政策”，对符合条件的年龄为 18 岁至 40 岁的青年，在其返乡务农的头 3 年中，政府每月为其发放最多 100 万韩元的补贴。2022 年 3 月，韩国政府公布了第二份 5 年期归农、归村支援综合规划，在此前规划基础上，继续改善农村地区基础设施，为年轻人回乡务农、创业提供便利条件。

2008 年，日本总务省设立乡村支援员制度，当年招聘专职乡村支援员 199 名，到 2017 年扩大到 1195 名；当年招聘兼职乡村支援员 2000 名，到 2017 年扩大到 3320 名。乡村支援员主要工作内容有以下几方面：一是与地方政府协调，实施乡村综合调查；二是将综合调查结果反馈给地方政府，同时召集各方讨论乡村振兴中面临的问题；三是根据调查情况和各方协商后制定的方案，推动乡村振兴的具体工作。同时还负责其他工作，包括：解决村民生活中的困难，比如解决就医问题和协助购物；协助建设美好乡村环境和社区，比如农业水源保护、道路清理和修复等；挖掘乡村特色并进行价值创造，比如乡村品牌开发、农产品销售等。

2. 鼓励外出能人返乡创业，以县域经济带动乡村集体经济

借助乡情的纽带，搭建返乡的感情联络平台，引导扶持在外乡贤、外出务工人员、原籍大学生、退役士兵等返乡创业，不断优化招商环境，深化“放管服”的改革措施，出台优惠政策、提供优质服务，营造返乡创业的良好氛围，确保乡村本土人才“回得来、留得住、能发展”。

当前逾七成返乡农民工以县域为再就业地点，因此发展县域经济对解决农民工就业问题有重大意义。返乡农民工长期在外务工，经历过多岗位、多工种的历练，具备一定的管理经验和专业技能，返乡后可有效适配就业岗位。不断发展和巩固县域经济的可持续发展，能够提升地方的医疗、教育和服务水平，进一步吸引农民工群体主动回乡就业创业。地方政府应该抓住县域经济发展机遇，利用当前特殊的人才富集优势，结合当地优势，大力发展特色产业，增加就业岗位。

3. 鼓励大学生村官扎根基层，为乡村振兴提供人才保障

高校毕业生“三支一扶”计划是引导高校毕业生向基层一线流动、助力推进乡村振兴的民生工程，在实际工作中，大学生村官在广大农村发挥着积极的作用。要让大学生村官成为基层党组织的带头人，为乡村振兴提供组织保证。向乡村振兴重点帮扶县、脱贫县、易地扶贫搬迁大型和特大型集中安置区所在县倾斜，向革命老区、民族地区、边疆地区等艰苦边远地区倾斜，同时要建立高校毕业生到基层工作“下得去、留得住、干得好、流得动”的长效机制，让大学生“愿下来，又留得住，干得成事”。

（四）按照治理有效要求，优化集体组织治理结构

1. 发挥好集体经济组织统筹开发利用集体资源要素的功能

围绕农村集体的资源盘活，发挥好集体经济组织统筹功能，充分利用集体所有土地资源、生态资源，推动农村集体经营性建设用地集约利用，将闲置的农宅、山场、林地统一利用，大力发展新型乡村产业，促

进农村集体经济组织壮大。

2. 进一步优化集体经济组织对集体资产统一监管的功能

修改完善农村集体资产管理相关办法，建立健全农村集体资产的监管体系，加强农村集体资产管理的人才建设，完善农村集体资产管理的审计监督机制。依法引导乡村集体使用的资产对外投资，提高集体资产的经营管理效率，提高集体资产收益率。

3. 加快补齐集体经济组织为成员提供统一服务的短板

新型集体经济发展能够有效解决目前农村出现的“空心化”“老龄化”及乡村组织涣散等问题。要鼓励集体经济组织为成员提供产前、产中、产后的农资、技术、信息、金融、流通等全方位生产服务，同时加强对村庄的教育、医疗、饮水和污水处理等公共服务设施改善以及困难弱势群体救助等工作。提升村庄供给公共产品的能力，同时，增强集体向心力和凝聚力，从而有效实现乡村治理。

参考文献：

[1] 习近平 . 坚持把解决好“三农”问题作为全党工作重中之重　举全党全社会之力推动乡村振兴 [J]. 求是，2022 年第 7 期 .

[2] 余丽娟 . 新型农村集体经济：内涵特征、实践路径、发展限度——基于天津、山东、湖北三地的实地调查 [J]. 农村经济，2021（6）：17-24.

[3] 高强，孔祥智 . 拓宽农村集体经济发展路径的探索与实践——基于四川彭州小鱼洞镇“联营联建”模式的案例分析 [J]. 东岳论丛，2020，41（9）：162-171+192.

[4] 周振，孔祥智 . 新中国 70 年农业经营体制的历史变迁与政策启示 [J]. 管理世界，2019，35（10）：24-38.

[5] 魏后凯，刘长全 . 中国农村改革的基本脉络、经验与展望 [J]. 中国农村经济，2019（2）：2-18.

[6] 刘灵修 . 乡村振兴背景下发展壮大村集体经济的路径研究 [J]. 中国集体经济，2022（2）：7-8.

[7] 高强．农村集体经济发展的历史方位、典型模式与路径辨析 [J]. 经济纵横，2020（7）：42-51.

[8] 田世野，李萍．新型农村集体经济发展的新规律：一个三维分析框架 [J]. 社会科学研究，2021（3）：51-58.

[9] 苑鹏，刘同山．发展农村新型集体经济的路径和政策建议——基于我国部分村庄的调查 [J]. 毛泽东邓小平理论研究，2016（10）：23-28+91.

[10] 崔超．农村集体经济组织发展的内部困境及其治理 [J]. 山东社会科学，2019（04）：148-153.

[11] 李文钢，马良灿．新型农村集体经济复兴与乡土社会重建——学术回应与研究反思 [J]. 社会学评论，2020，8（06）：58-68.

第 5 章

“和美庄园”：新型集体经济的新路径

彭荣昭　刘杰　董晔卉[①]

内容摘要：发展新型农村集体经济是中央提出的一项重大战略任务，是完善农村基本经营制度、实现乡村全面振兴、推进农业农村现代化的重要支撑。受当前发展阶段影响，我国新型集体经济发展还存在不少问题。我国传统农村集体经济发展粗放，造成了我国农村生产资源利用效率不断递减甚至趋于零，资源配置失灵，带来了严重的“搭便车”问题。在此背景下，课题组对炎陵县道任村、衡南县响鼓岭村、常宁市新柏村和衡阳县友谊村进行一线实地调研，在观察和走访“和美庄园”建设现有探索经验基础上，提出村庄可以组织 6~10 户农民，在平等、自主、自愿基础上，进行宅基地、耕地等土地资源及生产资料的整合，通过农村宅基地统筹规划的“品”字方案，以及通过农村水库沟渠等水利设施修建，可有效提升农村基础设施建设，改善农村生产生活条件，是新型集体经济的重要探索方向之一。

关键词：集体经济；发展路径；和美庄园

一、政策背景

中国农村向何处去？这是我们实现中华民族伟大复兴中国梦的基础

---

① 本章作者：彭荣昭，衡阳市乡村振兴战略研究中心主任，湖南交通工程学院软科学研究院执行院长；刘杰，湖南交通工程学院执行院长；董晔卉，湖南交通工程学院副院长。课题组组长：彭荣昭。课题调研团队成员：彭荣昭、田志、张红艳、彭光明、周霞丽、彭丹玉、袁莉、全玉国。

性问题。针对这个问题，党的十九大做出了乡村振兴的战略安排，习近平总书记发出号召：坚持把解决好“三农”问题作为全党工作重中之重，举全党全社会之力推动乡村振兴[①]。

2018年9月21日，习近平总书记在十九届中央政治局第八次集体学习时指出，“要把好乡村振兴战略的政治方向，坚持农村土地集体所有制性质，发展新型集体经济，走共同富裕道路”[②]。

2020年9月，习近平总书记在湖南沙洲瑶族村考察时明确指出，“推动农业适度规模经营”，随后在听取湖南省委工作汇报以及与基层代表座谈时进一步强调，“要坚持目标引领和问题导向，拿出更大的勇气、更实的举措破除深层次体制机制障碍”“要深化农业农村改革，激活乡村振兴内生动力”[③]。

2022年3月，习近平总书记在《求是》杂志发表署名文章《坚持把解决好“三农”问题作为全党工作重中之重 举全党全社会之力推动乡村振兴》，提出“要完成农村集体产权制度改革阶段性任务，用好改革成果，发展壮大新型农村集体经济”[④]。

这些系列讲话可以概括为五个关键词：土地公有制、适度规模经营、农民组织起来、新型集体经济、共同富裕。

2022年10月16日，党的二十大报告提出，“乡村振兴要统筹乡村基础设施和公共服务布局，建设宜居宜业和美乡村”，还提出要“巩固和完善农村基本经营制度，发展新型农村集体经济”。中央对和美乡村建设的重视，为我们的“和美庄园”模式探索提供了政策指引和精神动力。

---

① 习近平：《论“三农”工作》，中央文献出版社2022年版，第1页。

② 习近平：《论“三农”工作》，中央文献出版社2022年版，第280页。

③ 《习近平在湖南考察时强调 在推动高质量发展上闯出新路子 谱写新时代中国特色社会主义湖南新篇章》，《人民日报》2020年9月19日第1版。

④ 习近平：《坚持把解决好“三农”问题作为全党工作重中之重 举全党全社会之力推动乡村振兴》，载《求是》2022年第7期。

二、新型集体经济发展现状与问题

我国农村经历了改革开放 40 多年的发展，发生了翻天覆地的变化，全国脱贫攻坚任务顺利完成，部分乡村走上富裕之路。不过，在城镇化大潮之中，部分农村出现新的发展困境，分别是：农业边缘化、农村空心化、农民老龄化，随之而来的是土地抛荒和其他各种乱象。当前，农村集体经济在发展道路选择方面，面临的主要挑战有如下几方面。

（一）家庭联产承包责任制面临挑战

当前的家庭联产承包责任制，在基层实践中面临着一些新形势和新挑战。

一是管理上“统”与“分”的矛盾。总的特征是“分”。山水田林等农业资源被分割以后，比较普遍的问题是经营权碎片化，没有规模效益，乡村的公益事业组织、大型基础设施、社会劳力安排等都无法有效开展。

二是分配上“人”与“地”的矛盾。我国在 1993 年提出家庭联产承包制延长三十年不变，提出“增人不增地，减人不减地”，不过农村家庭人口随着婚丧嫁娶不断变化，最后人均土地出现较大差异，出现了“死人有田作，活人没饭吃”的现象。

三是发展上“富”与“贫”的矛盾。当前一部分农民通过外出打工、经商、搞基建、搞运输富了起来，留在农村种地的农民群体收入比较低，村民之间、地区之间的贫富差异不断拉大。

（二）传统“大集体”走不通也回不去

在河北省晋州市周家庄人民公社、山西省大寨、江苏省华西村、河南省南街村等地方，坚持走集体经济发展道路，体现了顽强的生命力，但其发展成长有着特定历史条件，需要能人和强人的整体带动，其“大集体”模式无法完全复制和大规模推广。

（三）“私有制”的大农场行不通

我们的农村经济体制必须学习借鉴世界各国长处，但是由于我国受土地资源和人口结构的严重制约，决定了我们不能照搬美、欧、加、澳的私有制农场模式。

（四）当前乡村的“公司 + 农户”现实很残酷

近年来，我们一直在高度关注衡阳市几家大型农林龙头企业的生存状况，然而发现结果让人很不乐观。2019 年，曾经盛极一时、在衡阳全市流转农田 50 万亩的安邦农资停了；2020 年，在衡南县洪山镇流转田土 18000 亩、曾经有过多位省市领导考察过的东方唐韵停了；2021 年，在全市流转 30 万亩、在全国流转 100 万亩的全国油茶第一大公司中联天地自动放弃了部分已投入巨资的油茶经营。据粗略统计，在衡阳市流转 5000 亩以上的“公司 + 农户”很少生存超过 7 年。这就是残酷的现实。

三、乡村“和美庄园”规划探索情况调研

（一）炎陵县道任村

1. 基本概况。道任村位于炎陵县中村瑶族乡东部，是一个山清水秀、民风淳朴的边远山区村，距炎陵县城 45 千米，平均海拔 700 米，全村现有 7 个村民小组、210 户、743 人。辖区内国土面积 19.28 平方千米，其中水田 842 亩、旱土 301 亩、林地 18057 亩。

2. 规划方案。道任村共规划成 24 个“和美庄园”，具体按“规划—流转—产业—招商”四个要领操作。

规划：生产方面，以村为单位的田、土、山、水相对集中连片、统一规划；生活方面，注意节约土地，居住相对集中，完善配套设施，不大拆大建，保护古建；注意不落下一户困难户，不让一个人掉队。

流转：所有土地，包括水田、旱地、林地、水面，全部转到村里。土地流转到村后，转租出去的，按照统一价格由村民分享租金；没有转租出去的，由村里付给定金，依然由村民耕种，一经招商成功立即转

租。这个环节要求程序公开，村民认可。这就排除了统一开发建设的体制性障碍。

产业：挖掘自身优势，以红色文化、全域旅游为品牌，以炎陵黄桃、高山猕猴桃为特色打造主导产业。

招商：“和美庄园”的开发发展，仅靠当地村民难度大，必须通过招商引资，把与主导产业相关的项目、人才、资金、技术、信息、文明、法治等要素汇集过来，形成主导产业发展壮大的强劲动力。

项目实施过程中，要求每个庄园至少引进 1 户村外有志于“三农”事业的人士，并给他们每户免费提供两空宅基地，统一规划建住房。在具体实施时，不能搞全村齐头并进，要先下沉到村民小组，再以点带面在全村推广。图 5-1 为课题组在湖南株洲市炎陵县道任村调研。

图 5-1　课题组在湖南株洲市炎陵县道任村调研

（二）衡南县响鼓岭村

1. 基本概况。响鼓岭村是全省美丽乡村建设重点村。全村现有 16 个村民小组、456 户、1889 人，党员 88 名。辖区内有土地面积 12.8 平方千米，相当于 19200 亩，其中耕地 1980 亩、林地面积 4900 亩、荒山 10000 亩以上，主要是紫色页岩。

2. 规划方案。调研发现，该村组党员干部，特别是现在已经在村里种了 1000 多亩油茶的吴尚峰和 450 亩水果的云顶山庄经营者施琴，结合自己的经营经历对“公司 + 农户”的模式在一年之前就直接予以否定。通过比较，大家比较接受“和美庄园”的理念。根据响鼓岭村实际情况，课题组规划以平均8户左右的“和美庄园”方式，把农民重新组织起来。把全村16个组456户构建成1个“中心庄园”和55个“和美庄园”，共计56个庄园。“中心庄园”是村里的政治经济文化中心，按照50户以上、100户左右规划，汇聚村党务、行政、学校、幼儿园、卫生室、小集贸和生产生活服务等功能，作为城镇职能的延伸。55个“和美庄园”平均每个包含40人、50亩耕地、300多亩山地，内部实行集体统一经营。“中心庄园”和“和美庄园”都是对外开放的，“中心庄园”既欢迎本村村民落户、居家和创业，更欢迎外面的人士落户、居家和创业。每个“和美庄园”硬性规定：必须从外面引进至少1户对绿色农业有情怀的成功人士作为新集体经济组织成员，“腾出两空宅基地，引进一名带头人”。

（三）常宁市新柏村

1. 基本概况。柏坊镇新柏村位于常宁市西北部，交通区位优势明显，省道214线贯穿全境，面积6.83平方千米，平均海拔高度75米。新柏村有耕地3412亩、林地2384亩，主要农作物有湘莲、高粱、油菜、油茶等，主要养殖业有生猪、牛、羊、湘黄鸡、麻鸭、四大家鱼等。该村有小二型水库3座，其中兆塘水库水面达300亩，年产四大家鱼100吨。村中有古民居遗址12处，保存完好的古民居有3处，其中保护最完好的一栋古民居群——前进人民公社旧址面积达2000平方米，是红色旅游观光“打卡点”。

2. 具体规划。通过全面规划，把当地的田、土、山、水，以及其他种植养殖、水利、道路、住宅有机整合，把油茶产业也纳入重点发展领域。将项目区内的农户全部纳入“和美庄园”规划，家园共建，产业和成果共享，不让一户一人游离于“和美庄园”之外，特别是困难户，一户都不落下。

科学把握“和美庄园”的规模。实践证明，“和美庄园”的规模既不是越大越好，更不是越小越好，关键是要规模适度。这个“度”，目前的“和美庄园”方案是暂以老屋场为单位，以 10 户左右农户为宜。

规划采取股权招商模式。举例来说，碧翔公司以原来的实际投入量折股，让出 33% 的股权用于招商，招聘对油茶产业和绿色农业有情怀的城乡有志之士加盟，经公司考察后任命为“和美庄园”的法定代表人，组成碧翔公司下面一支“拿自己的钱，干自己的事”的基层生产经营大军。当地村民以山地入股，同碧翔公司共同组成当地油茶产业“铁打的营盘”。“和美庄园”负责人不能“一股永逸”，实现村民和公司“双控”的动态管理，几个方面共同构建永久的利益共同体，改变过去“拿碧翔的钱，干碧翔的事”的工作局面，为碧翔油茶产业的全面发展打好种植环节的体制基础。“和美庄园”由 10 户左右农户组成，是整个碧翔体系的最基层生产经营主体单位，他们自主经营，自负盈亏，土地流转费用和每年的劳务工资都折算成股份，收益按股分配。图 5-2 为课题组在调研湖南衡阳市常宁县新柏村。

图 5-2　课题组在调研湖南衡阳市常宁市新柏村

（四）衡阳县友谊村

1. 基本概况。衡阳县溪江乡友谊村地处衡阳县西北方位，距县城 50 千米，2015 年按照国家撤乡并村的行政区划部署，由原来的友谊、大西、沙玲等三个村合并成现在的友谊村。全村现有 29 个村民小组，人口 4000 余人，现有耕地 2600 余亩、林地 4700 余亩。

2. 具体做法与未来规划。衡阳县溪江乡友谊村以“实体公司 + 和美庄园”模式发展藏香猪产业链，吸引乡贤回村，联合村里的经济能人注册村集体入股的混合所有制实体公司，较好地解决了村集体经济发展缺项目、缺资金、缺人才的问题。实体公司负责引进种猪，繁殖小猪，培植上下游产业链，注册品牌商标，打造猪肉品牌销售模式。“和美庄园”具体负责养殖，每个和美庄园的山地规模大都在 150 亩至 200 亩之间，分成 A、B 两园，轮流进行放牧和休耕，循环发展。

目前该村返乡企业家在农村基层创业所遇到的一些困难和障碍，具有相当的普遍性和代表性。该村计划按照 6~10 户的规模，以老屋场为单位组建“和美庄园”，解决土地资源和人力资源分散的问题。图 5-3 为课题组在调研湖南衡阳市衡阳县友谊村。

图 5-3　课题组在调研湖南衡阳市衡阳县友谊村

四、“和美庄园”的优点和特色

（一）破除了“逆城市化”的体制和机制障碍

“和美庄园”模式打通了人才、资金、技术等资源和要素流向农村的通道。过去，到农村搞绿色产业、办农业庄园，向农户一家一户流转土地很艰难，周边矛盾多，政府办证也不方便，因此不少人望而却步。

“和美庄园”模式中，土地流转由村集体完成，不用再逐个和村民讨价还价；流转经营证等法律文件由乡村统一免费办理，省去了很多环节。

（二）实现土地适度规模经营和集约利用

“和美庄园”大体都是6~10户的规模，100多亩山、几十亩田土、一座小水库连为一体，既不会因规模太小影响效益，也不会因规模过大出现土地兼并和资金链断裂，基层干部、村民和开发者都认为这样的规模最合适。农村宅基地改革的“品”字方案，将宅基地以村为单位统一规划，每个“和美庄园”规划一处按新标准可以建10户左右的宅基地，长度80米以上即可。按这个标准建房的村民可以在村中心庄园优惠购置一套120平方米的住房和一处60平方米的经营门面，占地面积只有60平方米，比原来节约宅基地一半以上，接近省里规定的标准，部分村民无地建房的问题迎刃而解，形成“和美庄园”。

（三）激活乡村振兴的内生动力，推动了主导产业的形成和发展壮大

有农业专业公司入驻的农村，由不太好操作的“公司+农户”模式转换成比较好操作的“公司+庄园”模式，有效解决了农业专业公司在农村的管理和发展问题，推动了主导产业的形成和发展；没有农业专业公司入驻的农村，通过引进庄园开发者，同样可以带领农民走特色产业发展之路。

（四）凝聚全社会的集体主义精神，促进了社会管理创新

食品安全、环资保护、规划建设、社会治安、精神文明等工作因为有了“和美庄园”这个可以具体抓落实、考核和制约的载体，管理效率大大提升，还能促进文明乡风建设和社会管理创新。

五、对策建议

（一）支持人才回流乡村

鼓励乡贤能人返乡创业，激活农村的创新活力，在吸引乡贤回来的同时，借助乡情的纽带，搭建返乡的感情联络平台，引导扶持在外乡贤、原籍大学生以及优秀外出务工人员返乡创业。优化招商环境，深化“放管服”的改革措施，出台优惠的政策、提供优质服务，营造返乡创业的良好氛围，确保乡村本土人才“回得来、留得住、能发展”的局面。每个“和美庄园”还要承担安置1~2户城市困难人群的社会责任，让他们实现“乡下有温饱，城里有希望”。

（二）整合优化农民宅基地及住宅的环境结构

乡贤一般都想在自己的老家建大房子、建别墅，最好还能单独圈一个院子，这种做法和中央政策相违背，也和农民群众的利益相冲突。我们同市规划、国土部门推出了农村宅基地改革的“品”字方案。三个“口”，即有条件的三空，不是三处或者三栋，以此改善庄园人居环境，加快“和美庄园”经济发展。在农村基础设施建设方面，重点补齐水利建设这个短板，实施“一个庄园一座水库”，让“和美庄园”实现产业和美、生态和美、环境和美。

（三）优化集体经济组织治理结构

发挥好集体经济组织统筹开发利用集体资源要素的功能，围绕农村集体的资源盘活，发挥好集体经济组织统筹功能，充分利用集体所有土地资源、生态资源，推动农村集体经营性建设用地集约利用，将闲置的农宅、山场、林地统一利用，大力发展新型乡村产业，促进农村集体经济组织壮大。修改完善“和美庄园”农村集体资产管理相关办法，建立集体资产的监管体系。

打一个形象的比方：“和美庄园”就是把一盘散沙的农户通过一种特效黏合剂做成“砖”，农村新型集体经济的“高楼大厦”就可以稳固地建在由这些“砖”筑好的基础之上。

第二部分

乡村建设

第6章

农村养老典型模式研究

——我国3省“农村养老互助幸福院”调研报告

丁志宏　王伟成[①]

内容摘要： 随着现代化进程加快，人口城镇化加速，农村养老面临更多风险，农村失能、空巢独居老人养老问题日渐突出。本报告通过对3省养老互助幸福院的一线考察，发现互助养老模式对于解决农村养老难问题有着诸多优势。农村养老互助幸福院坚持党委统揽、村委主办、多元主体共同参与，地方财政给予支持，能够有效整合基层有限的养老资源，具有管理规范、简便易行、服务对象明确等优点。但农村互助养老也存在不少困境，如传统养老观念浓厚、养老机构护工难找难留、养老机构设施非适老化问题突出、养老幸福院互助养老形式单一、失能半失能老人服务缺失等。笔者认为，解决农村养老问题，要加强医养结合，进一步整合乡镇卫生院闲置资源，推动公立养老机构可对社会需求有限开放，推动民营资本积极进入养老领域，切实提高护工待遇及其社会地位，因地制宜确定幸福院养老服务内容。

关键词： 农村养老；养老服务；幸福院模式

一、研究背景及研究方法

在我国，家庭养老一直是最主要的养老方式，农村尤其如此。费孝

① 本章作者：丁志宏，中央财经大学社会与心理学院教授、副院长；王伟成，中央财经大学社会与心理学院硕士研究生。课题组组长：丁志宏。课题调研团队成员：丁志宏、王伟成、田志。

通在 20 世纪 80 年代初曾对我国家庭养老的代际支持模式进行总结，认为我国的家庭代际支持和西方不同，西方为“接力模式”，我国为“反馈模式”（费孝通，1983）。改革开放以来，随着现代化进程加快，人口城镇化加速，农村人口老龄化不断加剧并高于城镇，如 2020 年第七次全国人口普查显示，我国城市、镇和农村 65 岁及以上老人占比分别为 10.77%、11.81% 和 17.72%。农村老人家庭空巢化、空巢老人失能的现象越发严重；另外，家庭规模不断缩小，农村家庭养老功能不断弱化，传统农村家庭养老在内容和形式上已悄然发生改变，老年人对专业化的养老机构和社区养老服务需求日益增强。其中，在分家居住情况下，独居老人更加艰难，他们孤独去世无人知晓的案例多有发生。然而，目前我国养老基本公共服务均等化还存在明显城乡差异，农村老年群体可获得的养老资源比较有限。在“未富先老”国情下，由国家完全承担养老功能的群体多限于“五保老人”。

目前我国农村实施的养老金和“新农合”政策，尽管有效减轻了老人生活、看病经济负担，但是，社会养老服务资源供给仍然匮乏，依托乡村社区开展居家养老服务任重而道远。因此，在农村家庭养老弱化、社会养老发育不足的当下，亟待探索既能够整合现有养老资源，又能适应农村养老文化，还能最大限度满足农村老人养老需求的养老方式。

（一）国家养老政策研究

党的十八大以来，以习近平同志为核心的党中央高度重视人口老龄化问题。党的十八大报告提出要积极应对人口老龄化，大力发展老龄服务事业和产业，并将“积极应对人口老龄化是国家的一项长期战略任务”写入最新修订的《中华人民共和国老年人权益保障法》。2021 年《中共中央 国务院关于加强新时代老龄工作的意见》中，明确提出要“走出一条中国特色积极应对人口老龄化道路”。

在国家政策层面，政府不断回应、积极探索适合农村的养老方式，农村幸福院互助养老模式自2012年开始在全国试点以来，各地因地制宜开展了多种形式的养老互助。2011年《中国老龄事业发展“十二五”规划》提出，要“把日间照料中心、托老所、星光老年之家、互助式社区养老服务中心等社区养老设施，纳入小区配套建设规划。本着就近、就便和实用的原则，开展全托、日托、临托等多种形式的老年社区照料服务”，实现“家庭养老与社会养老相结合，充分发挥家庭和社区功能，着力巩固家庭养老地位，优先发展社会养老服务，构建居家为基础、社区为依托、机构为支撑的社会养老服务体系，创建中国特色的新型养老模式”。明确提出要以家庭养老和社会养老相结合解决养老问题，第一次将互助养老服务中心纳入五年规划。

农村养老体系建设政策层面，2016年民政部、国家发展和改革委员会公布《民政事业发展第十三个五年规划》，提出要“加强社区养老服务设施建设，在老年人日间照料中心、托老所、老年人活动中心、互助式养老服务中心等社区养老服务设施中配备医疗护理、康复辅具、文娱活动等设备。统筹社区范围内的各类养老服务机构、医疗卫生服务机构、社会工作服务机构、志愿服务组织和服务性企业，提高社区居家养老服务能力和质量”。该规划提出，在广大乡村地区，大力支持农村互助型养老服务设施建设，发挥村民自治组织作用，积极动员村民和社会力量参与运营服务，为农村老年人就地提供就餐服务、生活照顾、日间休息、休闲娱乐等综合性日间照料服务。鼓励城市社区老年人参加各类志愿服务组织和社区邻里互助，开展自助互助养老活动。同年，民政部等16部门在《城乡社区服务体系建设规划（2016—2020）》中特别强调了养老互助这种方式，提出要“发扬农村邻里相亲、守望相助传统，开展以生产互助、养老互助、救助互助等为主要形式的农村社区互助活动和志愿服务，增强农村居民自我服务能力”。

2017年3月，国务院颁布《“十三五”国家老龄事业发展和养老体系建设规划》，提出要加强农村养老服务，“推动农村特困人员供养服务机构服务设施和服务质量达标，在保障农村特困人员集中供养需求的前提下，积极为低收入、高龄、独居、残疾、失能农村老年人提供养老服务。通过邻里互助、亲友相助、志愿服务等模式和开办农村幸福院、养老大院等方式，大力发展农村互助养老服务”，对农村养老互助的载体进行了明确。

2021 年，国务院印发《“十四五”国家老龄事业发展和养老服务体系规划》，提出“加快补齐农村养老服务短板。以村级邻里互助点、农村幸福院等为依托，构建农村互助式养老服务网络。支持乡镇级特困人员供养服务设施（敬老院）增加养老服务指导功能，将专业养老服务延伸至村级邻里互助点、农村幸福院和居家老年人。以行政村为单位，依托村民自治组织和邻里互助力量，建立特殊困难老年人定期巡访制度，督促家庭成员履行赡养扶养义务，提供必要的援助服务，帮助解决基本生活安全问题”。在构建城乡老年助餐服务体系方面，规划提出，重点补齐农村、远郊等助餐服务短板，支持当地养老服务机构、餐饮场所等增加助餐功能，推广邻里互助的助餐模式。丰富和创新助餐服务提供机制，因地制宜采取中央厨房、社区食堂、流动餐车等形式，降低运营成本，便利老年人就餐。同年，在《中共中央、国务院关于加强新时代老龄工作的意见》中，要求“将农村养老服务设施建设纳入乡村振兴战略重要内容，加强与农村建设等政策衔接”。

（二）互助养老概念及学界观点

文献资料显示，对于农村养老问题的解决，互助养老方式越来越受到重视。何谓“互助养老”，学界有不同的界定。陈静等（2013）将互助养老界定为老年人自主选择和政府引导相结合的产物，是基于友爱互助和相互信任的原则，在基层社区实现自我管理和自我服务的形式。张志雄等（2015）认为互助养老有广义和狭义之分，广义的互助养老包括“老老互助”和“轻老互助”，狭义的互助养老就是“老老互助”。所谓

“老老互助”，就是老年人之间的互助，主要体现为健康的老人在生活上照顾、帮助失能的老人。“轻老互助”就是在一定范围内（主要是社区或村庄），年轻人作为志愿者，在生活照料、精神慰藉等方面帮助老人。

在古代，互助养老的实践主要是以血缘关系为纽带的家族内部亲友互助，老年人是主要的救助对象，如宋代的“义庄”。中华人民共和国成立后，农村养老以“自我保障”为主，家庭内部的代际互助和家庭间的血缘互助成为农村互助的普遍现象（干咏昕，2013），但农村互助关系发生一定变化：血缘互助范围缩小，家庭内部互助增强；女性在姻亲关系中互助作用日渐突出；人民公社作为地缘性互助关系得到强化（卞国凤，刘娜，2010）。改革开放之后，民间社会经济传统有一定程度的复归，农民自己构建了“自助为主，互助为辅”的福利模式，填充了人民公社解体后农村社会保障的“真空”（王铭铭，1997）。随着经济社会的进一步发展，农村老年人的经济保障得到一定程度改善，国家对“五保老人”采取集中供养和分散供养方式，解决了他们的晚年生活问题。新的时期，农村老年人经济条件得到进一步改善，但老年人的精神慰藉和失能老人照顾问题日趋严峻，特别是在乡城流动加剧背景下，农村留守老人的养老问题面临更大风险。为此，农村出现多种形式的互助，有血缘性互助、姻缘性互助和地缘性互助（卞国凤，刘娜，2010）。高和荣等将互助养老进一步分为宗族型、姻亲型、邻里型、社区型四类（高和荣，张爱敏，2014）。同时，各地也基于本地的文化、经济、社会发展等状况，开始了因地制宜的互助养老实践，如陕西米脂的邻里互助养老模式（王璐，刘博，2012）、湖北恩施的老年协会模式（卢艳，张永理，2015）、浙江省舟山市的“银龄互助”（周作斌，2014）、福建罗源模式等。2008年，河北省邯郸市肥乡区前屯村成立“互助幸福院”，专门解决单身独居老人养老困境，其特点是集中居住，互助养老，自我管理，自我服务，解决老人的精神慰藉和生活照顾问题。该模式引起政府的关注，2012 年，民政部开始在全国试点推广，并获得政府的资金支持和政策引导。自此，以养老幸福院为载体，多种形式、因地制宜的养老互助如雨后春笋般发展起来。在国内互助养老发展过程中，对于面临的困境和挑战，也有一些学者对国外互助养老发展加大研究和引介力度，如德国非血缘关系的多代居互助养老模式，包括老人免租金让大学生入住自己房屋的“祖孙共居”模式（乔琦，蔡永洁，2014），日本的“町内会和自治会”“时间银行”等（郭丹阳，2013），美国的“国会山村庄”会员制互助模式（王强，2013）。

学界普遍认为，国外的互助养老模式在我国可能存在“水土不服”问题，我国在各地试点的以养老幸福院为载体的互助养老虽然存在一些问题，但农村互助养老对解决农村养老当前面临的问题有诸多优势：其一，我国互助养老有很好的历史文化基础和社会基础，而且从 2012 年开始，在全国开展了广泛深入的服务实践；其二，当前农村老人完全失能和重度失能的毕竟是少数，绝大部分老人身体都比较健康，有老年人之间独立互助的条件；其三，互助养老能够有效整合资源，采取低成本方式运行，能够较好地解决农村老人在精神慰藉和生活照顾方面的困境（郭丹阳，2013；金华宝，2014）。

（三）农村互助养老案例的特点及选择

本章在总结农村养老典型案例时，着眼于对农村养老互助幸福院（以下简称“幸福院”）的分析。课题组选择了河南省周口市太康县、河北省邯郸市肥乡区和陕西省杨凌示范区杨陵区的幸福院作为调研及分析案例，原因主要有以下几点。

其一，太康县的“五养模式”是近年以幸福院为载体发展起来的农村综合养老模式，《光明日报》《人民日报》《经济日报》等媒体都做过比较详细的报道，在全国影响较大。其二，肥乡区前屯村在全国最早建立农村幸福院，2012 年经民政部考察后，在全国试点推广。其三，我国养老的重点和难点在农村，解决好中西部地区农村养老问题是解决农村养老问题的核心和突破口，陕西省杨凌示范区杨陵区集体经济较好，是陕西省较早实现幸福院全覆盖的地区。其四，农村养老问题的解决，一个重要任务就是完善农村养老服务体系，整合农村养老资源，补齐农村养老服务短板。由于农村机构养老是农村养老体系的重要组成部分，特别是公立养老机构，在解决农村“五保”老人养老问题上发挥兜底作用。因此，本项目除了调研幸福院外，也对农村地区的机构养老（包括公立机构和私营养老机构）进行了调研。

二、河南省周口市太康县的“五养模式”

（一）“五养模式”介绍

1. 集中供养

集中供养主要破解农村特困人员（无收入来源、无赡养人、60 岁及以上）集中供养整体服务水平偏低的难题。按照“县级主导、乡镇主办、入住自愿、管理规范”原则，针对身体条件较好、距乡镇敬老院较近、愿意离家生活的特困老人，由县财政投资在每个乡镇改扩建一所容纳 100 人以上的敬老院。2018 年太康县投资 2600 万元，对现有 16 个乡镇敬老院实施升级改造，把 3 个乡镇的闲置学校改建成敬老院，完善功能设施，营造舒适环境，增加供养容量。明确乡镇民政所所长为敬老院法定代表人，选配一名责任心强、有爱心、有热心、有耐心并具备一定组织协调能力的人员为院长，负责日常管理服务。敬老院建立健全各项管理制度，工作人员经培训后持证上岗，为特困老人提供规范化服务，实现“进得来、留得住、生活舒心”的目标。

2. 居村联养

推行居村联养，有效破解农村特困人员“不离村、不离家”的养老难题。对不愿离开老家、老友、老窝的特困老人，按照“三方来联亲，村级唱主角，县级搞奖补，养老不出村”的要求，原则上每个工作区设 1 个居村联养点，实行“居村抱团养老”，满足特困老人“养老不离家、就近养老”需求。行政村党支部书记或有爱心的成功人士负责投资经营，出资把村内闲置民居等改造为居村联养点，实现“十二有”（有房间、有床铺、有空调、有电视、有厨具、有淋浴、有水冲厕所、有消防设备、有娱乐设施、有专职炊事员、有监控设施、有一个带钥匙的小柜子）。参照敬老院做法，聘请专人管理，拨付供养费用，选配工作人员纳入县公益岗位，负责照顾供养对象日常生活，建立医疗档案和医疗绿色通道，遇到生病等特殊情况及时送医救治。太康县采取以奖代补办法，引导社会力量大力发展政府扶得起、村里办得起、农民用得上、服务可持续的互助养老设施（如图 6-1 所示）。如太康县大许寨镇葛花李村居村联养点，是由该镇工作区内 3 名党支部书记新建的，坚持市场化运作，2018 年以来投资 100 多万元，利用旧村室改新建房屋 74 间，入住特困老人 47 人。

图 6-1　课题组在河南省太康县居村联养点调研

3. 社会托养

推行社会托养，有效破解农村失能半失能特困人员的看病和护理难题。按照“选准入住对象，用好医保政策，整合医疗资源，实现医养结合”要求，着力解决失能、半失能和身体有慢性病的特困老人养老问题。利用县域内民营医院、乡镇卫生院的医疗资源建设社会托养中心，提供治疗期住院、康复期护理、稳定期生活照料，以及临终关怀一体化的社会托养服务。签订托养合同，拨付供养费用，县财政对特困人员实行医疗兜底政策。

4. 亲情赡养

坚持弘扬孝道文化，推行亲情赡养，有效破解有亲属关系但无赡养义务的特困人员生活、就医等方面的保障难题（如图 6-2 所示）。实行“两自愿、两保障、两监督”，即亲属自愿、特困人员自愿，特困人员生活有保障、赡养人报酬有保障，村委监督、社会监督，重点解决身体健康、家中有财产、不愿入住居村联养点的特困老人养老问题，实现“居家养老”。由村“两委”干部引导近亲属与特困人员签订亲情赡养协议，将老人接回家中“合锅合住”，共同生活。把特困人员的供养费、责任田承包权等财产作为赡养人的报酬，并进行司法公证、村内公示，村新风协会跟踪监督。

图 6-2　在河南省太康县亲情赡养点调研

5. 邻里助养

推行邻里助养，有效破解农村身体健康、住房安全、无亲情赡养人又不愿意离开的独居特困老人的养老难题。实行“双方自愿，政府辅助，村级引导，社会监督”原则，主要针对个别不愿意离开家、无近亲属但有街坊邻居愿意照顾的特困老人。由行政村党支部引导双方签订邻里助养协议，特困老人生活等费用从其供养费中支出，为特困人员提供洗衣做饭、打扫卫生、看护陪护等助养服务，村新风协会监督。根据助养工作量，开放行政村保洁员、护路员、护林员等公益岗位优先向助养人倾斜，取得每月 200~300 元的报酬。

（二）“五养模式”的主要做法

1. 强化组织领导

县委、县人民政府成立太康县农村特困人员“五养模式”推进工作领导小组，由县长任组长，下设五个工作组，具体负责“五养模式”推进实施，民政、卫健、扶贫、财政、发改、医保等部门齐抓共管，信息互通，资源共享，形成政策合力。县委主要领导召开县委常委会、现场推进会、经验交流会，研究解决工作推进中出现的问题，促进工作顺利开展。

2. 强化政策扶持

着眼群众需求，加大对特困人员集中供养政策扶持力度。对新建居村联养点，经验收合格且正常稳定运营后，按入住特困人员每人 15000 元的标准给予一次性奖补；对利用旧村室、闲置学校、闲置房屋等改造的居村联养点，按入住人员每人 10000 元的标准给予一次性奖补。对建立医养结合养老院，每接收 1 名失能半失能特困人员，县财政一次性给予建设运营启动补贴 3000 元。集中供养、居村联养、社会托养机构的入住人员供养经费参照乡镇敬老院标准执行，对失能、半失能和全自理的特困人员分别按 1:1.5、1:4、1:10 的比例配备工作人员，按 1:20 的比例配备炊事员，优先聘用贫困家庭劳动力，每人每月工资 1500 元，列入县财政预算，对集中供养的特困老人每人每月发放 150 元的零用钱。

3. 强化规范管理

开发太康县农村特困人员“五养模式”管理系统，把全县特困人员的基本信息、供养方式、供养单位、生活习性、健康状况全部录入系统，实行动态管理。建立了覆盖全县所有乡镇敬老院、居村联养点、社会抚养点的网络管理监管平台，随时掌握运行状况。对全县集中供养托养机构实行五星级管理，定期督查，奖优罚劣，促使晋位升级。

4. 持续拓展提升

针对目前农村人口老龄化、需求个性化、供给社会化的特点，太康县按“巩固、规范、拓展、提升”八字方针，不断深化拓展“五养模式”内涵和外延，着力构建社会化参与、市场化运营、规范化管理、法制化监督的工作格局，打造以居家为基础、以机构为支撑、医养结合的养老服务体系。提高了管理成效，确保了规范运行。如试住留院，就是全县居村联养点利用现有养老平台资源，用市场化的办法，对于有入住或日间照料意愿的留守老人，填写 60 岁以上老人养老需求表后，可免费试吃一周，根据个人意愿决定是否入住。再如互助兴院，开展结对帮扶，年纪轻的、身体好的与年龄大的、身体不好的结成帮扶对子，做到爱心接力、棒棒相传。还有以院养院，每个居村联养点都租地建有半亩以上的“小菜园”，努力开展适合老人制作的手工加工项目，释放更多劳动力，增加老人收入，实现“老有所用”。

（三）“五养模式”的成效

“五养模式”整合了政府、社会、家庭多方资源，满足农村老人多层次、多样性的医护和养老需求，取得良好效果（如图 6-3 所示）。

图 6-3　对河南省太康县“五养模式”成效的访谈

一是补齐民生短板，解决了农村特困人员基本养老难题。全县特困人员一日三餐有人做、四季衣服常换洗、生病有人医、住房有空调，生活保障得到彻底改变。如张集镇马菜园村 80 岁的半失能特困人员齐中杨，入住永兴医院托养中心后，治好了不能伸直的双手，高血压、老慢支等也有好转，他逢人便说：“党的政策好，吃饭有人端，生病有人看，真托了共产党的福。”

二是坚持分类施策，因地制宜，提升乡村治理能力。农村特困老人和留守老人属于弱势群体，长期处于边缘化、少人问津。“五养模式”探索社会化分类、分层次治理，实行“菜单式”养老，使特困老人享受到有尊严的生活。目前，全县 1000 多名独居老人被亲属接回家中赡养。村党员干部经常走村串户，讲政策、做工作、解难题。农村老人生活质量、幸福指数明显提高，基层党组织凝聚力、号召力得到增强。

三是搭建了农村养老平台，释放了生产力，积极助力乡村振兴。“五养模式”实行以院养院，大力发展院办经济，全县供养机构返租土地种植蔬菜，基本满足了生活用菜需要，还开展插花、穿珠等老年人力所能及的手工加工项目，开办了老年人食堂、日间照料中心、生活超市等，实现老有所为。采取市场化运作方式已向社会留守老人及建档立卡的重病重残人员拓展，实现了“托养一人，解放全家”的目标，为巩固脱贫攻坚成果、实现乡村振兴提供了有力支撑。

四是推动乡风文明提升。随着“五养模式”良性运行，各界爱心人士纷献爱心，涌现出一大批敬老助老模范，凝聚了向上向善、孝老爱亲的正能量。全县开展德行善捐活动，累计收到社会各界捐赠现金3000多万元、图书50万册、衣物2万余件。高贤乡“中国好人”“全国脱贫攻坚先进个人”陈国厂把自己筹资600万元建设的医疗护理型养老院捐给了乡政府。

（四）“五养模式”的特点

1. 针对老年人需求，实现有效供给

乡、村干部和网格员从了解本辖区老人的基本需求开始，为特困老人（无收入来源、无赡养人、60岁及以上）介绍“五养模式”。基于老人不同需求，采取不同养老方式，实行“菜单式”养老。针对身体条件较好、距乡镇敬老院较近、愿意离家生活的特困老人采取集中供养；对失能、半失能和身体有慢性病的特困老人采取社会托养；对有亲属关系但无赡养义务的老人采取亲情赡养；对身体健康、住房安全、无亲情赡养人、不愿意离开的独居特困老人实行邻里助养。在集中供养点、社会托养点、居村联养点，先让老人试住一段时间，老人感到满意后再住进来。这样，住进供养点的老人吃饭有人做，生活有人照顾，老人一起聊天，解决了精神孤独问题，实现了住得安心、舒心和放心的目标。

2. 不大拆大建，充分利用、整合闲置资源

在集中供养点，对过去的敬老院进行部分改造，增加和完善必要的生活设施。在社会托养点，充分利用乡村卫生院部分空置床位，对失能半失能老人进行照顾。在居村联养点，利用村里闲置的村室或闲置学校（对学校进行简单改造，增加必要生活设施和娱乐设施），让生活能够自理的老人在一起居住、生活。

3. 规范管理，避免了各种纠纷的发生

“五养模式”中，每一种养老方式开始实施时都签订了协议。如社会托养中，当老人正式入住托养中心后，医院和老人或家属要签订托养合同，对生活、费用、护理、安全等进行规定。即使是亲情赡养，将老人接回家中“合锅合住”，村“两委”干部也要引导近亲属与特困人员签订亲情赡养协议，把特困人员的供养费、责任田承包权等财产作为赡养人的报酬，并进行司法公证、村内公示，村新风协会跟踪监督。这种做法有效避免了纠纷发生时无法解决的困境。

4. 满足社会老人需求，实行“两条腿”走路

无论是集中供养，还是社会托养和居村联养，除解决特困老人养老问题外，还对社会开放。如留守的失能老人，因为子女在外无法照顾，他们在征得父母同意的情况下，让父母住进以医院为依托的社会托养机构，子女每月缴纳 2000~4000 元费用，这样，父母生活不仅得到专业化的照顾，子女也能从照顾中解放出来，安心工作，社会托养点也能增加收入，解决员工收入低的问题。

三、河北省邯郸市肥乡区养老互助幸福院

（一）建设养老互助幸福院的主要做法

1. 坚持“村级主办、互助服务、群众参与、政府支持”原则

一是村级主办。明确幸福院是村民自治组织，为本村老年人提供服务，村集体是兴办主体，是建设者、组织者、管理者。幸福院主要由村集体出资，也可利用集体闲置房屋整修改造或新建，村集体承担水、电、暖等日常开支，区财政在建院、设施配备、运行管理等方面给予补贴。

二是互助服务。幸福院不设专职服务人员，老人们通过互助实现自我服务、自我管理。按照子女申请、老人自愿原则，凡年满 60 周岁、生

活能够自理的独居老人，由其子女或本人申请，与村委会签订协议后免费入住，而老人生活和医疗费用由子女承担。

三是群众参与。动员农村群众和社会各界参与幸福院的建设和运营，鼓励有实力、有爱心的单位和个人为幸福院捐款捐物。

四是政府支持。政府鼓励利用集体闲置资产兴办幸福院，鼓励新民居建设示范村配套建设幸福院，在用水、用电、取暖等方面按非营利性对待，在立项、用地、税费等方面实行优惠政策，通过“一事一议”、财政补贴、部门帮扶、社会捐赠等途径筹集建设资金。强调经济实用、简便易行，强调尽力而为、量力而行，推行新建、改扩建和租赁三种建设形式（图 6-4 为河北省邯郸市肥乡区农村养老座谈会）。

图 6-4　河北省邯郸市肥乡区农村养老座谈会

2. 多措并举，提高养老互助幸福院建设和管理能力

一是加大行政推动力度。设立由区委书记任政委、区长任指挥长的农村幸福院建设工作指挥部，建立由区“四套班子”领导每人负责一个农村幸福院的工作制度。同时，区委、区人民政府与各乡镇、各有关部门签订责任状，把幸福院建设纳入对各乡镇、各有关部门的年终考核目标，形成层层抓落实格局。

二是加大资金支持力度。通过“一事一议”、财政补贴、部门帮扶、社会捐赠和义务出工五种途径，筹措幸福院建设配套资金，推进农村幸福院的建设。同时，区财政按每年每名老人 500 元的标准给予补贴，用于幸福院设施设备的更新维护和管理运行。

三是加大社会参与力度。鼓励社会各界大力支持、扶持幸福院建设和运行，动员全区广大党员干部广泛深入幸福院解决实际问题，开展敬老爱老献爱心活动。如卫生部门定期组织医院医务人员到幸福院免费为老人检查身体，教育部门不定期组织学生到幸福院开展敬老、爱老、助老活动，文化部门不定期组织文艺团体到幸福院开展文艺活动。

四是坚持逐步完善的原则。依据“积极推进、先期运行、逐步提高”思路，在全面巩固已建幸福院的基础上，集中资金重点打造，促进幸福院逐步提升扩容、提档升级，达到示范型标准，即建筑面积 300 平方米以上，宿舍、餐厅、厨房、活动室、浴室、取暖、消暑等设施齐全，床位 15 张以上，组织健全，制度完善，管理规范。

五是实施“1+X”创建模式。加强同警务室、村卫生室、村“两委”办公室、村图书室、文化活动室、农村留守儿童之家、老年协会、老年服务站等建设相结合，创建以幸福院为载体的多种社会管理新模式，有效整合组织、卫生、公安、文化、教育等部门的资源，解决幸福院建设资金不足问题，拓展幸福院服务功能。

六是强化规范运行。普遍实行“三书、二卡、二账、一本”制度（即申请书、承诺审批书、入住协议书，老人信息卡、健康登记卡，物资账、现金账，院务活动记录本），实现入住程序和档案管理规范化。幸福院建立了物品配备登记台账和定期检验维修制度，确保物品有效使用。各乡镇、村和幸福院建立了安全领导小组，明确安全管理责任人，确保老人生活安全。

七是创新发展老龄产业。以幸福院为基地，以区、乡、村三级老年协会为载体，以“肥乡区幸福院老年人手艺品”为品牌，充分发挥老年人余热，积极组织幸福院老年人制作虎头鞋、剪纸、十字绣、藤椅编织等产品，使老人在老有所养、老有所乐基础上，享受老有所为的幸福（图 6-5 为河北省邯郸市肥乡区天福安养院）。

图 6-5　河北省邯郸市肥乡区天福安养院

（二）养老互助幸福院的突出特点

一是整合资源，有效解决农村养老高投入问题。利用集体闲置房屋等资源，由集体出资整修改造，承担水、电、暖等日常运行开支，全年也不足万元，不收取老人任何费用。解决了农民一家一户养老难以解决的土地、房屋和设备问题，为全村独居老人提供了良好的居住和生活条件。

二是集中居住，有效解决老人精神孤独问题。老人们在一个村庄生活多年，生活习惯相近，有更多共同语言，在一起生活，相互聊天，晚年生活不再孤独。为让老人开心，幸福院还配置了健身器材和娱乐设施，经常举办秧歌、戏曲等文化活动，丰富老人精神生活。

三是充分发挥互助功能，大大降低管理成本。院里不设专职服务人员，由身体较好的老人照顾身体较差的老人。为调动老人积极性，把老人分成若干组，分别负责值班、厨房、菜园、调解等工作。互助服务既解除独居老人急病发作身边无人知晓的最大隐忧，还调动了老人自治自助主观能动性，降低了运营成本。

四是符合农村老人在家养老需求。一是生活环境不变。老人没有离开自己熟悉的村庄，心理上感到亲切；二是住在幸福院的老人都是本村的老人，有共同语言和爱好，容易形成共识；三是子女早晚可随时看望，有在家养老的感觉。

（三）养老互助幸福院运行的社会效果

1. 老年人生活质量得到明显提升

独居老人在家里孤苦伶仃，生活没有规律，吃饭不讲究，小病自己扛，大病没人知。幸福院冬有暖气、夏有空调和电风扇，基本生活用品齐全，做饭互相帮，吃饭有关照，小病有照应，大病急病及时通知子女。幸福院为老人配备了电视机、象棋、乐器、健身器材等设施，开辟了花圃、菜地，阅历相似、习惯相近的老人共同生活，一起聊天、下棋、打牌、听戏等，满足了老人的精神需求，实现了“抱团养老，就地享福”（如图 6-6 所示）。

图 6-6　课题组在肥乡区幸福院和老人交流

2. 强化了社会孝老敬老爱老的氛围

幸福院不仅为老人提供了一个老有所养、老有所乐的场所，更为解决农村养老问题、树立敬老爱老的社会风尚提供了平台。一方面，幸福院成了子女孝敬老人的窗口，那些来得勤、送东西多的子女受到好评；那些来得不勤、送东西少的子女往往会受到非议甚至谴责。孝风带民风，不良习气在农村的存在空间越来越小。另一方面，幸福院又搭建了一个敬老爱老的平台，如卫生部门定期组织医务人员到幸福院，可以很方便地免费为老人检查身体等。

3. 凝聚五方力量和智慧，共同推进幸福院建设

一是村集体的力量。村集体投入了房产和运营资金，完成了一家一户难以完成的工作。二是老人子女的力量。承担了入院老人的日常生活开支。三是农村老人的力量。他们彼此协助，大大降低了幸福院运行成本。四是社会的力量。很多人自愿为幸福院提供房屋或捐款捐物，开展志愿服务，支持幸福院建设。五是政府的力量。政府积极推动建设，并给予运营补贴。

四、陕西省杨凌示范区杨陵区的农村养老

杨陵区是陕西省杨凌示范区管理的唯一县级行政区，区内现有养老机构 3 所（杨陵区福利院、杨凌水韵天伦居老年公寓、怡馨养老中心），农村幸福院 51 所，社区日间照料中心 19 所，居家养老服务站 4 所，示范养老服务中心项目正在加紧建设。基本实现了农村幸福院和社区日间照料中心全覆盖。

（一）养老互助幸福院的主要做法

1. 坚持“党委领导、政府主导、村级负责”的原则

建立了“党委领导、政府主导、村级负责”的农村幸福院建设管理

工作机制，成立了区、镇、村三级农村幸福院建设项目领导小组，具体负责审定农村幸福院的项目选址、建设规模以及资金来源等事项，确定专人协调解决建设过程中遇到的实际困难和问题，有力推动了工作顺利开展。

2. 科学规划，稳步实施，推进农村幸福院建设

在综合考虑村庄、人口分布及区域经济发展情况等因素的基础上，统筹制定农村幸福院建设规划。选址方面，本着“够用、安全，新建与改建相结合”的原则，充分利用闲置校舍、村委会旧址、民房等资源，建设规模不低于 150 平方米的养老幸福院。杨陵区人民政府制订《农村幸福院建设项目实施方案》，明确建设标准、目标要求、人员责任及完成时限，对按期完工并经过区发改、民政、财政、国土、审计、住建、国资等项目领导小组考核验收合格的，给予村委会每所幸福院 8 万元的建设资金补助。设施配套方面，通过政府采购，统一为幸福院配备电视、冰箱、消毒柜、压面机、床铺、餐桌等基本设施。

3. 健全制度，规范服务，筑牢幸福院的管理机制

实行“区镇指导监督、村级管理为主”的模式，加强幸福院的运营管理。一是成立管理机构，在村“两委”指导下成立 3~5 人的管理委员会，院长由村支部书记（村委会主任）兼任，其他成员从入住老人中民主推选产生。二是建立幸福院的入院管理、健康档案管理、伙食管理、食品卫生安全、财务公开、志愿服务、安全管理等系列制度，并上墙公开（如图 6-7 所示）。三是规范财务管理，账务实行一月一结算、一月一公布、一月向村“两委”汇报一次，实行民主管理、民主监督。四是强化业务培训，每年对管理服务人员进行不少于 2 次的业务知识和医学素养知识培训，提高管理服务人员的服务意识和能力，突出精细化、个性化服务。五是建立考评机制，每年对幸福院管理运营情况进行综合考评，对获得优秀、良好等次的给予 3000~10000 元的奖励资金。

图 6-7　陕西省杨凌示范区杨陵区西卜村幸福院的食谱

4. 多方聚力，形成幸福院运行的长效机制

幸福院运行经费主要通过入院老人缴纳、村集体投入、政府补助、社会捐助等途径解决。一是加大政府投入力度。对入院老人在 15 人（含 15 人）以下的，每年给予炊事员工资补助 1.8 万元；入院老人在 15 人以上的，补助 2.4 万元。对幸福院的水、电、燃料及管理维护等日常运行费用，每年补助 1 万元。对入院老人的用餐费用，除老人缴纳以外，每人每月补助 100 元，入院“五保”老人用餐费用由政府补助。二是发动社会力量和爱心人士捐助，支持幸福院运营。如杨陵区揉谷镇新集村村民李军民捐赠 10 万元，为幸福院购置了接送老人车辆。三是村集体对幸福院运行资金给予适当补贴。

5. 统一标准，试点先行，实现幸福院的整体提升

2019 年，区民政局制订《杨陵区农村幸福院示范点建设方案》，从改善设施条件、营造浓厚氛围、健全管理制度、提高膳食标准、丰富助老活动五个方面明确了试点标准（如图 6-8 所示）。一是改善设施条件。各村按照标准对现有场所及设施进行改造提升，合理设置布局功能室，配齐配全必要设施，做好室内外墙面粉刷和地面处理，有条件的村

还可给幸福院开辟一块菜园，配置一套健身康复器材。二是营造浓厚氛围。以“温馨”为主题，打造“家”的感觉，在老人活动场所布置中国结、工艺辣椒串、全家福、剪切画等既有农村特点又能营造“家”的味道的小点缀，室外墙以孝文化为主题，宣传传统文化和孝文化。三是健全管理制度。加强幸福院精细化管理，完善管理制度，健全管理档案，与每一位入院老人签一份入院协议书、办一张老人信息卡、建一套健康档案，完善一份老人花名册，设立一个好人榜和一个财务公开栏，所有管理制度上墙。四是提高膳食标准。根据老人饮食习惯，合理安排食谱，早餐保证有一个鸡蛋、一杯牛奶，中晚餐有一荤一素一汤，每天不重样，保证老人膳食营养。五是丰富助老活动。定期组织、引导党员干部、青少年、志愿者到幸福院开展助老服务。充分发挥村老年协会作用，组织退休干部、老教师、老艺人成立自乐班，入院开展文化娱乐活动，营造尊老敬老爱老氛围。

图 6-8　陕西省杨凌示范区杨陵区养老幸福院的餐桌

6. 资源整合，协同发力，筑牢幸福院的服务机制

整合各方资源，开展多样化服务。例如，区民政局为每所幸福院购置了红外线治疗仪、按摩椅等保健理疗康复器材；区文体局为每所幸福

院配备图书及书架，添置体育健身器材，并积极开展送文艺下乡活动，在幸福院每月放一场电影，每季度举办一场文化演出活动；团区委协调西北农林科技大学团委组建52支“田园使者”志愿服务队伍，对口52个幸福院，每月至少开展2次志愿服务活动。在幸福院，组织有文化、视力好的老人给大家读报纸、讲故事，组织厨艺好的老人主动帮厨，组织能歌善舞的老人带领入院老人唱歌跳舞，丰富老人文化生活。

（二）社会福利院的主要做法

杨陵区社会福利院为区民政局下属全额事业单位，占地17.28亩，建筑面积5000余平方米，2009年投用运行，中心敬老院内设床位80张，在解决城乡特殊困难老人集中供养问题的基础上，也满足了社会老人的托养要求。

1. 加强基础设施建设，提升适老化水平、改善居住环境

一是完善基础设施。近年来，福利院完成了提升改造工程，消防喷淋设施改造，公共区域地面防滑设施改造，绿化、亮化改造工程等；居室安装无线呼叫系统，并对院内主要公共区域进行无障碍设施改造。二是在绿化、亮化方面，在福利院新栽桂花树、玉兰等，建设休闲凉亭、小型花园、开心农场，对老人楼进行亮化提升改造，使院内面貌焕然一新。三是改善居室环境。对居室墙面用竹纤维板进行装饰，对老人居室、卫生间、床、电视柜、衣柜、面盆、马桶、窗帘等生活设施进行更换，为老人营造了温馨舒适的居住环境。四是完善配套设施。对餐厅装修改造，更换一批适老化餐桌椅；配置空气消毒机、训练台阶、按摩椅等一批医疗、康复设施器材；将原有会议室改为活动室，增设阅览室、书画室，配置麻将桌、象棋、书架等设施。

2. 推行精细化服务，提升养老服务水平

一是全体工作人员树立“四勤”“五心”服务理念。工作当中做到嘴勤、眼勤、脚勤、手勤，以爱心、耐心、细心、真心、责任心做好服

务，切实做好老人日常照料护理、医疗康复、餐饮服务、安全防护等服务。二是分类分区管理。对供养对象按照失能、半失能标准，分类分区管理，制定护理“一日流程”。三是开展温情互动活动。利用春节、重阳节、中秋节等传统节日，与老人共同参与文艺表演、做游戏、共吃团圆饭等，让他们感受大家庭的关怀与温暖。四是开展结对帮扶。每名员工结对帮扶 1~2 名老人，每月进行一次谈心谈话，及时了解老人的心理需求和愿望，增进员工与老人的感情交流。

3. 加强制度建设，强化日常规范管理

一是对现有的规章制度进行完善，健全院内各项管理制度、操作流程、应急预案，使所有人员都能严格按照工作标准和操作流程做好各项工作。二是坚持抓好安全管理。按照“预防为主，安全第一”和“一岗双责”原则，与所有工作人员签订安全生产目标责任书，明确职责任务。实行全员值班和全年 24 小时值班制度，定期开展安全隐患排查。三是开展医养结合，与医院签订医养结合协议。医务人员定期举办老年病预防知识讲座，提高老人自我保健意识，每周上门为老人查体问诊，为需要住院治疗的老人开辟绿色通道，通过先治疗后结账的方式，方便老人就医，做到小病不出门，有效解决老人看病难的问题。四是加强膳食管理。定期走访老人，征求意见修改食谱，做到每周饭菜不重样，饭菜做到荤素搭配、营养科学，让所有老人吃得安全、放心。

4. 加强队伍建设，提高业务水平

一是积极组织人员参加省厅“千人计划”养老护理员培训，通过培训使所有护理员做到持证上岗。二是每季度开展一次业务比赛、每半年进行一次业务交流，不断提高业务技能水平；定期邀请医院医护人员为院内工作人员进行医务知识培训，不断提高业务水平和护理技能。三是强化考核考评，与员工签订岗位承诺书，将目标任务分解到人，实行日督查、月考核，并将考核结果与工资挂钩，不断提升服务水平。

5. 倡导人文关怀，注重老人的精神慰藉

为让老人活得更加健康、快乐，福利院确立“年年有计划、月月有活动、周周有安排、天天有项目”目标，在福利院开辟一块空地，让喜欢种地的老人可根据季节变化种植应季蔬菜，发挥余热。在劳动节、端午节、重阳节、中秋节、国庆节等节日开展文艺演出活动。开设活动室、阅览室、书画室等，丰富老人文化生活。

（三）陕西省杨凌示范区杨陵区养老服务的特点和成效

调研发现，陕西省杨凌示范区杨陵区的农村幸福院和福利院的运营、管理、服务呈现如下特点。

一是经费保障有力。在经费投入上，建立“四个一点”（政府补贴一点、村集体出一点、老人个人交一点、社会捐赠一点）的经费保障机制，合理增加幸福院运行投入，保障幸福院正常运转。

二是管理精细规范。统一了幸福院就餐标准、成本管理要求和各项管理制度，区民政局制定了《杨陵区农村幸福院星级评定办法》，建成幸福院监控信息平台，推进幸福院管理向标准化、规范化迈进。在福利院中，全体工作人员树立“四勤”“五心”服务理念，切实做好老人各项服务。

三是整合资源，老人可获多项服务。将幸福院与村委会、卫生室、警务室邻近建设，将各项资源向幸福院倾斜，老人不仅可以集体吃饭，饭后聊天，还可获得看病、体检、安全等各项福利。

四是各界积极参与农村养老。养老幸福院和福利院的发展中，得到了各种社会力量的帮助，如当地高校学生利用平时和寒暑假时间，经常去养老幸福院或福利院调研和实践，给老人表演节目，和老人聊天。另外，社会捐赠也比较踊跃。

基于上述各项政策保障措施，杨陵区养老取得显著成效，一方面，高龄、空巢自理老人部分基本养老需求得到满足。幸福院内设有厨房、餐厅、活动室、休息室、阅览室等基本功能室，村留守老人、孤寡老人可就近吃饭、规律吃饭，开展娱乐活动，生活得到了照料，孤独感也没有了。另一方面，失能、半失能老人的照护需求在机构中得到满足。护理人员协助失能、半失能老人洗漱、进餐，为长期卧床老人翻身、擦身、换药，失能、半失能老人得到了专业化服务（如图 6-9 所示）。

图 6-9　陕西省杨凌水韵天伦居老年公寓

五、典型案例调研结论

（一）农村开展养老互助幸福院的经验总结

1. 始终坚持党委统揽、村委主办、多元主体共同参与原则

在经济比较薄弱的农村，互助养老的发展需要政府、村委组织、入住老人及其家属以及社会其他力量的共同参与，这样可聚合社会各领域的资源与智慧。

调研发现，幸福院都需要在当地县委、县人民政府主导下开展，乡村振兴、民政、卫健、财政、发改、医保等部门齐抓共管，信息互通，资源共享，形成政策合力，共同推进。幸福院的建设和管理，村委会发挥主要作用，是幸福院的建设者、组织者和管理者。

2. 地方财政支持保证了养老幸福院的可持续发展

家庭联产承包责任制后，农村集体经济大大削弱。因此，农村互助养老没有地方财政的前期支持是不可能发展起来的。调研中看到，养老幸福院开始建设的资金，后期设备购买及维修，厨师的聘用，用水、用电、取暖等，都列入县级财政，这样才能保证养老幸福院的持久发展和连续服务。

3. 有效整合资源，实现规范管理有助于提升农村养老能力

随着城镇化推进，农村闲置学校、村室、民居比较多，绝大部分农村幸福院都是利用废旧学校、卫生院（室）、村委办公室、敬老院改造而成。如太康县集中供养点就是对过去敬老院进行部分改造而成的，这大大降低了幸福院建设的成本。幸福院和养老机构的规范管理，避免了养老过程中产生不必要的纠纷，有效提升了养老服务能力。

4. 发展农村养老必须坚持因地制宜原则

农村互助养老在乡村社会网络中，受乡村社会环境影响。幸福院必须要坚持因地制宜原则，嵌入当地乡村社会。换言之，幸福院的养老服务对象、内容、标准等要符合当地经济、文化、社会的实际情况。如在幸福院的服务对象上，太康县不仅针对能自理的老人，对失能、半失能老人的需求也能满足。但在肥乡区和杨陵区，主要服务的对象是独居空巢的能自理老人，主要目的是减轻他们的孤独感和生活的不安全感。

5. 以老年人的需求为导向，逐步推进农村养老体系建设

坚持需求导向，以老人最为需要的养老服务为突破口，逐步推进农村养老服务体系建设。在服务对象上，可以首先针对失能、失智老人开展，然后再针对能自理老人；在服务内容上，可以先发展老年人照料服务，然后满足老人的精神慰藉，最后实现老有所为服务；在养老院建设上，可以先开展生存型空间的适老化建设，随着条件的改善，再改善发展型空间的适老化水平。在经济基础比较落后、资金不充足时，要先针对

特定群体开展，在逐步完善的基础上再扩大到空巢老人、留守老人等群体。

（二）农村养老存在的困境

1. 传统养老观念浓厚，失能、半失能留守老人的养老需求得不到有效满足

县域农村传统养老观念浓厚，家庭养老占主导地位。当子女外出务工、留守老人有照料需求时，老人自己不愿去养老机构或幸福院，感觉去这些地方是给子女丢脸、说明子女不孝顺。子女也认为把父母送到这些地方是不孝的表现，导致留守的失能、半失能老人得不到照顾，生活安全得不到保障，老人在家做一顿吃三顿，吃剩饭剩菜的现象极为常见。另外，通常养老互助幸福院作为公益项目，一般不接收失能、半失能留守老人，如果出现老人患病和不能完全自理的情况，通常会第一时间通知家人接走，由家庭子女承担其养老和照料责任。

2. 养老机构护工难找、难留、护理不专业成为普遍现象

农村对养老机构护工的职业身份认可度非常低，普遍认为养老机构护工就是“端屎倒尿”工作，青年人不愿从事养老护工工作，导致养老机构绝大部分护工都是50岁以上的女性。她们既要照顾老人，也要顾及家庭，在机构中不能安心工作，并且专业护理水平低，工作只限于给老人打扫卫生、洗衣服和帮老人翻身等，缺乏给老年人洗澡、擦身、康复等专业照护技能。护工的工资低，大部分在每月2000元以下，而技能稍好的护工则容易被城市养老机构挖走。

3. 养老机构设施非适老化问题突出

养老机构或幸福院养老设施陈旧，非适老化是普遍现象。幸福院台阶没有标识，老人洗澡间或卫生间没有防滑设施和扶手；老人厨房消防设施不健全，没有电风扇，夏天特别热；有的幸福院地面凹凸不平，老年人容易跌倒。在养老机构，老人活动地方光线较暗，楼道没有扶手，二层楼房门前栏杆低，安全防护性较差；床、桌子、衣柜没有圆角设

计，容易碰伤；机构在楼道放置大块穿衣镜，老人容易撞伤；养老机构洗手间没有安装扶手，洗澡、大小便不方便。

4. 部分养老幸福院互助养老形式单一，发挥作用有限

河北省邯郸市肥乡区和陕西省杨凌示范区杨陵区的幸福院主要解决老人吃饭和睡觉问题。在肥乡区，老年人自己带米、面、油，利用幸福院微波炉等公用厨房设施分头自发做饭，吃完后聊天，晚上回到两人一间的集体宿舍休息。在杨陵区，在幸福院吃饭的老人每月缴150元饭费，幸福院雇一位厨师，饭菜营养搭配比较合理。总体来看，幸福院功能单一，老人互助没有得到发挥，幸福院负责人通常是村支书，事务繁多，无法做到专心从事老年养老服务工作。

（三）积极应对农村养老困境的相关建议

1. 解决农村养老问题要多措并举

农村老人规模大、差异大，养老需求不同。如空巢老人希望解决孤独问题、失能老人希望解决照顾问题、自理老人希望“老有所为”、高龄老人希望吃饭便利等，这些需求都不是单一的养老方式能解决的，要针对不同群体需求，区分轻重缓急，逐步解决。如对有照料需求的留守老人，如果子女没有时间照顾，但愿意承担照料费用，那么机构养老可介入。再比如幸福院或老年协会可开展“老有所为”专项活动，让健康老人加入农村合作社或集体经济，获得劳动收入，用以补贴部分养老服务支出。另外，可以着重增加老人集体劳动内容，在养老幸福院或周边农地推广老人种植蔬菜经验，降低买菜成本，充实老年群体每日生活。

2. 因地制宜确定幸福院养老服务内容

养老幸福院都以行政村内的老人为服务对象。我国地域广阔，各行政村的经济、文化传统、人口结构很不同，各地可根据实际情况确定幸福院的服务内容。如行政村老年人数量少，失能老人在家能够得到较好赡养，幸福院可开展“老有所为”“老有所乐”活动，让空巢老人精神有

寄托，让健康老人帮助半失能老人，或者组建“老人编织合作社”等组织，参加劳动获得收入。对留守的失能老人，如果子女愿意支付护理费用，幸福院可发展部分护理床位，雇护工开展老人护理工作。对集体经济较强的村，可开展为老年人送餐服务，幸福院根据老人需求实行订单制度，送餐到家，厨师和送餐工人工资由集体经济发放。

3. 助力民营资本积极进入养老领域

在县一级，进入养老领域的民营资本越来越多，但发展多有不顺，原因比较复杂，其中融资难和养老规划不专业问题突出。融资方面，因养老企业盈利少、盈利慢，成本收回时间长，导致小的民营企业养老融资难度大。对此，建议金融系统在养老融资方面给予民营资本更多支持。另外，并不是所有民营企业对养老都有科学了解，有时出现虽然养老机构建起来了，但因机构适老化存在问题或服务不专业，出现市场小或距离老人养老需求甚远等问题，导致入住率低。此时，需要民政等部门在企业规划养老服务供给时给予专业指导，避免资源浪费。

4. 整合乡镇卫生院闲置资源，开展留守失能老人照顾服务

乡镇卫生院是农村三级医疗卫生保健的重要环节，也是联结县和村卫生组织的枢纽。随着收入的增加和生活水平的提高，以及医疗行业竞争日趋激烈，到乡镇卫生院看病的人越来越少，医院出现部分资源闲置，医生和护士业务量少，收入来源有限，收入水平难提高等问题。充分利用卫生院闲置资源服务留守在家的失能老人，可以实现医院、老人和家庭的多赢。医院不仅获得病人来源，还能增加收入；对家庭来讲，满足了部分子女外出务工无法照顾失能父母的需求，解决了失能老人得不到专业照顾的难题。

5. 多措并举，切实提高护工待遇及其社会地位

针对护工难找、难留的现象，要采取多种措施提高其待遇和社会地位：其一，以当地中小学教师工资水平为参照，按照工作年限，每年提

升一定幅度；其二，宣传养老护理员作用，开展养老护理技能比赛，提升养老护工社会认同度；其三，鼓励社会工作相关专业大学生走进养老服务行业，对进入基层养老服务行业工作并服务3年以上者，可退还其大学期间的学习费用；其四，采用线上线下相结合的方式对护工进行培训，提高专业服务技能，所需费用由财政支持。

6. 公立养老机构可对社会需求有限开放

农村公立养老机构即公办敬老院，其主要功能是解决部分特困老人（如五保户）养老问题，但各县特困老人集中供养的人数较少，养老床位还有部分剩余。对此，乡村振兴部门在对特困老人充分了解基础上，和民政部门会商，向社会开放一部分养老床位，让有需求的失能、半失能老人住进来，以便得到专业服务，子女或老人需缴纳一定费用。也可以开放部分床位由民营单位承包，针对失能、半失能老人开展专业服务，每年交纳一定租金。这样一来，公立养老机构增加了收入，解决了过度依赖财政问题，也满足了失能、半失能老人对社会养老服务的需求。

7. 挖掘推广农村互助养老文化

农村传统养老观念根深蒂固，即使父母和子女有需求，但老人不愿意进养老机构，子女也不愿意送父母进去。在此情况下，老年人由于居住分散，独居老人较多，彼此相互联系关照少，造成了一些风险隐患，增加了一些家庭的养老压力和成本。我国自古就有亲友、亲族、同乡间的互助文化传统，可满足老人的很多需要，如老人聚在一起聊天可解决空巢带来的孤独感，在一起娱乐可以锻炼身体，更好地融入社会。低龄老人帮助高龄老人，到家探望，使高龄老人安全有保障，还可助力睦邻友好。因此，村委会或社会组织可搭建平台，创造机会，开展活动，倡导互助精神，继续建构新时代互助养老文化。

参考文献：

[1] 费孝通．家庭结构变动中的老年赡养问题——再论中国家庭结构的变动 [J]．北京大学学报（哲学社会科学版），1983（03）：7-16.

[2] 陈静，江海霞．“互助”与“自助”：老年社会工作视角下“互助养老”模式探析 [J]．北京青年政治学院学报，2013，22（04）：36-43.

[3] 张志雄，孙建娥．多元化养老格局下的互助养老 [J]．老龄科学研究，2015，3（05）：33-41.

[4] 干咏昕．中国民间互助养老的福利传统回溯及其现代意义 [J]．今日中国论坛，2013（07）：160-162.

[5] 卞国凤，刘娜．乡村互助传统及其变化与乡村社会福利建设 [J]．未来与发展，2010，31（06）：20-24+19.

[6] 王铭铭．小地方与大社会——中国社会的社区观察 [J]．社会学研究，1997（01）：88-98.

[7] 高和荣，张爱敏．中国传统民间互助养老形式及其时代价值——基于闽南地区的调查 [J]．山东社会科学，2014（04）：42-46.

[8] 王璐，刘博．农村“邻里互助”养老模式的思考与建议——以陕西省榆林市清涧县为例 [J]．当代教育理论与实践，2012，4（07）：177-178.

[9] 卢艳，张永理．社会支持网络视角下的农村互助养老研究 [J]．宁夏党校学报，2015，17（03）：69-72.

[10] 周作斌．时间银行在社区互助养老中的应用研究 [D]．暨南大学，2014.

[11] 乔琦，蔡永洁．非血缘关系的多代居——德国新型社会互助养老模式案例及启示 [J]．建筑学报，2014（02）：17-21.

[12] 郭丹阳．中国农村互助养老模式可行性研究 [D]．福建师范大学，2013.

[13] 王强．河北省农村互助养老模式研究 [D]．河北经贸大学，2013.

[14] 金华宝．社区互助养老：解决我国城乡养老问题的理性选择 [J]．东岳论丛，2014，35（11）：123-127.

第 7 章

东部地区数字乡村建设典型案例研究
——基于涉农数据要素综合应用的视角

欧阳日辉　左臣明　龚伟　胡红灯　彭南峰[①]

内容摘要： 数字乡村建设的关键在于乡村产业的网络化、数字化和智能化。本报告梳理了涉农数据要素的定义、赋能乡村产业兴旺的理论机制、政策演进和主要成果，基于线上和实地调研及公开资源收集获得典型案例资料，分析得到东部地区应用数据赋能农业产业生产端、供销端和“产供销”全链条，推动农业产业数字化转型的典型模式与事实。笔者提出“1+1+N”模式，即构建一个农业农村大数据体系、培育一支具有数字素养与技能的人才队伍、探索多个数据要素的典型应用场景，进一步提高数据要素在乡村产业发展和数字乡村建设中的综合应用能力。

关键词： 数据要素；东部地区；数字乡村建设；乡村产业兴旺

一、农业农村大数据政策演进和技术应用

涉农数据是新的农业生产要素，是加快推动农业数字化转型和农业农村现代化发展、推进数字乡村建设的基础性资源。随着农业农村大数据和涉农数据要素内涵逐步明确、机理逐渐清晰，政府对涉农数据要素赋能作用的理解不断加深，相关政策也在不断完善。

---

① 本章作者：欧阳日辉，中央财经大学中国互联网经济研究院副院长；左臣明，阿里新乡村研究中心主任；龚伟，中国市场学会助理研究员；胡红灯，湖南省永州市宁远县委常委、副县长；彭南峰，一亩田集团副总裁。课题组组长：欧阳日辉。

（一）农业大数据与涉农数据要素

1. 农业大数据与涉农数据要素的定义及其内涵

农业大数据是资源，也是技术，具体是指运用遥感技术、探测技术、定位技术、气象技术、传输技术和算法模型等数据获取和处理技术，跨行业、跨专业、跨业务地采集、整合、存储、挖掘和分析农业领域的数据资源及可视化表达，最终实现大数据的理念、技术和方法与农业“产供销”全链路充分结合的过程[1]，是推动智慧农业发展的重要驱动力。典型的农业大数据包括农业灾害监测预警大数据、农产品交易流通大数据、农业市场及消费监测预测大数据等。农业大数据具有大数据的典型特征：一是体量大、维度多，涵盖农业对象、环境等多因素和产前、产中、产后全过程；二是更新迭代速度快，相较于静态的历史数据，动态数据能够创造出更大价值；三是具有内在逻辑与关联价值，海量、多维的非结构化涉农数据资源与模型、算力相结合，数据元素间复杂的逻辑关系得以被发现、构建与可视化，数据要素内在价值得以释放。

涉农数据要素是“三农”领域的第五大生产要素，泛指一切有关农业农村发展、具备基础性生产资料的市场特性、蕴含潜在经济和社会价值的信息资源，一般以“比特”形式存储于计算机设备等介质中，具有虚拟性、非竞争性、规模报酬递增等特点[2]。涉农数据要素无法单独创造价值，需要与传统生产要素深度融合，依托大数据和人工智能等数字技术，沿着“资源化—要素化—商品化—资产化”的演进路径[3]，实现涉农数据要素的价值增值与价值创造。具体而言，合法采集的海量涉农数据资源通过数据整合、数据处理和数据分析等过程，形成具备潜在价值和生产资料特性的涉农数据要素，以及能够商品化、具有价格交易规则的涉农数据产品[4]；涉农数据产品这一典型劳动产品在数据开放、共享和交易过程中与具体场景相结合，形成具有经济效益和社会效益的涉农数据资产，进而实现涉农数据要素价值创造与价值变现。

涉农数据要素与农业大数据既有联系，又存在区别。一方面，农业大数据是对海量涉农数据资源的汇聚与整合，是涉农数据要素实现价值增值的重要技术手段，是涉农数据产品的主要表现形式。另一方面，相较于农业大数据和农业农村大数据，涉农数据要素的视角更微观、涵盖范围更广泛，强调了涉农数据的生产资料属性、商品属性和价值特性。

2. 涉农数据要素对数字乡村建设的作用及其机理

数字乡村建设的关键在于乡村产业的网络化、信息化、数字化和智能化[5]。涉农数据要素承载的价值信息能帮助人们更深层次地了解与监测动植物的全生命流程，有效打通农产品“产供销”全链路，加快推动乡村产业兴旺和高质量发展。

第一，数据要素赋能农业生产智能化。一是推动农业生产方式变革。农业物联网检测设备及应用管理系统能够对农田、作物、环境等数据进行实时采集与安全传输，进而汇聚形成农业大数据，有助于促进农业生产从以人为核心向以数据为核心转变，推动农业生产精准化、智慧化、绿色化、定制化和规范化[6]，显著提升农业生产效率。二是推动农业资源配置效率提升。农业生产全过程的数据化感知，能够引领技术流、资金流、物资流和人才流不断突破地域和组织边界，实现投入要素的最佳组合[7]，助力完善和提高要素资源配置的方式、规模与效率。三是推动农业产业提质增效。智能化的农作物生长模型和气象监控模型及可视化的监测和管理系统，有助于精准分析和预警气象灾害与病虫害灾害，能有效防范农业生产经营风险，提高农产品产量与质量。

第二，数据要素赋能农业经营决策科学化。一是促进农业生产经营主体结构优化。涉农数据要素承载着信息和知识，可以提升不同农业生产经营主体间的联结度，拓展农业劳动对象，优化农业劳动手段，提升农业劳动能力[8]。二是缓解农业生产经营中的信息不对称。涉农数据要素有助于提高对农产品市场行情、农产品上行和农资产品下行的监测预警能力，减少库存和流通成本，降低农产品损耗，有效缓解“小农户”与“大市场”之间的组织性矛盾，实现农产品产销精准对接。三是农业物联网、农村电子商务和互联网特色农业已成为数字乡村产业发展的重要实践方式[9]，催生出“直播带货”“内容电商”等新业态新模式。

第三，数据要素赋能农业产业链延伸。涉农数据要素的准公共产品和正外部性特性，赋能产供销全链条升级，推动农业产业横向拓展与纵向延伸[10]，加速扩大农业产业规模，促进农产品加工业和农产品配套服务业发展，形成产业链、供应链、价值链和生态链合一的农业创新生态系统。

（二）涉农数据要素相关政策的演进

数字乡村是数字经济时代农业农村发展的新形态，兼具乡村属性、数字属性和社会主义属性。党和政府高度重视涉农数据要素对数字乡村建设的赋能作用，不断推进“大数据 + 农业”融合发展，不断深化对涉农数据要素与数字乡村建设关系的认识。

1. 国家涉农数据要素政策

党的十八大以来，党和政府对涉农数据要素赋能国家乡村振兴和数字乡村建设的认识不断加深，相关的政策演进如表 7-1 所示。2017 年，党的十九大报告首次提出“实施乡村振兴战略”和建设“数字中国”。2018 年中央一号文件《关于实施乡村振兴战略的意见》正式提出要“实施数字乡村战略”。2018 年 9 月，《乡村振兴战略规划（2018—2022 年）》首次提出深化农业农村大数据对数字乡村建设的赋能作用，标志着我国乡村建设进入数据要素驱动的新阶段。此后，“推进重要农产品全产业链大数据建设”“推进农业农村基础数据整合共享”“推进农业农村大数据建设应用”等政策要点，逐渐成为“加快推进数字乡村建设”和“全面推进乡村振兴”的重要着力点。

表 7-1　我国乡村振兴和数字乡村政策体系中涉农数据要素的政策演进

时间	政策文件名称	政策内容
2018 年 9 月 27 日	《乡村振兴战略规划（2018—2022 年）》	实施数字乡村战略，加快物联网、地理信息、智能设备等现代信息技术与农村生产生活的全面深度融合，深化农业农村大数据创新应用
2019 年 2 月 19 日	2019 年中央一号文件	推进重要农产品全产业链大数据建设，加强国家数字农业农村系统建设
2019 年 5 月 16 日	《数字乡村发展战略纲要》	推进农业农村大数据中心和重要农产品全产业链大数据建设，推动农业农村基础数据整合共享
2019 年 12 月 25 日	《数字农业农村发展规划（2019—2025 年）》	到 2025 年，数字农业农村建设取得重要进展，有力支撑数字乡村战略实施。农业农村数据采集体系建立健全，天空地一体化观测网络、农业农村基础数据资源体系、农业农村云平台基本建成
2020 年 2 月 5 日	2020 年中央一号文件	依托现有资源建设农业农村大数据中心，加快物联网、大数据、区块链、人工智能、第五代移动通信网络、智慧气象等现代信息技术在农业领域的应用。开展国家数字乡村试点
2020 年 7 月 18 日	《关于开展国家数字乡村试点工作的通知》	探索农业农村大数据管理应用，积极打造科技农业、精准农业、智慧农业
2021 年 2 月 21 日	2021 年中央一号文件	实施数字乡村建设发展工程。发展智慧农业，建立农业农村大数据体系，推动新一代信息技术与农业生产经营深度融合
2021 年 3 月 12 日	《中华人民共和国国民经济和社会发展第十四个五年规划和 2035 年远景目标纲要》	加快推进数字乡村建设，构建面向农业农村的综合信息服务体系，建立涉农信息普惠服务机制，推动乡村管理服务数字化
2021 年 9 月 3 日	《数字乡村建设指南 1.0》	构建服务“三农”的公共数据平台，全面支撑数字乡村业务和应用。融合结构化和非结构化数据，着重解决数字乡村相关数据的汇聚、治理和应用问题
2022 年 1 月 26 日	《数字乡村发展行动计划（2022—2025 年）》	加快推进农业农村大数据建设应用。以粮、棉、油、果、菜、茶、糖、生猪、奶牛、水产等重要农产品为重点，深入推进单品种全产业链大数据建设，提升数据分析应用能力。加强大数据采集、传输、存储、共享、安全等标准体系建设，提高农业农村数据流通、使用效率

续表

时间	政策文件名称	政策内容
2022年2月22日	2022年中央一号文件	着眼解决实际问题，拓展农业农村大数据应用场景。加快推动数字乡村标准化建设，研究制定发展评价指标体系，持续开展数字乡村试点
2022年4月20日	《2022年数字乡村发展工作要点》	持续推进高分卫星数据在农业遥感中的应用。加快推动农业农村大数据建设应用，重点建设国家农业农村大数据平台，建立健全农业农村数据资源体系，构建全国农业农村大数据“一张图”。依托国家种业大数据平台，构建农业种质资源数据库。深入推进重要农产品单品种全产业链大数据建设
2022年5月23日	《乡村建设行动实施方案》	建立农业农村大数据体系，推进重要农产品全产业链大数据建设。推动“互联网+”服务向农村延伸覆盖，推进涉农事项在线办理，加快城乡灾害监测预警信息共享

资料来源：课题组根据网上公开资料整理。

2. 国家涉农专项大数据政策

除了乡村振兴和数字乡村建设政策体系中的相关政策要点，党和政府也发布了一系列涉农专项大数据政策，旨在加快推动农业农村大数据发展、建设、共享与应用，推动农业农村大数据与农业产业全面深度融合，为赋能数字乡村建设提供新型基础资源要素和内在核心驱动力，相关的政策演进如表7-2所示。2014年，大数据首次写入《政府工作报告》。次年，首个涉农专项大数据政策《农业部关于推进农业农村大数据发展的实施意见》出台，强调要“夯实农业农村大数据发展和应用的基础”“把握农业农村大数据发展和应用的重点领域”，在“未来5~10年内，实现农业数据的有序共享开放，初步完成农业数据化改造”。2021年2月，农业农村部大数据发展中心成立，功能定位于涉农数据要素的整合汇聚、挖掘分析、开放共享和综合应用，旨在加快推进“三农”领域的数据赋能，标志着我国农业农村大数据体系建设步入加速发展新阶段。

表 7-2 涉农专项大数据的政策演进

时间	政策文件名称	政策内容
2015 年 9 月 5 日	《国务院关于印发促进大数据发展行动纲要的通知》	发展农业农村大数据。加强农业农村经济大数据建设，完善村、县相关数据采集、传输、共享基础设施，建立农业农村数据采集、运算、应用、服务体系。整合构建国家涉农大数据中心，推进各地区、各行业、各领域涉农数据资源的共享开放，加强数据资源发掘运用
2015 年 12 月 29 日	《农业部关于推进农业农村大数据发展的实施意见》	未来 5~10 年内，实现农业数据的有序共享开放，初步完成农业数据化改造
2016 年 8 月 29 日	《农业部关于印发〈“十三五”全国农业农村信息化发展规划〉的通知》	统筹国内国际农业数据资源，强化农业资源要素数据的集聚利用。加快完善农业数据监测、分析、发布、服务制度，建立健全农业数据标准体系，提升农业数据信息支撑宏观管理、引导市场、指导生产的能力
2016 年 10 月 18 日	《农业农村大数据试点方案》	到 2019 年底，数据共享取得突破，单品种大数据建设取得突破，市场化投资、建设和运营机制取得突破，大数据应用取得突破。大数据在农业生产经营各环节加快应用，大数据关键共性技术研发、关联分析和挖掘利用取得积极进展，形成一批创新应用成果
2022 年 2 月 11 日	《“十四五”推进农业农村现代化规划》	建立和推广应用农业农村大数据体系，推动物联网、大数据、人工智能、区块链等新一代信息技术与农业生产经营深度融合
2022 年 3 月 9 日	《“十四五”全国农业农村信息化发展规划》	到 2025 年，农业农村大数据体系基本建立。建成国家农业农村大数据平台，政务信息资源开放共享全面实现，农业农村数据资源“一张图”基本形成，大数据应用场景不断丰富，数据要素价值逐步显现

资料来源：课题组根据网上公开资料整理。

3. 东部地区典型省市涉农数据要素政策

自 2019 年 5 月中共中央办公厅、国务院办公厅印发《数字乡村发展战略纲要》以来，广东、江苏、浙江、北京、山东等东部地区典型省市陆续出台数字乡村建设的政策规划与实施方案，从中央到地方的数字乡村政策体系逐步完善，如表7-3所示。这类政策普遍强调“农业农村大数据资源互联互通”“乡村数据资源平台共建共享”“涉农数据要素典型应用场景构想构建”等举措是促进智慧农业快速发展、推动乡村产业兴旺的关键着力点，充分凸显出数据要素对数字乡村建设的重要赋能作用。

表7-3　东部地区典型省市涉农数据要素的政策文件

时间	政策文件名称	政策内容
2020年5月14日	《广东省贯彻落实〈数字乡村发展战略纲要〉的实施意见》	夯实数字农业基础。整合国土资源、海洋资源、基础地理信息等各类数据，构建统一的自然资源“一张图”大数据体系。加快建设农业应用与资源管理大数据综合管理平台，推动农业大数据互联互通、资源共建共享、业务协作协同
2020年11月23日	《江苏省关于高质量推进数字乡村建设的实施意见》	推进乡村数据资源平台共建共享。按照覆盖全省、互联互通、开放共享的要求，依托电子政务外网和全省大数据共享交换体系，整体规划设计农业农村大数据云平台。重视乡村数据资源管理，探索建立数据资源确权、开放、流通、交易制度机制，依法维护数据权益，切实保障数据安全
2021年1月9日	《浙江省数字乡村建设实施方案》	整合业务数据和信息资源，基于省电子政务基础设施，搭建数字“三农”协同应用平台。加强数据资源库建设，建立统一数据资源目录，强化数据归集、集成和治理，完善基础数据、监测数据、业务数据、主题数据，构建农业农村数据资源体系，建立农业农村公共数据全生命周期安全防护体系，守住数据安全防护底线
2021年6月10日	《浙江省数字乡村建设“十四五”规划》	到2025年，实现“三农”数据“全面共享、互联互通”，业务应用“横向协同、纵向贯通”，为农服务“上下联动、实时高效”，致力打造国家数字乡村建设的展示窗口、乡村数字生活的服务标杆、乡村整体智治的先行样板
2021年8月13日	《北京市“十四五”时期乡村振兴战略实施规划》	建设北京市农业农村大数据平台，构建全市农业农村数据资源“一张图”。建设数字乡村，加快构建面向农业农村的综合信息服务体系，建立涉农信息普惠服务机制，推动乡村管理服务数字化

续表

时间	政策名称	政策内容
2022 年 4 月 25 日	《山东省数字乡村发展行动计划（2022—2025 年）》	到 2025 年，涉农主导产业大数据信息资源体系全面建成，新一代信息技术有力支撑智慧农业，建设智慧农业典型应用场景 500 处

资料来源：课题组根据网上公开资料整理。

（三）涉农数据要素综合应用情况

随着涉农数据要素顶层设计和基础设施的不断完善，涉农数据要素沿着“初步探索—稳步推进—加速发展”的演进路径，在数字乡村建设中应用的广度和深度不断拓展，取得丰富实践成果。

1. 发展历程

党的十八大以来，我国农业农村大数据的理论研究、顶层设计、基础设施和应用场景不断完善与深化，涉农数据要素的综合应用大致分为初步探索、稳步推进和加速发展三个阶段。

2013—2016 年，我国农业大数据发展和涉农数据要素综合应用处于初步探索阶段。2013 年被定义为农业大数据元年，政府部门、高校、科研单位、农业企业开始重视农业大数据的研究与应用。比如，科技部将大数据列入 973 基础研究计划，山东农业大学成立全国首家农业大数据研究中心，新希望集团董事长刘永好利用大数据破解“猪周期”难题[11]等。在 2014 年 10 月举办的农业信息化高峰论坛上，“大数据驱动农业”成为热点话题。2015 年以来，农业大数据的战略地位进一步提高，原农业部出台《关于推进农业农村大数据发展的实施意见》，为我国农业物联网、精准农业、智慧农业、“大数据 + 农业”指明了方向与重点，并于 2016 年在全国开展农业农村大数据试点工作。

2017—2020 年，我国农业农村大数据平台加快建立，农业农村大数据体系逐步完善，涉农数据要素在农业产业中的综合应用程度不断加深。2017 年以来，我国“三农”工作迈入新阶段，乡村振兴战略和数字乡村发展战略相继实施，涉农数据资源整合共享、农业农村大数据平台建设等工作稳步推进。2020 年，农业农村大数据已成为现代农业发展的重要生产要素，单品大数据全产业链建设开始起步。

2021 年以来，我国“三农”工作重心从脱贫攻坚转向全面推进乡村振兴，农业农村部大数据发展中心成立，数字乡村建设的政策文件密集出台，我国涉农数据要素从顶层设计进入综合应用的加速发展期。

2. 主要成果综述

自 2013 年农业大数据元年以来，我国在农业农村大数据体系建设、涉农数据要素综合应用等方面取得显著成效。一是农业物联网、数字农业等试验试点陆续开展，推动涉农数据采集、分析和应用系统进一步完善。截至 2021 年 12 月，我国已累计建设 9 个农业物联网示范省、100 个数字农业试点项目，部署了 117 个数字乡村试点[12]。二是从横向看，全国省、市、县域农业农村大数据平台加快构建。例如，2022 年 7 月，农业农村部大数据发展中心与人民数据管理（北京）有限公司成功研发农业农村大数据公共平台基座，为跨部门、跨区域、跨行业的农业农村数据互联互通、交换共享设置了接口并提供了枢纽；同年 9 月，“农业农村大数据公共平台基座”市县级平台 1.0 版本上线，有助于加快促进数据资源纵横贯通，实现本地化数据落地。三是从纵向看，单品全产品链大数据试点取得初步成效。截至“十三五”末，我国已开展粮、棉、油、糖、畜禽产品、水产品、蔬菜、水果等 8 类 15 个品种重要农产品的全产品链大数据试点，总结推广 38 项农业农村大数据实践案例[13]。比如，我国已初步建成汇集生产、流通、价格、消费、贸易、成本收益、舆情监测、物联网 8 个关键环节的苹果全产业链大数据平台。四是涉农数据要素应用向纵深发展，各类农业大数据管理系统陆续上线。2018 年以来，我国成功搭建农产品市场信息平台、农药基础数据平台、兽药基础数据平台、国家农产品质量安全追溯管理信息平台、农田建设“一张图”，逐步汇聚成海量的农业大数据资源池[14]。此外，信息进村入户工程取得较大进展，截至“十三五”末，我国共建成运营益农信息社45.4万个，累计服务6.5亿人次[15]。

二、东部地区数字乡村的典型案例

笔者通过实地及线上调研和公开资源收集获得案例资料，用于分析数据要素如何推动乡村产业发展和数字乡村建设。其中，北京市平谷区“平谷大桃”案例侧重于强调数据要素对农业产业“产供销”全链路的赋能作用；浙江省宁波市象山县“象山红美人”案例聚焦分析数据要素对农业产业供销端的赋能作用；浙江省湖州市德清县“水木番茄蔬菜工厂”案例凸显数据要素对农业产业生产端的赋能作用；北京一亩田新农网络科技有限公司案例强调农产品流通大数据服务体系的数据采集、分析和服务功能对农业产业数字化转型的驱动作用。

（一）北京平谷大桃基于数据的产供销全链路数字化

特色产业的“产供销”一体化有助于带动规模化生产和高附加值消费，是推进数字乡村建设的主攻方向。北京市平谷区素有“中国桃乡”之美称，全区共种植22万亩大桃，拥有白桃、蟠桃、油桃和黄桃四大品类共218个品种。2021年，平谷大桃产量达28.1万吨，市场销售额32.64亿元。为了进一步推动平谷大桃产业高质量发展，2022年7月，北京首个“盒马村”落地平谷区峪口镇西营村，旨在充分发挥数据要素在助力产销对接、智能营销、品牌培育和推广等方面的赋能和驱动作用，积极探索平谷大桃“产供销”一体化解决方案，如图7-1所示。“盒马村平谷有机桃园”占地500亩，基地内桃树行间距4米、株间距1.5米，便于桃树充分吸收水分、阳光和养料，并实现机械化、智能化种植与采摘。数据驱动的订单式农业模式，助力“盒马村”桃农增收30%~40%。

图7-1　“盒马村”助力平谷大桃产业升级

1.“产”环节：以销带产，生产环节标准化、精细化

数据要素赋能生产环节定制化和标准化。一方面，数据驱动平谷大桃产业以销带产。平谷区峪口镇西营村与阿里巴巴合作打造“盒马村平谷有机桃园”，基于流通和消费环节的海量数据，精准洞悉消费者偏好和预测市场需求，并围绕“新需求”开展一系列桃产品设计创新。例如，数据驱动的订单农业生产模式能够提前锁定旺季订单，确保产品销路，减少库存成本。另一方面，平谷区加快有机大桃“未来果园”示范区建设。“未来果园”依托“空中卫星遥感＋天上无人机＋地上墒情和地温传感器”的果园智能感知系统进行数据收集与数据集成，基于作物生长模型的智能分析平台及未来果园大数据展示中心，通过建设农机精准调度、农业农村数据资源“一张图”展示、农田指标可视化平台、农产品质量追溯等平台，动态监测气象、土壤指标、作物生长情况等，精准确

定施肥量、施肥时间、浇水量和浇水时间，实现“地块—桃树—环境—人”的有效连接。例如，“未来果园”建设各类监测点和便携式检测点85个，地上传感器可以将果树的形状测成点源头，通过点源头的变化测算果树的植物绿量和叶面积指数，并依托智能化的变量喷雾控制系统，实现农药的精准高效喷洒。

2.“供”环节：产销匹配，供应链提效升级

数据要素赋能供应链降本增效，有效畅通平谷大桃上行的“最先一公里”。一是“平台+数据+大桃”助力平谷大桃多渠道产销匹配。平谷大桃的供应商、合作商积极开拓了盒马、淘宝行业、淘菜菜、菜鸟、本地生活、天猫超市、淘宝直播、京东等十余个平台销售渠道，依托平台对海量供需信息的采集、整合、可视化分析与智能匹配，实现平谷大桃直销、直采、分销、批发等全渠道产销对接。二是供应链的数据化和智能化助力平谷桃优质优价。平谷大桃大数据平台整合200多个大桃品种的生产、销售等基本信息，能够依据果径、克重、表面瑕疵和甜度等筛选标准，对大桃进行数智化的分选、分级、加工、冷藏和配送。不同等级的大桃对应不同的销售渠道，由高到低分别是高端商超、电商、批发市场、水果加工厂等，真正做到“高端卖好价，中低端有批量”。例如，对冰雹导致表面受损、但口感和品质不受影响的平谷大桃，盒马专门推出“雹伤桃”“桃坚强”等品种打折出售，一定程度上帮助果农挽回损失、最大化收益。

3.“销”环节：品牌打造，营销模式特色化、多样化

数据要素赋能营销模式创新，显著提升平谷大桃的品牌影响力。一是数据驱动营销方式多样化和精准化。平谷大桃供应商基于大数据挖掘目标群体和潜在用户的真实需求，实现市场定位精准化，并通过定制化的“内容营销”提高获客率，增加用户黏性。例如，为了顺应和迎合年轻群体的消费需求和消费心理，电商平台创新出时尚、趣味

性的营销场景，上线平谷大桃营销的专题页面，推出一系列带有平谷大桃营销 IP 的动画和小游戏。二是大数据为品牌培育和传播提供新思路。知名度和辨识度较高的品牌往往具有较强的品牌溢价能力。阿里巴巴重视发挥消费者在品牌培育中的主观能动性，通过推动“桃醉平谷”的区域公用品牌设计，增加了消费者与品牌之间的互动频率，同时产生了海量多维的消费者对品牌检索、评价等的行为数据，使得品牌迅速被广大受众所了解、所熟知、所喜爱，促进平谷大桃品牌美誉度进一步提升。2022 年 4 月，“平谷首届云上桃花节”成功举办，云上开幕式、云上慢直播、短视频大赛、淘宝平谷桃花节和飞猪平谷桃花节等系列品牌营销活动的参与人数累计超过 1000 万，云上桃花节全网话题曝光量超过 1.7 亿次，成为平谷大桃品牌培育与宣传的重要名片（如图 7-2 所示）。

图 7-2　平谷区人民政府联合阿里巴巴举办“平谷云上桃花节”

（二）浙江“象山红美人”区域公用品牌打造

浙江省象山县沿着“高质量产品—多元营销渠道—有效品牌权益保护措施”的路径，充分发挥数据要素的赋能作用，致力于将“象山红美人”打造为区域公用品牌。2001 年，浙江省象山县引入中国第一棵“红美人”柑橘；2016 年，象山县提出“组建柑橘产业联盟，打造区域公用品牌”的战略，联合当地 500 多家农户组成象山柑橘产业联盟，并采用“统一品牌、统一包装、统一质量、统一价格、统一销售”的营销模式，致力于打造区域公用品牌；2021 年 8 月，“象山红美人”成为中国地理标志产品，品牌价值高达 24.55 亿元[16]，零售价从最初的每公斤 5 元，飙升到现在的最高 120 元。

1. 基于大数据的精细化种植和优质优价

一是基于环境大数据的智能种植。象山县与宁波移动共建“红美人”溯源示范基地，与宁波科百物联网科技有限公司共同研发“红美人”大数据精准采集应用系统，依托物联网设备、5G 技术和区块链服务网络（BSN）技术实时记录并上传土壤温湿度、空气温湿度、光照强度等环境数据，实现对“红美人”全生长周期的监测与预警，以及产销全链路的数据上链；此外，象山县人民政府制定“红美人柑橘设施越冬栽培技术标准”“红美人柑橘标准化生产技术规范”等一系列标准规范，加快推进“红美人”生产标准化、精细化、集约化，助力节约劳动力 50%、用水量 50%、肥料量 28%、农药量 60%，提高商品果率 21%、优果率 44%，综合亩产提升 25% 以上[17]。二是基于消费大数据的产品分等定级。依托对消费市场的大数据洞察，象山县明确和细化“红美人”分级指标，综合果形、大小、重量、色泽、糖酸比等多维度指标参数，将“象山红美人”分为优等果、一等果、二等果等不同等级，不同等级的产品对应不同的包装和销售渠道，真正做到优质优价（如图 7-3 所示）。比如，优质的“象山红美人”零售价最高达到每公斤 120 元，被誉为“橘中爱马仕”。

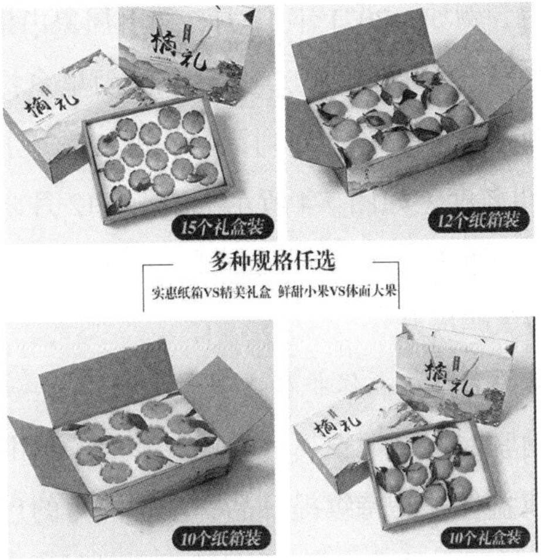

图 7-3　“象山红美人”包装设计

2. 基于大数据的精准营销和品牌效应

一是基于大数据的产销精准对接。“象山红美人”供应商与淘宝、天猫、京东、亚马逊等电商平台开展深度产销合作，依托电商平台对海量交易数据的智能分析和可视化表达，精准确定目标群体、洞悉用户需求、预测市场行情，并以真实的消费者需求为导向，助推“象山红美人”种植、生产、营销、品控、流通等产销全链路的数字化升级。

二是基于消费者偏好和产品特性的多渠道分层销售。“象山红美人”供应商基于大数据对消费者偏好和柑橘品质的精准分析分类，通过线上线下全渠道进行精细化的市场销售。例如，针对高端消费市场，电商平台一方面通过创新创意的包装设计，推出包装更精美、品质更上乘的礼盒产品；另一方面制订细致的物流方案，以原产地直供模式在高端商超进行销售。

三是基于数字化营销方式助推打造品牌效应。象山县与阿里巴巴、京东、抖音、新浪微博合作，基于大数据和精品网货的设计理念，以“象山红美人”“插管可吸”“挤压出汁”为营销重点，借助互联网进一步扩大品牌影响力。例如，2021 年 11 月，第五届象山柑橘文化节活动通过抖音微博话题、广告片摄制、红美人认领、阿里乡村振兴年货节、明星直播、第一颗红美人拍卖等一系列活动，极大提升了“象山红美人”在消费群体中的知名度（如图 7-4 所示）；同年 12 月，京东上线了“象山红美人”柑橘专题推广活动，利用直播、秒杀等营销手段，产品销售量激增，口碑效应大幅提升。

3. 基于大数据的品牌权益保护和“码”上溯源

一是“5G+ 物联网 + 大数据 + 区块链”助力“象山红美人”防伪溯源。原产地品牌权益保护是持续提升品牌溢价能力的重要保障。象山县依托阿里云、蚂蚁链、宁波移动的 5G 技术、区块链服务和云计算平台，实行“一标两码”（地理标志 + 追溯码 + 防伪码）的质量管控追溯体系，赋予每箱“象山红美人”真实、独一无二、不可篡改的“身份码”，让消费者通过扫码就能更可感、可信地了解产品的产地环境、生长环境、要素投入品、质量监测、物流运输等信息，实现从农田到餐桌的全流程“码”上溯源。

图 7-4　“象山红美人”直播现场

二是从 2020 年起，象山县与阿里巴巴联手，引入数字技术保护品牌。象山县根据实际亩数匹配溯源卡，确保只有经过政府授权的“象山红美人”才批准上架销售。此外，当地将“象山柑橘”“象山红美人”商标备案到阿里巴巴知识产权保护平台，可通过在线举证等方式打击侵犯象山红美人商标权行为。平台技术支撑、政府积极作为、种植者积极参与的地理标志品牌保护，成为实现农产品优质优价的新方法。

（三）浙江省德清县水木番茄生产数字化

特色农业产业生产端的数据化、数字化、智能化是实现“产供销”一体化的重要环节。水木番茄蔬菜工厂位于湖州市德清县阜溪街道龙胜村，是浙江水木九天现代农业科技公司于 2020 年以工业化思维建成的农业产业化种植基地，是浙江省首批“未来农场”和数字农业工厂，占地近 40 亩，拥有生产区、智能管控区、育苗区、设备区等区块，主要种植薄皮沙瓤番茄，能够实现全年连续无休生产，年产量达到 125 万公斤。其中，水木番茄蔬菜工厂突出强调了数据要素对番茄产前、产中、产后三大环节的赋能作用。

1. “产前”环节：水木番茄选种与种植数字化

一是数据赋能水木番茄育种选种的定制化和数字化。水木番茄蔬菜工厂基于对种质资源和市场周期需求的大数据分析和预测，利用工厂化育苗智能温室筛选和培育出适合种植、市场行情好的番茄品种，以实现经济收益的最大化。比如，水木番茄品种皮薄、沙瓤、营养丰富，无残留农药、重金属、亚硝酸盐等对人体有害的元素，表皮菌落总数仅为自来水的 1/5，深受广大消费者的喜爱。

二是数据驱动水木番茄种植条件的筛选与优化。水木番茄蔬菜工厂依托先进的农业传感设备和机器视觉感知系统，实时精准感知、采集、传输、整合海量多维的农业大数据，再利用云计算、人工智能等数字技术，量化和可视化分析番茄的根、茎、叶、果与温、光、水、气、肥之间的内在联系，不断筛选和迭代最适合番茄种植的条件，形成最优化的番茄生长调控模型，实现每一棵番茄苗的规范化、精细化和标准化生长。

2.“产中”环节：水木番茄生产数据化与智能化

一是水木番茄生产从以人为中心转变为以数据为中心，生产全流程可控、稳定性强。每个温室大棚都装有环境智能监测及自动控制系统，能够实时监测空气温湿度、二氧化碳浓度等环境数据及番茄生长情况，并根据番茄在不同生长时期和生长状态下的具体要求，自动控制和调整光照、水肥、温度、湿度、病虫害和授粉等参数指标，实现温室与大自然之间能源交换的动态平衡。比如，温室大棚的幕布可以根据日照强弱自动开合，水帘会根据湿度强弱自动开关，三层热水管道能够保证大棚内任何位置的温差不高于2℃。

二是“大数据+农业”有助于要素资源集约节约利用。智能温室大棚采用无土化栽培模式和精细化喷滴灌系统，依托传感设备、海量数据和算法模型，就能实现以尽可能少的土地、人力、水、肥料等资源来换取尽可能多的安全、高品质番茄。有数据表明，水木番茄生产模式大约可以节约用地75%、节约用水70%、节约用人80%、节约用肥66%、节约用药100%[18]。

3.“产后”环节：水木番茄销售运输数字化

一是数据赋能水木番茄提质增量。温室环境监测与控制系统打破了番茄种植的季节性，采摘周期从1个月延长到12个月，日产量是传统种植模式的50倍以上。

二是番茄品质检测和产销对接的数字化。水木蔬菜工厂在销售环节引入大数据追溯系统，一方面利用“浙农码”的“码上溯源”服务，为每一批次的番茄都设置了唯一的二维码数字身份，实现番茄全生命周期可追溯、可查询，保障番茄从大棚到餐桌的全流程质量安全；另一方面依托德清“县域一体化数字配送+社区智能服务站”，推出番茄数字配送服务，实现产销“零距离”对接。

（四）一亩田农产品流通大数据服务体系

北京一亩田新农网络科技有限公司（以下简称“一亩田”）成立于2011年，是一家以大数据、人工智能等数字技术为基础，以农产品流通领域的数字化转型升级为中心，以赋能产地农产品生产经营者为目标的互联网公司，致力于打造一个集产销对接、产品营销、品牌宣传、市场洞悉等功能于一体的农产品B2B综合服务平台。截至2022年年底，一亩田注册用户数超过4800万，在售农产品1.5万余种，产品来源于2800多个县，年交易撮合规模达3000亿元以上。一亩田高度重视涉农数据要素的综合应用，基于“数据采集—数据分析—数据服务”的农产品流通大数据服务体系，深耕农产品产地，建立起完善的数据库采集存储系统和强大的数据分析系统，开发出一系列面向不同类型用户的数据服务产品，推进农业产业数据化、数字化转型升级，促进农产品流通效率提升。

1. 打造农产品流通大数据采集体系

农产品和用户信息的采集与标准化是构建农产品流通大数据服务体系、发挥涉农数据要素价值的基础。

一是一亩田平台在线采集农产品流通大数据。比如，苹果采购商在一亩田App和一亩田微信小程序上的操作通常包括四步：搜索关键词，浏览产品信息，在线联系询单，下单购买。平台通过收集各类品种及各个商家的检索量、浏览量、联系询单量和下单量，智能计算各环节的流量转化率和交易成功率，得出红富士苹果和花牛苹果是最受采购商欢迎的品种的分析结果。

二是农产品批发市场官方信息员和产地行情官方信息员现场采集农产品流通大数据。产销两端的官方信息员已经覆盖了全国900多个农产品批发市场，每天采集近500种农产品的品种、产地、等级、价格、走货速度等市场行情信息。海量的农产品产销数据有助于农业生产经营者精准洞悉市场价格波动，预测市场销量，辅助科学决策。

三是一亩田平台建立农业生产经营主体信用评价和货品标准两大体系。一方面，平台通过实名认证和身份识别区分出种养殖户、经纪人、合作社和家庭农场等不同市场经营主体，以及批发城、商超、电商平台、餐饮企业等不同市场采购主体，再依据经营活动、用户评价、保证金缴纳等信息对用户经营诚信度进行评估与打分，构建起农业生产经营主体信用评价体系。另一方面，平台参照通用的传统农产品市场贸易标准，从品种、规格、供应时间、服务内容等多个维度梳理了 15000 种农副产品及设施设备、冷库仓储等农业服务，建立了货品标准体系，如一亩田对农产品名称的标准化（如表 7-4 所示）。

表 7-4　农产品名称标准化体系

一级品类名称	二级品类名称	三级品类名称	四级品类名称	五级品类名称
农产品	蔬菜	叶菜类	白菜	黄心白菜
				秦白 2 号白菜
				夏阳白菜
				义和秋白菜
				青杂三号白菜
				……
			奶白菜	……
			菠菜	……
			菜薹	……
			法香	……
			……	……
		瓜类	……	……
		甘蓝类	……	……
		豆类	……	……
		根茎类	……	……
		……	……	……
	水果	……	……	……
	水产	……	……	……
	禽畜牧蛋肉	……	……	……
	农副食品	……	……	……
	……	……	……	……
农资产品	……	……	……	……
农业服务	……			
……	……			

2. 基于农产品流通大数据进行精准分析

供采匹配、产销对接、产业链延伸和市场行情预测，离不开一亩田对农产品流通大数据的深度挖掘与分析。一是一亩田在标准化的产品和用户信息的基础上，通过构建全国农产品采购商数据库和供应商数据库，依托大数据、人工智能等数字技术，推动农产品供需的智能匹配。目前，一亩田每天能够实现30万对产销用户的毫秒级匹配，显著提升匹配效率，降低交易成本。二是一亩田从农产品交易撮合环节入手，基于海量涉农数据挖掘真实的用户需求，开发出物流叫车、农资服务、包装、冷库仓储、病虫害防治及农业营销服务等农业产业链配套服务功能，为农业生产经营提供一站式服务，显著延伸农业产业链条。三是一亩田积极推进线上线下一体化销售运营模式，在全国110多个一级批发市场设立了9000余个签约档口，建立起一整套市场行情大数据和物流信息大数据系统，真正实现"原产地直发"。例如，一亩田旗下的专业代卖平台"豆牛代卖"提供售前行情调查、售中全程监督和售后24小时之内回款服务，能让农产品供货商足不出户就了解各大批发市场行情、物流成本、市场费用等。

3. 开发农产品流通大数据服务产品平台

"天机"农业大数据系统涵盖全国2800多个县的主要农产品信息，以及3000多万个采购商和1000多万个供应商的采购交易和行为数据，可以实时展示典型区域的某个农产品的整体销售情况，如供应量、销售量、销售流向、市场竞争力等，如广东徐闻国家现代农业产业园的菠萝流通大数据中心（如图7-5所示）。截至2021年底，该大数据系统已汇集数十拍字节（PB）的农产品交易相关数据，并且每天新增10太字节（TB）、约2亿次用户的行为数据及相关信息。

"天机"农业大数据系统主要包括三大功能。一是指导采购商购买决策。例如，可视化的菠萝采购商指数、销区市场排名、市场行情、产地供应热度等信息，能够作为风向标直观展现出什么品种卖得好、什么时候卖价高，助推菠萝产销对接。二是指导供应商生产决策。比如，依托各大批发市场销售菠萝的品类、数量、果型大小、糖度等数据化指标，供应商可以了解市场上不同品种、不同大小、不同成熟度菠萝的所占比例及受欢迎程度，进而引导农户生产和供应更符合消费者需求的农产品。三是辅助农业管理部门科学决策。大数据系统能够实时展示各菠萝品类在不同区域的电商渗透率、市场竞争力水平、市场可拓展空间、市场需求偏好等，帮助农业管理部门全面了解菠萝市场的供需走势和价格走势，辅助优化菠萝产业布局，有效应对潜在的市场风险，确保产地价格平稳。

图 7-5　广东徐闻国家现代农业产业园的菠萝流通大数据中心

三、东部地区数字乡村建设的成功经验总结

结合上述案例中东部地区数字乡村建设的实践探索，围绕数据要素全生命周期，尤其是数据要素应用对乡村产业发展和数字乡村建设的显著影响，笔者从数据采集整合、数据流通共享、数据应用等方面总结如下基本经验与启示。

（一）数据资源采集与整合的集成化

关键核心数据的记录、汇聚与整合，是数据资源转变为数据要素和数据资产、激活生产要素价值的前提，是赋能乡村产业发展和数字乡村建设的基础。构建农业农村大数据平台，以此为主要载体对多层级、多环节和多主体的涉农数据资源进行汇聚整合，最终形成海量、真实、多维度、精细化、标准化和实时更新的农业农村大数据。具体包括以下三个方面。

第一，政府主导、互联网企业和农户参与，共建共享农业农村大数据平台。比如，浙江省德清县建设覆盖全域 137 个行政村的“数字乡村一张图”，通过汇聚整合当地 58 个部门的 282 类基础数据，以农业农村大数据“聚通用”为导向，在精准生产、预警预测、辅助决策等方面为乡村特色产业发展提供服务，以及为乡村智治提供大数据支撑。再比如，北京市平谷区正在探索建立涵盖白桃、油桃、黄桃、蟠桃等大类的 200 多个品种的大桃大数据平台，推动平谷大桃产业全链路可视化、数字化。

第二，数据记录采集离不开数字基础设施，尤其是物联网传感设备、传输设备、高清视频监控设备、高速传输网络。例如，水木蔬菜工厂依托先进的传感器、机器视觉系统和 5G 网络，实现对农产品全生命周期的数据采集。

第三，数据汇聚整合需要完善的数据采集目录和标准化体系。基础农业农村数据来源广泛、种类繁多、格式多样，必须将其整合成标准统一的数据源。例如，一亩田为了构建农产品流通大数据采集体系，首先建立了农业生产经营主体和货品的标准体系，形成生产经营主体信用和农产品质量的分类分级和评价标准，再进一步构建起全国农产品采购商和供应商数据库。

（二）数据资源应用的场景化

以解决农业领域的实际问题为导向，探索和拓展农业农村大数据应用场景，是数据驱动乡村产业发展和数字乡村建设的核心。数据要素赋能传统要素的配置效率和生产效率及知识创造效率提升，使生产经营不确定性降低，核心在于其承载的有用价值信息的提取及应用[11]。因此，在“场景为王”的时代，数据要素需要与具体应用场景相结合。与此同时，农业农村大数据发展催生出数字农业、智慧农业等新业态、新场景，进一步驱动数据要素与农业领域典型应用场景的深度融合。

结合上述案例，笔者发现，第一，农业农村大数据的典型应用场景主要以乡村特色产业为依托。例如，北京市平谷区大力发展和宣传平谷大桃产业，打造出“吃住行游购娱”的农文旅融合消费场景，形成从“云上观赏万亩桃林”，到农特产品、大桃销售、精品民宿、农庄餐饮等相配套的一条完整产业链。再比如，浙江省德清县水木番茄蔬菜工厂基于对番茄全生命周期数据的积累，利用 5G、人工智能、物联网等数字技术，构建了集无土栽培、环境、生长状态和病虫害自动监控、水肥灌溉智能化于一体的农业生产数字化应用场景。

第二，大数据应用是为了解决乡村产业发展中的难点问题，尤其是成本、效率、信息不对称等问题。例如，一亩田集团研发的“天机”农业大数据系统可以辅助农产品采购商、供应商和农业管理部门清晰了解市场行情、价格走势，从而提高决策效率，降低决策成本与风险。再比如，浙江省象山县通过建立“象山红美人”大数据精准采集应用系统，极大降低了人力、化肥、农药等生产资料成本，商品果率、优果率和综合产量显著提升；水木番茄蔬菜工厂通过构建“智慧大脑”，各类生产资料成本均至少减少 66%，农药用量节省甚至达到 100%，番茄年产量是传统种植模式的 40~50 倍。

（三）数据资源的自由安全流通共享

“活”数据更能实现价值增值和价值释放，数据有序流通共享是赋能乡村产业发展和数字乡村建设的关键。在数据采集、汇聚、整合的基础上，聚焦数字农业农村典型应用场景，以多主体利益联结机制共建共享为牵引，兼顾数据安全与隐私保护，推动产供销全链路数据流通与共享，具体如下。

第一，重视数据流通共享过程中的隐私保护与数据安全。加强数据安全与隐私保护，不仅需要政府规制，也依托于先进的数字技术。例如，浙江“象山红美人”基于宁波移动、阿里巴巴提供的区块链技术、隐私安全计算技术，在避免数据被泄漏、盗用、滥用的情况下，推动柑橘“一物一码 + 区块链溯源 + 码上营销”数据流通共享。

第二，打造利益共同体是推动数据流通共享的重要途径。稳定的利益联结关系为数据主体主动共享数据提供了内在驱动力。例如，北京市平谷区大桃产业依托淘宝、天猫、京东等大型互联网企业，低成本、高效率地匹配农户与消费者，实现种植农户、平台企业、消费者之间的利益共建共享，加快推进产供销全链路大数据一体化建设。再比如，浙江省象山县联合当地农户成立象山柑橘产业联盟，促进关键核心数据在柑橘生产者之间的自由流通，在维护“象山红美人”品质、品牌推广宣传、品牌权益保护等方面形成合力。

第三，数据流通共享以平台为主要载体。数字平台企业是数字技术、数字化思维和数字化解决方案的主要提供商，是推动产销对接、价值协同的重要载体，在数据流通共享过程中发挥着关键作用。比如，平谷区的平谷大桃大数据平台，一亩田打造的农产品流通大数据服务体系，象山县的现代农业大数据服务中心、全产业链数字化平台和特色农产品信息交易平台，等等。

（四）数据资源的有效应用和转化

推动产业兴旺、建设数字乡村，核心要素是数据，但关键因素是人，尤其是高素质数字人才和新型职业农民。也就是说，拥有海量、多维数据资源并不意味着能转变为生产要素创造价值，除了数字基础设施等硬件能力，还需要数据挖掘与分析的算法模型等软件能力，以及典型应用场景的探索，更需要将这些硬件和软件应用能力有效化的数字乡村人才。具体如下。

第一，加强新型职业农民培训。新型职业农民是指以农业为职业、具备现代农业生产技能和经营管理能力的新型农民，是乡村振兴战略人才体系中的核心主体。例如，2021年，一亩田发起“灯塔计划”，以数字化新农人培训为基础，以“三产融合发展＋大数据产业分析＋产业振兴综合解决方案”等培训为拓展，通过乡镇培训方式为当地新农人分享农产品销售渠道、品牌打造等方面的经验，引导他们以数字化思维、通过电商平台进行产地特色农产品经营销售。截至2022年6月，一亩田“灯塔计划”已培训全国17个省域、58个县域、130余个乡镇的超过11000名农业生产者。再比如，北京市平谷区高度重视电商人才和数字化人才发展，联合阿里巴巴已完成对2000人的直播培训。

第二，大力引进和培育数字农业农村人才。比如，2021年11月，浙江省德清县正式成立水木数字农业科技创新中心，打造“新农人培训＋农创客＋专家工作站”的农业科创技术交流中心。象山县围绕“象山红美人”系列产品，通过“网货打造＋产销对接＋精准营销＋智能物流＋人才培训”模式，不断提升品牌影响力。

四、数字乡村建设的未来发展趋势

在农业农村数字化转型和数字乡村建设逐渐成为必然趋势之际，应精准把握数据要素综合应用在推进数字乡村建设过程中的发展趋势，推进乡村产业兴旺，加快农业农村现代化，促进乡村全面振兴。

（一）农业农村大数据平台和重要农产品全产业链大数据库将加快建设

农业农村大数据平台和重要农产品全产业链大数据库是数字基础

设施建设的重中之重，是数字乡村建设的“龙头”。农业农村大数据平台通常包括大数据标准化体系、大数据采集网络、大数据处理平台和大数据综合分析平台等，通过对涵盖农村生态、农业生产、农民生活等各方面农业农村大数据的采集、清洗、整合、挖掘、分析、共享、应用、保护和治理，推动农业农村产业、经营、管理、服务和治理的可视化、标准化、数字化和智能化。随着数字乡村建设驶入快车道，各级政府将加大政策支持和资金投入力度，加快建设以数据整合汇聚、挖掘分析和综合应用为导向的农业农村大数据平台，实现农业农村数据互联互通、资源共建共享、业务协作协同。与此同时，随着智慧农业试点项目的持续推进，各级政府也将结合当地产业实际发展需要，采用“政府＋平台＋企业＋农户”“政府＋产业联盟＋特色农产品”“平台＋龙头企业＋农户”等多种运营模式，共建共创共享生猪、棉花、大豆、油料、糖料、瓜果、蔬菜、水产等重要农产品全产业链大数据库。

（二）大数据与农业生产经营融合程度将逐渐加深

随着数据成为新型农业生产要素，释放数据红利对破解农业生产低效率困境具有重大意义。在此背景下，各类传感器、RFID（无线射频识别）、视觉采集终端等感知设备，以及北斗卫星导航系统和高分辨率对地观测系统，将逐步用于农业生产环境、动植物本体感知和生长状况的监测与数据采集；此外，动植物生长模型、大数据算法、物联网技术等软件能力也将不断提升，农业生产经营趋向简单化、标准化、精细化，并由“事后处理”逐步转变为“事前预测”。以“大数据＋畜禽养殖业”为例，部分畜禽养殖场正逐步安装红外监控、电子耳标、环境监控和污水检测设备，应用大数据分析处理技术、可视化技术等，实现畜禽体温、数量、进食状况、运动轨迹等体征数据和养殖场所空气质量、排污量等环境数据的实时采集与可视化分析，以及精细化、智能化的科学养殖，有效减少了人工和管理成本，降低了畜禽病死率。

（三）“大数据 + 农产品”产供销一体化的数智化模式将逐步构建

随着数据要素在农业生产全过程的应用场景变多、应用程度加深，以当地特色农业产业为典型应用场景，逐步构建农产品产供销全链路大数据体系，打造从田间到餐桌的产供销一体化全链闭环，将成为未来数字乡村建设的重要环节。具体而言，在生产端，数据赋能农地逐渐变为规模化、标准化生产作业的“工厂”。农户基于基础数据的可视化分析，就能精准洞察和预测市场产量、销量和价格，形成“以需定产”“以需定研”的新型产销对接关系，更好满足农产品“上行”和“下沉”市场个性化、多样化的消费需求。在流通端，涉农数据将从源头进行采集、整合与管理，具体包括从耕地、育种、播种、施肥、灌溉、病虫害防治、收获，到农产品加工、销售、物流的全过程，真正做到生产有记录、信息可查询、物流可追踪、质量可追溯、隐私可保护，助力延伸农业产业链、优化供应链、提升价值链。

（四）“大数据 + 农产品品牌”的新型营销模式将加速推广

农产品区域公用品牌是乡村产业兴旺的重要体现，是数字乡村建设的亮丽名片。随着农贸行业竞争日益激烈、农产品同质化现象日趋普遍、各地区愈发重视农业区域公用品牌建设与保护，以及头部电商企业加快建设数字农业基地，地方政府将以电商企业为主要营销载体，以数据为关键要素，推动打造具有区域影响力、竞争力和显著溢价能力的农产品品牌。换言之，好的农产品品牌主要取决于高质量的产品和好的营销方式或渠道，数据要素能在其中发挥关键作用。因此，可以预见的是，一方面，数据要素承载的价值信息将成为生产高质量、安全的品牌化农产品的关键因素；另一方面，海量、多维的用户交易数据将越来越成为电商平台实施精准营销、进行农产品宣传推广、提升物流服务水平和农产品附加价值的核心要素。

五、数字乡村建设的政策建议

为了进一步提高数据要素在推进乡村产业发展和数字乡村建设中的综合应用能力，笔者提出“1+1+N”模式的政策建议，即构建一个农业农村大数据体系、培育一支具有数字素养与技能的人才队伍、探索多个数据要素的典型应用场景。其中，构建农业农村大数据体系是基础，培育数字人才队伍是根本，典型应用场景探索与创新是关键。

（一）构建一个全方位、多层次的农业农村大数据体系

农业农村大数据体系是数字乡村建设的关键数字基础设施。一是省（区、市）人民政府牵头，联合高校、科研单位、大数据企业和农户，以问题导向、需求导向、应用导向共创共建共用农业农村大数据平台。加大信息化前端物联设备的研发投入，加快制定数据格式规范、平台接入端口和技术标准等，推动构建标准化、规范化的乡村数据资源目录，为大数据平台开发建设和数据互联互通提供标准化准则；以数据汇集管理、综合分析和整合应用为农业农村大数据体系的核心业务主线，加快数据采集、数据存储、数据管理、数据治理、数据分析、数据可视化、数据流通共享、技术支撑等功能模块的研发设计，为涉农数据要素的多场景应用提供基础支撑；加强数据安全与隐私保护，积极探索区块链技术、隐私安全技术在农业农村大数据平台建设中的应用场景，实现农业农村数据跨部门、跨行业的采集整合与开放共享。二是以县域数字农场、数字农业产业园、智慧农业基地等的落地应用为重点推进“块数据”建设，加快实现涉农数据的归集整合、挖掘分析、开放共享和综合应用。三是以重点农产品全产业链大数据为主线推进“条数据”建设，积极探索单产品全产业链大数据的共享机制，以及数据库的构建思路、路径和模式。

（二）培育一批具有数字素养与技能的人才队伍

数据要素综合应用、乡村产业兴旺与数字乡村建设都离不开高水平

的数字人才。一是加强农民数据意识、数字素养与技能培训，大力培育爱农业、懂技术、善经营、能管理的新型职业农民。二是加快构建系统化、精准化、多样化的数字农业农村人才培育机制，强化数字农业农村人才的基础教育、职业教育和高等教育，努力培育一批高素质、专业化的“本土技术专家”。三是不断强化人才吸纳与人才引领，拓宽招引渠道，打造一支数字乡村建设的领军人才队伍。四是积极鼓励和支持数字农业农村人才“下乡”、大学生“返乡”，推动打造由政府管理人员、专家、返乡大学生等组成的数字乡村常态化服务队伍；引导大中专毕业生、退伍军人、返乡就业人员等参与到数字乡村建设中，不断壮大数字乡村建设的“生力军”“后备军”。

（三）探索和创新多个数据要素的典型应用场景

数据要素与实际业务场景相结合才能产生价值，应用场景越丰富，数据价值释放的潜能越大。一是以产业场景驱动为牵引推进数据要素综合应用。聚焦乡村特色产业发展与兴旺，积极探索和创新数据要素在生产、加工、流通、销售等产供销全链条的典型应用场景，加快推进农产品以销定产和产供销的精准匹配，并依托数字农业、数字农场、智慧农业等试点（示范）项目推动典型应用场景建设与落地。二是以用户场景驱动为牵引推进数据要素综合应用。基于消费者的需求痛点，推动各级各部门、各行业各领域积极探索数据要素在提升农产品质量、优化用户体验、创新营销方式、拓展消费场景、催生用户新需求等方面可能的应用场景，并以互联网平台为主要载体推动典型应用场景建设与落地。三是以垂直场景作为重要切入点，逐步探索数据要素的全方位综合应用场景。垂直应用场景具有小切口、可扩展性强、易形成信息闭环等优点，能够精、深、细地推进涉农数据“资源化—要素化—商品化—资产化”演进，有助于充分挖掘和实现数据潜在价值。依托特色农产品产业链推进涉农数据的垂直场景应用试点示范，积极探索与优先落地商业价值高、技术标准化程度相对较低的应用场景，典型的如生猪、棉花、大豆、油料、糖料、瓜果、蔬菜、水产等特色产业。

参考文献：

[1] 王珏 . 农业大数据反垄断的挑战与法律规制 [J]. 河南师范大学学报（哲学社会科学版），2020，47（5）：56-64.

[2] 徐翔，厉克奥博，田晓轩 . 数据生产要素研究进展 [J]. 经济学动态，2021（4）：142-158.

[3] 李海舰，赵丽 . 数据成为生产要素：特征、机制与价值形态演进 [J]. 上海经济研究，2021（8）：48-59.

[4] 欧阳日辉，龚伟 . 基于价值和市场评价贡献的数据要素定价机制 [J]. 改革，2022（3）：39-54.

[5] 殷浩栋，霍鹏，汪三贵 . 农业农村数字化转型：现实表征、影响机理与推进策略 [J]. 改革，2020（12）：48-56.

[6] 管辉，雷娟利 . 数据要素赋能农业现代化：机理、挑战与对策 [J]. 中国流通经济，2022，36（6）：72-84.

[7] 农业农村部信息中心课题组，王小兵，钟永玲 . 农业全产业链大数据的作用机理和建设路径研究 [J]. 农业经济问题，2021（9）：90-97.

[8] 谢文帅，宋冬林，毕怡菲 . 中国数字乡村建设：内在机理、衔接机制与实践路径 [J]. 苏州大学学报（哲学社会科学版），2022，43（2）：93-103.

[9] 沈费伟 . 数字乡村的内生发展模式：实践逻辑、运作机理与优化策略 [J]. 电子政务，2021（10）：57-67.

[10] 易加斌，李霄，杨小平 . 创新生态系统理论视角下的农业数字化转型：驱动因素、战略框架与实施路径 [J]. 农业经济问题，2021（7）：101-116.

[11] 林琳，林丽鹂，朱家顺 . 2013 大数据元年 [N]. 人民日报，2013-12-25（10）.

[12] 中国信息通信研究院 . 中国数字经济发展报告（2022 年）[EB/OL].2022-07，http：//www.caict.ac.cn/kxyj/qwfb/bps/202207/P020220729609949023295.pdf.

[13] 农业农村部 .“十四五”全国农业农村信息化发展规划 [EB/OL].2022-03-09，http：//www.moa.gov.cn/govpublic/SCYJJXXS/202203/t20220309_6391175.htm.

[14] 农业农村部 . 中国数字乡村发展报告（2020 年）[EB/OL].2020-11-28，http：//www.moa.gov.cn/xw/zwdt/202011/P020201129305930462590.pdf.

[15] 农业农村部 .“十四五”全国农业农村信息化发展规划 [EB/OL].2022-03-09，http：//www.moa.gov.cn/govpublic/SCYJJXXS/202203/t20220309_6391175.htm.

[16] 周琦 .“炎陵黄桃”“象山红美人”卖上了好价钱　特色农产品搭上阿里巴巴知产快车 [J]. 中国经济周刊，2022，826（6）：81-83.

[17] 象山县人民政府 . 我县首个红美人大数据精准采集应用示范项目完成验收 [EB/OL].2021-03-26，http：//www.xiangshan.gov.cn/art/2021/3/26/art_1229361248_58944727.html.

[18] “浙江农业农村”微信公众号 .“双强行动”十佳案例⑧ ‖ 建设未来农业工厂向空间要效益，德清水木公司创新未来农业工厂化种植模式 [EB/OL].2021-09-03，https：//mp.weixin.qq.com/s/cU8TM1LZsJBH0Xl3KvxbiA.

[19] 蔡跃洲，马文君 . 数据要素对高质量发展影响与数据流动制约 [J]. 数量经济技术经济研究，2021，38（3）：64-83.

第 8 章

农业农村碳汇产品助力增收路径研究

——以福建林业碳汇为例

兰思仁　范水生　黄衍[①]

内容摘要：福建省通过挖掘林业碳汇内在潜力，完善林业碳汇交易体系，探索林业碳汇融资途径，增厚碳汇家底，盘活碳汇资产，助推农民增收，取得了较好的成效。但在探索推进过程中，也面临若干挑战：一是林业碳汇开发模式粗放，潜力未充分释放；二是林业碳汇测算口径过窄，林农参与积极性受限；三是林业碳汇金融制度不健全，资本引入难度较大。通过专家组探讨，提出的主要建议为：一是精准提升集体林地碳汇能力，提高林农碳汇资产存量；二是拓宽林业碳汇测算口径，提高林农参与碳汇开发积极性；三是探索碳资产分级开发模式，优化林农碳汇资产结构；四是建立林业碳汇数字化平台，提高林农碳汇资产流转效率；五是健全林业碳汇金融制度，助力林农碳资产价值实现；六是建立健全全民碳普惠机制，增强社会参与碳汇助农动力；七是拓展林业资源综合利用途径，助力林业增效和林农增收。

关键词：碳汇；碳交易；农民增收

① 本章作者：兰思仁，福建农林大学林学教授、校长；范水生，福建农林大学乡村振兴学院教授；黄衍，福建农林大学经济与管理学院副教授。课题组组长：兰思仁。课题调研团队成员：罗朝立、彭献军，中国扶贫发展中心；兰思仁、范水生、黄衍，福建农林大学；杨顺福、唐熠，厦门哈希科技有限公司。

一、国家政策背景及林业碳汇发展综述

2002 年 6 月，在时任福建省省长习近平同志的亲自推动下，龙岩市武平县林业改革一锤定音，由此拉开了全国林业改革的序幕。此后，福建在全国率先开展了以“明晰所有权、放活经营权、落实处置权、确保收益权”为主要内容的集体林权制度改革，并且 20 年来持续深化综合配套改革，集体林权制度改革成为全国标杆。2021 年 3 月，习近平总书记在福建考察时指出，“要把碳达峰、碳中和纳入生态省建设布局”①。此后，相关“双碳”政策相继出台，为挖掘和发挥森林碳库优势，助力乡村振兴战略实施指明了发展方向。

（一）习近平总书记重要讲话精神

2021 年 3 月 15 日，习近平总书记主持召开中央财经委员会第九次会议。会议指出，提升生态碳汇能力，强化国土空间规划和用途管控，有效发挥森林、草原、湿地、海洋、土壤、冻土的固碳作用，提升生态系统碳汇增量②。

2021 年 3 月 23 日，习近平总书记在福建三明沙县农村产权交易中心考察时指出，“三明集体林权制度改革探索很有意义，要坚持正确改革方向，尊重群众首创精神，积极稳妥推进集体林权制度创新，探索完善生态产品价值实现机制，力争实现新的突破”③。

2021 年 3 月 25 日，习近平总书记在福建考察时强调，“要把碳达峰、碳中和纳入生态省建设布局，科学制定时间表、路线图，建设人与自然和谐共生的现代化”④。

①③④《习近平在福建考察时强调 在服务和融入新发展格局上展现更大作为 奋力谱写全面建设社会主义现代化国家福建篇章》，《人民日报》2021 年 3 月 26 日第 1 版。

② 《习近平主持召开中央财经委员会第九次会议强调 推动平台经济规范健康持续发展 把碳达峰碳中和纳入生态文明建设整体布局》，《人民日报》2021 年 3 月 16 日第 1 版。

2021 年 4 月 2 日，习近平总书记在参加首都义务植树活动时强调，“我们要牢固树立绿水青山就是金山银山理念，坚定不移走生态优先、绿色发展之路，增加森林面积、提高森林质量，提升生态系统碳汇增量，为实现我国碳达峰碳中和目标、维护全球生态安全作出更大贡献”①。

（二）国家重要“双碳”政策

2018 年，中央一号文件《中共中央 国务院关于实施乡村振兴战略的意见》明确指出，应以绿色发展引领乡村振兴。之后，中央从生态振兴的视角多维度推进乡村高质量发展，并为农民增收创造可持续的条件和机制。2018 年以来，国家出台了一系列在“双碳”目标下促进百姓富、生态美的政策（如表 8-1 所示）。

表 8-1　2018 年以来国家出台的农业农村碳汇工作相关政策文件

政策文件名称	发文单位	政策文号	出台时间	政策要点
《建立市场化、多元化生态保护补偿机制行动计划》	国家发展改革委等九部委	发改西部〔2018〕1960 号	2018 年 12 月 28 日	将具有生态、社会等多种效益的林业温室气体自愿减排项目优先纳入全国碳排放权交易市场；引导碳交易履约企业和对口帮扶单位优先购买贫困地区林业碳汇项目产生的减排量
《关于建立健全生态产品价值实现机制的意见》	中共中央办公厅、国务院办公厅	中办发〔2021〕24 号	2021 年 4 月 18 日	鼓励企业和个人依法依规开展水权和林权等使用权抵押、产品订单抵押等绿色信贷业务，探索“生态资产权益抵押 + 项目贷”模式，支持区域内生态环境提升及绿色产业发展；健全碳排放权交易机制，探索碳汇权益交易试点
《关于完整准确全面贯彻新发展理念做好碳达峰碳中和工作的意见》	中共中央、国务院	中发〔2021〕36 号	2021 年 9 月 22 日	将碳达峰、碳中和相关指标纳入经济社会发展综合评价体系，增加考核权重，加强指标约束；各地区各有关部门贯彻落实情况每年向党中央、国务院报告

① 《习近平在参加首都义务植树活动时强调 倡导人人爱绿植绿护绿的文明风尚 共同建设人与自然和谐共生的美丽家园》，《人民日报》2021 年 4 月 3 日第 1 版。

续表

政策文件名称	发文单位	政策文号	出台时间	政策要点
《2030 年前碳达峰行动方案》	国务院	国发〔2021〕23 号	2021 年 10 月 26 日	把碳达峰、碳中和纳入经济社会发展全局；重点实施能源绿色低碳转型行动、节能降碳增效行动、工业领域碳达峰行动、城乡建设碳达峰行动、交通运输绿色低碳行动、循环经济助力降碳行动、绿色低碳科技创新行动、碳汇能力巩固提升行动、绿色低碳全民行动、各地区梯次有序碳达峰行动等“碳达峰十大行动”；确保如期实现 2030 年前碳达峰目标
《关于加快建立统一规范的碳排放统计核算体系实施方案》	国家发展改革委、国家统计局、生态环境部	发改环资〔2022〕622 号	2022 年 4 月 22 日	建立国家温室气体排放因子数据库，并常态化、规范化更新，统筹测算这一重要参数，将大力提高不同维度、不同层面碳排放统计核算数据权威性、可比性，强化数据规范应用
《国家适应气候变化战略 2035》	生态环境部、国家发展改革委等 17 部门	环气候〔2022〕41 号	2022 年 5 月 10 日	到 2035 年，适应气候变化技术体系和标准体系更加完善，全社会适应气候变化能力显著提升，气候适应型社会基本建成
《财政支持做好碳达峰碳中和工作的意见》	财政部	财资环〔2022〕53 号	2022 年 5 月 30 日	以支持实现碳达峰工作为侧重点，重点支持构建清洁低碳安全高效的能源体系、重点行业领域绿色低碳转型、绿色低碳科技创新和基础能力建设、绿色低碳生活和资源节约利用、碳汇能力巩固提升、完善绿色低碳市场体系等六大方面，综合运用财政资金引导、税收调节、多元化投入、政府绿色采购等政策措施做好财政保障工作
《科技支撑碳达峰碳中和实施方案（2022—2030 年）》	科技部等九部门	国科发社〔2022〕157 号	2022 年 6 月 24 日	建立碳达峰碳中和科技创新中央财政科技经费支持机制，引导地方、企业和社会资本联动投入，支持关键核心技术研发项目和重大示范工程落地；遴选、支持 500 家左右低碳科技创新企业，培育一批低碳科技领军企业

续表

政策文件名称	发文单位	政策文号	出台时间	政策要点
《农业农村减排固碳实施方案》	农业农村部、国家发展改革委	农科教发〔2022〕2 号	2022 年 6 月 30 日	以农业农村绿色低碳发展为关键，以实施减污降碳、碳汇提升重大行动为抓手，全面提升农业综合生产能力，降低温室气体排放强度，提高农田土壤固碳能力，大力发展农村可再生能源，建立完善监测评价体系
《关于推进政策性开发性金融支持农业农村基础设施建设的通知》	农业农村部办公厅、国家乡村振兴局综合司、国家开发银行办公室、中国农业发展银行办公室	农办计财〔2022〕20 号	2022 年 7 月 18 日	促进农业农村绿色发展；支持国家农业绿色发展先行区创建；支持发展旱作雨养农业、生态农业、绿色种养循环农业，探索碳汇产品价值实现机制

（三）发展林业碳汇助力乡村振兴情况综述

林业碳汇开发是指林木资源吸收和固定二氧化碳并释放氧气，通过林业碳汇项目方法学，将碳汇转换成有价商品，并进行交易，从而实现碳汇收益的过程、活动或机制。林业碳汇是公共产品，具有正外部性，为社会提供了森林生态服务，通过市场交易机制实现生态效益内部化，是一种典型的生态产品价值实现机制。

我国林业碳汇交易属于核证减排量交易，通常有三种项目类型：（1）清洁发展机制（CDM）下的林业碳汇项目，2004 年以来，国家发展改革委共批准了 6 个林业 CDM 项目，其中 5 个已在清洁发展机制执行理事会注册成功，部分减排量被世界银行生物碳基金购买；（2）中国核证减排机制（CCER）下的林业碳汇项目，《碳排放权交易管理办法（试行）》明确了 CCER 的抵消规则，目前 CCER 备案 15 个林业碳汇项目（12 个造林、1 个竹子造林、2 个森林经营），2 个碳汇项目获得 CCER 签发，80 余个项目在审定公示阶段，林业碳汇的价值属性将融入全国碳市场交易体系；（3）其他自愿类的林业碳汇项目，目前已备案的 VCS 项目有 382 个，预计年减排量 7000 余万吨。

林业碳汇的开发利用主要有如下价值。

一是可以促进森林生态资源的合理利用。开发林业碳汇是推进生态文明建设和发展低碳经济的重要途径，在保护森林资源的前提下，推进林业碳汇项目建设，既有利于保护当地生物多样性和生态环境，又能增加林业经营主体的经济收益，形成生态保护与经济发展的良性互动格局。

二是可以突破农村产业发展的瓶颈制约。在森林资源较为丰富且相对落后的山区，可通过林业碳汇资源项目开发，实现融资机制创新，不断吸引社会资本投入林区建设，持续改善设施条件，大力发展林下种养业，变“输血”为“造血”，项目收益将直接惠及林权人，对巩固脱贫成果、助推乡村振兴具有重要意义。

二、福建省林业碳汇发展现状

福建省素有“八山一水一分田”之称，是我国南方重点集体林区，森林资源丰富，山多林多是一大特色和优势，进一步提升森林生态系统碳汇增量，促进林农增收潜力很大。近年来，围绕林业碳汇发展，加快推进的主要工作有以下几方面。

（一）挖掘林业碳汇内在潜力，增厚碳汇家底

一是摸清碳汇家底。结合生态保护红线划定和自然资源普查，开展全省林业碳汇和“土地利用变化与林业”专项调查，建立林业碳汇计量监测体系，按照森林类型、起源和龄组，选取 430 个模型建立森林样地，开展乔木层、灌木层、草本层、枯落物、枯死树木生物量和土壤有机碳调查，动态评估碳汇变化情况，形成碳汇资源“一本账”，全省碳储量超过 4 亿吨。二是实施固碳工程。依靠新增森林面积和提升森林质量，“十三五”期间平均每年新增造林 119 万亩、森林抚育 380 万亩，每

年新增固碳量近 220 万吨；通过森林改造提升、重点生态区位商品林赎买停伐、病虫害防治等措施，防止因森林减少而造成的碳排放增加，每年减少碳排放约 110 万吨。三是推进碳汇造林。选取 20 个县（市、区）林场开展碳汇造林试点，通过更新改造、套种补植，累计实施碳汇造林面积 100 多万亩，每年新增林业碳汇 8.95 万吨，林分质量逐步向好，实现从单一型树种结构向多树种混交型结构转变。

（二）完善林业碳汇交易体系，助推碳汇增收

一是创新林业碳汇项目开发方法学。自 2016 年建立碳市场以来，全省累计完成备案申请的福建省林业碳汇项目（FFCER）123.9 万亩，碳汇量 347.3 万吨，已成交 321 万吨，成交额 4665.2 万元。全省林业碳汇累计成交 283.9 万吨、成交额 4182.9 万元，市场活跃度保持全国前列。其中，三明市尤溪县首单社会化碳汇造林项目惠及近 2000 户林农。三明市“林业碳票”方法学、“一元碳汇”方法学为广大林农加入碳自愿交易市场提供了条件。二是促进林业碳汇交易模式多元化发展。比较有代表性的模式有：“林业碳汇＋乡村振兴”，以经济发展相对滞后的山区碳汇林为开发对象，科学测算碳汇量并以 1 元 /10 千克价格上线销售，公众可通过微信小程序认购，认购款进入专门账户用于林农和村集体增收，让农村地区共享发展红利；“林业碳汇＋中和活动”，建立以林业碳汇推动大型会议活动实现碳中和的机制，如世界遗产大会、数字中国建设峰会、中国资产管理武夷峰会等大型会议活动，通过购买林业碳汇、营造碳中和林等方式，分别抵消所产生的碳排放 300 吨、1097 吨、65 吨，逐步形成以低碳为荣的社会新风尚；“林业碳汇＋生态司法”，建立林业碳汇替代性生态修复机制，在破坏森林资源刑事案件中，责令被告人认购森林碳汇量，通过认购碳汇量替代性修复生态环境，如南平市顺昌县完成全国首个“碳汇＋”生态庭审，一名滥伐林木案被告人主动花费 4 万元在“一元碳汇”平台认购 400 吨林业碳汇，用于对所造成的生态破坏进行替代性修复。

（三）探索林业碳汇融资途径，盘活碳汇资产

一是实施林业碳汇贷。探索以林业碳汇为质押物、以远期碳汇产品为标的物的约定回购融资贷款，将未来林业固碳的生态收益转化为直接经济收益，促进解决当前碳汇市场价格认可度低、碳汇签发周期长等难题。如南平市顺昌县国有林场与兴业银行签订全国首笔林业碳汇质押贷款和远期约定回购项目，林场获得贷款2000万元。二是发展林业碳汇保险。鼓励保险机构积极开发林业碳汇保险、再保险业务，运用市场机制防范化解碳汇损失风险，保障林业碳汇项目稳定发展。如2021年，中国人寿财险福建省分公司在全国率先开展碳汇金融创新，与南平市顺昌县国有林场签下首单银行贷款型森林火灾保险，为碳汇林提供风险保障2100万元；同时，还积极推出首个林业碳汇指数保险，为龙岩市新罗区323万亩林地提供2000万元碳汇损失风险保障。

三、福建省典型林业碳汇案例研究

福建省是我国南方的重要生态屏障，森林覆盖率达66.8%（连续43年居中国首位），森林面积1.21亿亩，森林蓄积量7.29亿立方米，是全国最“绿”的省份之一，年均增加碳汇5000万吨以上。截至2022年6月，福建省累计完成林业碳汇（FFCER）交易量378万吨、交易额5605万元，成交量和成交额均居全国前列。课题组通过对福建省三明市、顺昌县、武平县、上杭县等试点的深入访谈，剖析了“森林生态银行”“林业碳票”“碳汇林”“林业金融区块链”等典型模式。

（一）“森林生态银行”模式

1.“森林生态银行”的基本概念

“森林生态银行”是借鉴商业银行“分散化输入、整体化输出”的模式，引入社会资本投资，构建形成的自然资源管理、开发和运营平台。

该平台鼓励林农在平等自愿和不改变林地所有权的前提下，将碎片化的森林资源经营权和使用权流转进来，再对碎片化的资源进行集中收储和整合优化，转换成连片优质的“资产包”，并委托给专业且有实力的产业运营商或实体经济组织进行具体管理，通过科学抚育、集约经营、发展林下经济等措施，打通资源变资产、资产变资本的通道，从而实现森林增绿、林农增收、集体增财。

2.“森林生态银行”的运行特点

近年来，围绕林业金融改革创新，南平市推出了“森林生态银行”模式，全市累计成立 4 个县级“森林生态银行”运营中心，建立 29 个村级运营平台，为促进林农增收致富探索出了一条新路子。截至 2021 年底，“森林生态银行”的发源地顺昌县共纳入山林 8.15 万亩，惠及全县林农 2510 户，促进林农增收 5.94 亿元。“森林生态银行”的运行可归结为“一村一平台、一户一股权、一年一分红”。

“一村一平台”：每个村建立一个村级森林资源运营平台，整合林农自愿“存入”的无林地、有林地，形成集中连片的“资产包”，交由顺昌县“森林生态银行”实行规模化管理、专业化经营，让林农手里的“绿色资产”有效增值。

“一户一股权”：村级森林资源运营平台将无林地、有林地股份合作经营的保底收益总额度，以户为单位，为每户林农办理股权证，规定股权证可质押、可继承，但不可流转。目前，顺昌县“森林生态银行”累计完成林地林木股份合作经营 1.58 万亩，涉及林农 790 户。

“一年一分红”：每年按约定支付林农当年的保底预分红，待林木采伐后将所得纯利润按约定比例分红，扣除每年预分红后再支付给林农。从试点村情况看，林农户均增收约为 1100 元 / 年，村财政增收约为 10.5 万元 / 年，实现了林区稳定、林农和村财双增收的效果，促进了生态效益、经济效益和社会效益的有机统一。

图 8-1 为调研组在南平市顺昌县森林生态运行中心调研和座谈。

图 8-1　调研组在南平市顺昌县森林生态运行中心调研和座谈

3.“森林生态银行”的合作类型

为保障林农利益和个性化需求，“森林生态银行”在实践中逐步形成了有林地股份合作、无林地股份合作、赎买合作三种类型。

有林地股份合作：无力管理且不愿共同经营的林农，可将林地、林木委托“森林生态银行”进行经营，林农按月支付管理费用（贫困户不需支付），林木采伐后林农可获得相应收益。

无林地股份合作：有闲置林地的林农，主要是指采伐迹地，可以通过流转一个轮伐期的林地经营权获得租金回报。

赎买合作：希望将资产变现的林农，可以按照顺昌县商品林赎买实施方案的要求，将林木所有权和林地经营权流转给“森林生态银行”。

4.“森林生态银行”的“一元碳汇”项目

“一元碳汇”项目是“森林生态银行”开发的第一个扶贫碳汇项目，从 2019 年初开始，依托北京中创碳投的技术支撑，共同创立了扶贫碳汇管理方法学，探索建立政府主导、企业和社会参与，通过市场化、多元化的林业碳汇交易模式，助力林农增收。

项目与兴业银行南平分行联合推出“兴业银行一元碳汇联名卡”，

以金融助力“一元碳汇”，积极引导持卡客户践行“绿色低碳”生活理念。首发的“一元碳汇”联名卡以突出绿色低碳环保和乡村振兴为设计理念，该卡除了具有普通借记卡存取现金、转账结算、消费、理财等金融功能外，兴业银行还有为“一元碳汇”联名卡客户预存的专属碳汇权益，这些权益可通过“一元碳汇”平台进行碳排放指标认购，可抵消日常工作和生活中产生的碳排放量，助力碳中和。

“一元碳汇”项目率先在顺昌县建西镇开展试点工作，首次实名认证后，按 1 元购买 10 千克碳汇量的价格，自愿认购有碳汇存量的林农或集体的碳汇产品。“一元碳汇”试点项目实施以来，应用场景不断拓展，衍生出“碳汇 + 生态司法”“碳汇 + 会议”“碳汇 + 金融”“碳汇 + 生态旅游”等生态产品价值实现途径。截至目前，顺昌县“碳汇”累计交易 22.4 万吨，交易金额 412.5 万元，其中“一元碳汇”认购 4250 吨，共计 42.5 万元。

（二）“林业碳票”模式

1.“林业碳票”的基本概念

“林业碳票”是以林木生长量的增量为测算基础，换算成碳减排量，然后再以票据的形式发放，转化成可交易、可收储、可贷款的收益权凭证，是一定范围内森林固碳释氧功能作为资产交易的“身份证”。简言之，一定范围内的森林每年吸收多少吨二氧化碳、释放多少吨氧气，经第三方机构监测核算、专家审查、林业和相关部门审定，最终制发具有收益权的凭证就是“林业碳票”。该凭证被赋予交易、质押、兑现、抵消等权能，是三明市在深化林改和发展林业经济过程中的一种有益探索，为全国首创。2021 年 5 月 18 日，在三明市将乐县高唐镇常口村，党支部书记张林顺代表全村领取了全国首张编号为“0000001”的“林业碳票”。

2.“林业碳票”的制度创新

为充分发挥林业在推动实现碳中和目标中的重要作用，加快形成生态产品价值实现机制，助力乡村振兴，2021 年 5 月 11 日，三明市政府在全国率先出台了《三明市林业碳票管理办法（试行）》。该办法对三明市“林业碳票”的制发、登记、流转、质押、抵消、管理和监督等进行规范，明确部门职责、理清工作流程，将多种主体纳入项目开发和交易体系，形成了重要的制度创新成果和动力：一是鼓励和引导产权明晰的林业经营主体，参与三明林业碳票制发、流转、质押；对经营面积不大的林农个人，可以采取自愿联合或依托集体经济组织或依托国有林业单位申请制发“林业碳票”；二是鼓励碳服务机构或国有企事业单位采取保底收购、溢价分成的办法收储“林业碳票”；三是鼓励金融机构积极开发碳资产抵质押融资、碳金融结构性存款、碳债券、碳基金等绿色金融产品，参与“林业碳票”存储、流转、融资等；四是鼓励保险机构积极开发碳资产类的保险、再保险业务，支持“林业碳票”事业健康发展。

图 8-2 为调研组在三明市沙县农村产权交易中心考察。

图 8-2　调研组在三明市沙县农村产权交易中心考察

3.“林业碳票”的功能价值

三明市“林业碳票”的开发和推广应用，取得了实实在在的成效。主要体现在以下两方面：一是提高了林业碳汇项目开发的效率，三明市

“林业碳票”从项目生成到备案签发只需 30 个工作日，以减排量计算的开发成本约为 2 元 / 吨，较大幅度地降低了开发时间成本和资金成本；二是解决了林业碳汇项目开发受限的问题，三明市“林业碳票”不受林种、林龄和企业法人的限制，除了用于开发 CCER、FFCER、VCS 的森林及经济林、竹林和灌木林外，无论生态林、天然林、商品林，无论林龄，无论经营主体，只要权属清晰，均可开发“林业碳票”，并从碳中和市场获得相应补偿。

截至 2021 年 9 月，三明市已发行“林业碳票”面积 11.34 万亩、金额 1.12 亿元，惠及 5.99 万人，人均获得现值“林业碳票”高达 744 元，163 个试点村每年村集体可增收 5 万元以上。

（三）“碳汇林”模式

1.“碳汇林”的基本概念

“碳汇林”是指依托林场，通过植树造林、森林资源培育、生物多样性保护等措施，鼓励企业、集体经济组织、林农积极参与造林增汇活动，充分吸收二氧化碳，不断提高森林生态系统的整体固碳能力，并综合运用市场、法制、科技的手段，增强林业在应对气候变化中的功能作用，形成可持续提升碳汇收益的森林经营模式。近年来，龙岩市上杭县白砂国有林场，立足于科技兴林，积极开发林业碳汇项目，探索出了一条可复制可推广的路子。

2.“碳汇林”的增汇机制

龙岩市上杭白砂国有林场建于 1958 年，经营区面积 11 万亩，是福建率先实施碳汇林项目的联农带农基地。该林场坚持把高质量发展作为推进造林绿化工作的宗旨，为了打造高品质“碳汇林”，通过套种补植、抚育养护和新增新造等措施营造“碳汇林”，不断提升碳汇增量和增强碳汇能力。“碳汇林”从选苗到种苗，从种苗到管理，都有着一套科学严谨的标准化程序。按照“规模经营、合作经营、科学经营”的导向，引入包括林农在内的多元化参与机制，秉持“适地适树、树种多样、良种优苗、合理密植、适时抚育、定向培育、科学经营”的精细化造林经营理念，促进森林生态系统正向演替，从而助力提升森林生态系统质量和碳汇能力，并增加碳汇收入。

3.“碳汇林”的科技支撑

“碳汇林”项目是一项系统工程，技术支撑是提升碳汇增量的关键，上杭白砂国有林场通过加强与高校合作，引进专业人才和技术成果，充分提升碳汇林的科技竞争力。目前，上杭白砂国有林场正在实施多项实验示范课题，通过对植被生理结构、二氧化碳含量、感潜热能量及辐射收支等参数的采集，结合地面观测、无人机技术、卫星遥感技术，形成“天—空—地”一体化观测及模拟体系，开展气候变化和陆地、森林碳源汇方面的研究，很好地支撑了“碳汇林”项目的精准实施。

4.“碳汇林”的社会参与

近年来，上杭白砂国有林场积极引进社会资本，集成资源、政策、资金、人才等方面的要素条件，合作开展林木良种繁育、林下经济产业建设、生态旅游产品开发等森林资源经营活动，激活了内生发展动力。比较有代表性的社会参与形式主要有三种：一是与碳排放企业就开发林业碳汇项目建立战略合作关系，探索社会资本参与林业碳汇减排行动新机制；二是通过林下经济种植合作经营，与科技企业、林农合作，打造全省乃至全国最大的林下药材种植基地；三是充分利用优质的森林景观资源，与旅游实体企业、集体经济组织共建影视基地，加快文、商、旅资源的开发与利用。引入社会参与模式是森林生态产品价值实现路径的有益探索，是将“绿水青山”转变为“金山银山”的有效途径，是国有林场实现“不砍树也致富”转型升级的发展新路，也是林场形成可持续碳汇收益的重要保障。

图 8-3 为调研组在龙岩市上杭白砂国有林场考察。

图 8-3　调研组在龙岩市上杭白砂国有林场考察

（四）“林业金融区块链”模式

1.“林业金融区块链”的基本概念

“林业金融区块链”是指利用区块链技术，针对数据壁垒坚固、信息不对称、林权抵押贷款程序冗长等难题，打通和汇集不同部门、节点的数据，实现林权数据协同入链和林农档案共享，形成集信贷业务申请、审贷、评估、担保、登记、放贷于一体的线上服务平台。

2.“林业金融区块链”的平台特点

龙岩市武平县是“林业金融区块链”实践探索的先行区，近年来，建成并运行的“林业金融区块链融资服务平台”被评为全国“两山金融服务实践创新”优秀案例。为进一步破解林农信息不对称、申贷抵押难、程序多、时间长等问题，福建省、市、县三级人民银行和林业部门探索运用区块链新技术在“全国林改第一县”武平县试点建设全省首个“林业金融区块链融资服务平台”，2021 年 7 月该平台建成试运行。该平台依托区块链的去中心化、不可篡改、可追溯、开放性等技术优势，整合林业局、不动产登记中心、评估机构、担保服务中心、征信机构等单位涉及林农的信息，将其经营、资产、信用等状况都链接到该平台，使林农和金融机构登录平台后实现融资供求信息精准对接。

3.“林业金融区块链”的运行机制

该平台主要采取“林农线上提交融资需求，平台撮合成交，线下签约放款”的方式运营。其运行机制为：林农通过手机登录政府网站“i武平”账号发布融资需求申请，平台将林农的相关信用信息整合上链，入驻平台的各金融机构根据权限了解林农申请记录和信用信息，并进行利率等报价，林农自主选择金融机构对接办理融资手续，实现初审、评估、抵押登记等业务网上快速办理。林农通过该平台从申请到获得贷款平均只需 2 天时间（以往需 15 天），截至 2022 年 3 月，武平县共有 10 家金融机构在平台上提供了 49 款信贷产品，754 户林农通过平台提交了融资申请，已成功放款 649 户，总金额 1.28 亿元，贷款年利率比平台外的同类贷款低 0.6 个百分点左右。目前，林农通过“林业金融区块链”的服务功能，不仅促进了林业增汇，同时还发展一批特色林下经济产业，如全县紫灵芝产业总产值达近 1 亿元 / 年、养蜂业总产值达 0.5 亿元 / 年、棘胸蛙养殖产业总产值达 0.35 亿元 / 年、富贵籽产业总产值达 3.5 亿元 / 年。

图 8-4 为调研组在龙岩市武平县调研和座谈。

图 8-4　调研组在龙岩市武平县调研和座谈

四、目前存在的障碍

（一）林业碳汇开发模式粗放，潜力未充分释放

一是非国有林经营粗放，产出较低。福建省的个人和集体所有林普遍存在规模小、自主程度低、投资渠道单一等问题，造成经营粗放、产出低。据统计，全省个人和集体所有林每公顷蓄积量分别为 62.13 立方米和 117.68 立方米，仅相当于国有林的 46.48% 和 88.04%，林地生产力和碳汇潜能未充分释放。

二是林权分散，难以显现规模效益。由于农户对林地、林权流转主观意愿不积极，林权变更登记成本较高等原因，因此林权流转比例较低；加之新型林业经营主体普遍存在内部运行不够规范、合作经营规模偏小、高素质管理人才缺乏等困境，造成服务功能较弱，对小农户的带动能力不足。

三是森林资源管护力量较为薄弱。集体林改后，村集体森林治理力量受到削弱，单家独户的林农面对森林防火、防盗、防病虫害等问题，力薄难防，风险隐患增大，要实现增汇增收面临较大挑战。

（二）林业碳汇测算口径过窄，林农参与积极性受限

一是林业碳汇方法学过于强调额外增加的碳汇量。目前，能进入碳排放交易市场的林业碳汇是指通过“额外性”增加的碳汇量。根据碳交易市场规定，开发林业碳汇的方式是“造林”和“森林经营”。“造林”要求必须是在非林地上实施的造林项目，“森林经营”要求必须是人工林。两种方式都强调了“额外增加”的森林，在实践中，一定程度上导致对既有森林疏于投入，重造林、轻管理，不利于激发林农参与森林管护的积极性。

二是国内目前尚无天然林碳汇项目方法学。国家认可的林业碳汇项目方法学，都强调森林固碳“额外增量”，同时对林种、年龄、开发主体等都有明确限制，导致同样具有固碳减排功能的天然林等无法开发，难

以开展碳汇交易。为此，林业碳汇项目方法学有待进一步完善。

（三）林业碳汇金融制度不健全，资本引入难度较大

一是林业碳汇价值评估困难。林业类型多样，覆盖面积广大，林业资源因其立地条件不同而造成林木生长的动态性和结构存在复杂性，存在调查难度大、评估精度低、人工成本高等问题，当前具备资质、得到林业与金融部门共同认可的资产评估机构与专业人员相对较少，金融市场、评估机构与林农林企难以就林业碳汇价值认定达成共识，造成金融贷款工作推进难度较大。

二是林业碳汇权属登记复杂。由于不同地区的经济社会发展水平、林情现状、利益主体存在较大差异，加之集体林权制度改革任务繁重、技术力量不足等原因，不动产登记中心的权籍勘验工作仍然存在较多问题，给林业碳汇权属界定和登记工作带来较大困难，一定程度上影响了社会资本的引入。

三是林业碳汇流转处置困难。与林业要素市场相匹配的金融服务支持体系尚不完善，缺乏统一的森林资源流转平台和统一的森林资源流转管理机制；林权流转还存在程序不明确、标准不统一、合同文本不规范等问题；林农林企参与积极性不高，林权流动性持续下降，林权处置变现难度加大。

五、对策建议

（一）精准提升集体林地碳汇能力，提高林农碳汇资产存量

一是促进村场合作造林，创新经营管理体系。充分挖掘集体林地的碳汇能力，是林业碳汇生态价值转化的原动力。要立足林农从业意愿和农村劳动力现状，加快推广有林地股份合作、无林地（采伐迹地）股份合作、赎买合作，与林农、村集体开展合作经营。例如，南平市顺昌县

依托“森林生态银行”推出三种合作形式，通过“一村一平台”实现了分散变集中，通过“一户一股权”实现了林农变股民，通过“一年一分红”实现了资源变资金。

二是全面加强森林经营，重视林分改造提升。调研数据反映，抚育较好的林地每亩可得 3~4 立方米间伐材，主伐出材量可提高 1 倍以上。应适当放松抚育间伐限制，可提高农户林分抚育的积极性。

三是完善林业生态保护管理体系，减少碳汇损耗。严厉打击各类违法违规破坏森林资源行为，强化“三防”联防联治体系，减少林业碳汇损耗。

（二）拓宽林业碳汇测算口径，提高林农参与碳汇开发积极性

一是允许有人为干预的森林进行碳汇开发和交易。无论是既有天然林还是新造的人工林，只要有管护、抚育等人为干预且方法得当，其相比于无人工干预的森林，本质上已增加了“额外”的碳中和能力，因此应允许这类森林入市，甚至只有林政部门巡逻而没有人为抚育的原始森林，在条件成熟时政府也可以作为权利人代表开发其碳汇价值，相比于无人监管情景，其已杜绝了盗伐和火灾造成的毁林。

二是针对集体林地类型开发方法学。鼓励林业碳汇开发机构因地制宜、适地适树地开发出匹配各种地理、气候、树种的方法学并积极申报备案，为不同质量的集体林地林业碳汇入市交易创造条件。继续支持推动“一元碳汇”项目方法学实现省级报备，使“一元碳汇”生态产品能够进入福建省碳交易市场挂牌交易，助力“碳库”变“金库”，为建立生态产品价值实现新机制提供“顺昌样板”和“南平智慧”。

三是允许林权暂不明晰的森林参与碳汇开发。虽然对于退耕还林、生态公益林等项目的个别林权归属于农民还是政府尚有争议，但可暂且搁置权属难题，共同开发林业碳汇，并将收益全部配发给农户，以弥补政府转移支付收益的不足。

（三）探索碳资产分级开发模式，优化林农碳汇资产结构

一是加快推进基于“人工额外性”的林业碳汇项目开发。重点探索开发国家核证自愿减排项目，积极参与全国碳排放权交易市场建设。对符合 CCER 方法学要求的林地，进一步优化开发专业流程，形成“项目设计→项目审定→项目备案→项目实施→项目监测→项目核证→减排量备案签发”规范。

二是积极促进“人工额外性”的林业碳汇以外的项目开发。对人工额外性不明显的林业碳汇资产，开发普通自愿减排项目，在市县范围内开展自愿林业碳汇交易项目试点。分类型推进开发专业版和普通版，除经济林、竹林和灌木林外，无论天然林、商品林，无论林龄、经营主体，只要权属清晰，均可以相应的方法学开发林业碳汇，不符合 CCER 方法学要求的林地，开发普通流程，相关专家根据相应方法学完成“测算目标地块林业碳汇量→主管部门盖章确认→对认定的碳汇量核销”工作流程。

（四）建立林业碳汇数字化平台，提高林农碳汇资产流转效率

一是建立林业碳汇动态监测体系。以国土“三调”数据、林业森林资源管理“一张图”年度更新数据为支撑，应用遥感、大数据、物联网等技术，推动“智慧林业”高效发展，形成“统一数据平台、统一基础环境、统一运行管理”和空、天、地、人“四位一体”立体构架体系的“智慧林业云平台”，支持多项业务应用系统运行及拓展，形成全覆盖、大融合的林业碳汇大数据要素市场。

二是建立林农碳汇数字化平台。传统的林业碳汇开发周期长，多半受制度流程影响，通过信息化手段的建立，基于森林生态银行、农村产权等现有交易平台，探索建立区域林业碳汇的认定流转平台，应用物联网、大数据、云计算、区块链等技术，整合不动产登记中心、林业碳汇审定机构、林权服务中心、征信机构及担保公司等部门数据，推

进建立集林权登记、林业碳汇认定、供需对接、市场交易和信用评级等于一体的区域林业碳汇认定流转平台，形成政府部门、碳汇权益人、相关机构的信息信任机制，打造“林业碳汇大数据＋金融科技”的数字化认定流转模式，缩短开发周期，增强林业碳汇流通性和价值实现能力。

（五）健全林业碳汇金融制度，助力林农碳资产价值实现

一是创新林业碳汇金融模式。鼓励有条件的林区，将碳减排量以“碳票”形式发放给林木所有权人，由金融机构以林业“碳票”为质押发放贷款，继续为开发探索碳汇预期质押权贷款、基金、债券、期货等方面提供投融资、项目运营等金融服务。

二是强化集体林权制度保障，提高农户收益的稳定预期。继续巩固和深化产权制度改革，强化林权保护工作和档案管理，建立林权数据动态管理制度，健全林地承包经营纠纷调解、仲裁制度，加快集体林权流转市场监管制度建设，从制度上维护林农的合法权益。提高政策稳定性，充分调动社会资本顺畅进入林业碳汇开发领域。

三是建立林业金融区块链服务平台。借鉴武平县经验，通过打造“数字银行＋数字林业”金融服务新模式，逐步将林业全产业链相关主体的林权抵押登记、评估、流转及林权收储、森林保险、森林生态资源等进行数字化开发，实现整群链接，形成涵盖“林权＋碳汇资产”全量数据的林业金融区块链服务平台。

（六）建立健全全民碳普惠机制，增强社会参与碳汇助农动力

一是建立碳普惠积分评价体系。确定纳入碳普惠机制的碳汇测算标准，确定林农固碳增汇、节能减排行为的折算方法，确定异地碳普惠积分换算准则，推行个人、企业、村级三类主体评价信用管理体系，逐步提高公众林业碳汇发展意识，倡导全社会的绿色生活方式。

二是开发碳普惠便民 App 程序。在“八闽碳惠”“一元碳汇”等应用小程序的经验基础上，进一步开发碳排放核算、碳中和核算功能，覆盖公众和中小企业的碳资产账户、碳交易积分制度等，方便社会大众应用小程序。

三是扩大碳普惠的绿色应用场景。增加碳普惠积分的绿色消费领域，鼓励电商、物流等行业中的绿色生产企业参与碳汇兑换活动，助力乡村振兴；具有低碳意识的个人消费者可以作为新市场的参与者，为出行行为寻求碳中和服务；政府可以作为购买人，为一些政务活动购买碳普惠服务，实现绿色政务。

（七）拓展林业资源综合利用途径，助力林业增效和林农增收

一是进行多方联动的林业资源开发。积极探索“林企＋林农”“林场＋林企＋林农”“林场＋林企＋合作社＋林农”等多元化经营模式，结合不同的管护主体，培育壮大林下经济，搭建宣传推介平台，推进林业生态产品供需精准对接，推动生态优势转化为产业优势、经济优势，提高林业资源开发的效率。

二是探索数字赋能提升林业资源开发效能。利用“互联网＋”推进信息技术、网络技术、生物技术、大数据技术、智能机械等在林业产业中的集成应用，促进基于林业全产业链的业态创新、林业生产方式和经营方式创新以及商业模式创新，延长林业产业链，提升林业资源开发的精细化水平及自动化程度。

三是生态资源联合开发。按照林、文、旅融合的发展方向，发展“森林体验＋林下产品”“森林康养＋森林食品”“森林休闲＋文化节庆”“森林游憩＋生态景观”“森林科普＋自然教育”等开发模式，推进“以三带一”融合，推进用材林、竹林以及花卉苗木、林下经济生产基地景区化、功能化建设。

参考文献：

[1] 赵化，王策，魏子钧，魏明．走进沙县农村产权交易中心看“林改”．[EB/OL].（2021-03-23）[2022-07-17].http://www.fjwx.gov.cn/yw/20210323/2388331.html.

[2] 曾庆洪 . 第十三届全国人大第五次会议代表议案及建议（摘要）. [EB/OL].（2022-03-4）[2022-07-30].https://www.gac.com.cn/cn/news/detail?baseid=18359.

[3] 新华社 . 中央一号文件《中共中央 国务院关于实施乡村振兴战略的意见》. [EB/OL].（2018-02-04）[2022-08-10].http://www.gov.cn/zhengce/ 2018-02/04/content_5263807.htm.

[4] 中国政府网 . 建立市场化、多元化生态保护补偿机制行动计划 . [EB/OL].（2019-01-11）[2022-08-10].https://www.gov.cn/xinwen/2019-01/ 11/5357007/files/a05f5b86d3ec4096b6877135986bc0bf.pdf.

[5] 中共中央办公厅，国务院办公厅 .《关于建立健全生态产品价值实现机制的意见》（中办发〔2021〕24 号）.

[6] 何立峰 . 完整准确全面贯彻新发展理念扎实做好碳达峰碳中和工作 .[EB/OL].（2021-10-26）[2022-08-10].https://m.gmw.cn/baijia/2021-10/ 26/35259273.html.

[7] 农业农村部办公厅，国家乡村振兴局综合司，国家开发银行办公室，中国农业发展银行办公室 .《关于推进政策性开发性金融支持农业农村基础设施建设的通知》（农办计财〔2022〕20 号）.

第9章

农业农村碳汇产品开发研究及典型案例分析
——基于塞罕坝机械林场和定边县的经验报告

张颖　孟娜[①]

内容摘要：农业农村减排固碳是实现乡村振兴、推动农村生态文明建设的重要手段，也是改善农村生态环境、助推农民增收的重要途径。课题组通过对河北省塞罕坝机械林场、陕西省定边县一线调研和深入研究认为：森林碳汇产品开发受碳市场政策影响较大，市场准入门槛较为苛刻，应适当降低市场准入门槛，扩大林种交易范围和配额限度，加强第三方认证，做好普通百姓的碳普惠；农田碳汇产品开发应做好绿色科技创新，做好农业资源的合理利用；草地碳汇产品开发应做好“种养一体化”，减少碳足迹。研究也发现我国农业农村碳汇产品开发助推农民增收出现了社会资本参与农业碳汇开发的特征，应从全产业链周期开展碳汇产品开发工作，并从政府、市场、农户三方面共建共享共治，实现碳汇产品的供应者、农户和参与商共赢，促进碳汇产品开发和农民增收。

关键词：农业农村；碳汇产品开发；典型案例；农民增收

实现碳达峰碳中和目标是应对气候变化、着力解决资源环境约束

---

① 本章作者：张颖，北京林业大学经济管理学院教授、博士生导师，美国科罗拉多州立大学合聘教授；孟娜，北京林业大学经济管理学院博士研究生。课题组组长：张颖。课题调研团队成员：张颖、孟娜；余世稳、田志、刘衍君，中投咨询有限公司。

突出问题、实现社会经济可持续发展的必然选择。目前，森林碳汇是国际碳市场交易的主要产品之一，也是我国实现“双碳”目标的主要生态产品之一。但是不容忽视的是，农业农村领域对降低碳排放、实现“双碳”目标也至关重要。2022 年中央一号文件强调，探索建立农业农村碳汇产品价值实现机制是农业农村实现碳汇增收的重要途径。

在我国，农业农村减排固碳是实现乡村振兴、推动农村生态文明建设的重要手段。农业作为一个特殊的生产部门，其生态系统在碳的增汇减排中占据重要地位，通过采用合理的农业经营管理措施，能够增强土壤固碳能力，进而提升土壤的碳库存水平和土地生产肥力，实现农业增产的同时增加农业碳汇量，并不断改善生态环境。然而当前，我国农业农村减排固碳的生态价值和经济价值尚未充分体现，一系列农业农村减排固碳模式尚处于探索阶段。笔者基于调查研究和实地走访，从全国范围内选取河北省塞罕坝机械林场和陕西省榆林市定边县，以塞罕坝森林碳汇交易、定边县白泥井低碳蔬菜种植园、定边县石光银治沙集团造林项目以及定边县“种养一体化”牧草业发展为典型案例，进行深度剖析。

一、农业农村碳汇产品主要类型及概况

我国提出力争于 2030 年前实现碳达峰和努力争取 2060 年前实现碳中和的目标，在相对较短的时间内实现这样的战略目标，首先需要清楚地了解我国主要生态资源情况。其次要做好顶层设计和规划，落实好《中共中央 国务院关于完整准确全面贯彻新发展理念做好碳达峰碳中和工作的意见》《2030 年前碳达峰行动方案》等政策文件。我国农业农村资源潜力巨大，所涉及的农田、森林、草地生态系统是实现碳汇增加的主要来源，也是碳减排的重要途径。因此，摸清我国当前森林、农田、草

地等资源的分布状况、碳汇开发现状、开发潜力、碳汇开发对农户主体行为的影响等，是后续开展农业农村碳汇产品开发的重要前提和保障。

（一）我国林业碳汇总体概况

林业碳汇主要指利用森林的储碳功能，通过实施造林再造林和加强森林经营管理、保护和恢复森林植被等活动，吸收和固定大气中的二氧化碳，并按照相关规则与林业碳汇交易相结合的过程、活动或机制。通过经营林业碳汇项目产生的碳减排量经监测、计量及核算后，成为核证碳信用（CER），可以进入国际或国内碳交易市场，由具有温室气体减排意愿或需求的主体购买，从而实现其价值。

1. 森林碳汇开发助推农民增收类型

我国政府于2001年启动全球碳汇项目，支持和鼓励造林再造林活动。目前，我国本土性的林业碳汇交易主要有两种类型：一是林业碳汇自愿交易，即市场主体间不以实现《京都议定书》的碳减排目标而进行的碳信用额度交易。二是碳排放权交易下的林业碳汇交易，即负有强制减排义务的企业出于冲抵自身碳排放量的需要而购买林业碳汇的一种碳排放权交易。从农户增收角度来看，主要分为两类：一是通过将林地经营权转至村集体，村集体与公司签订碳汇经营合同；二是农户以林地入股并建立协同合作机制经营，或将林地入股加入公司或共同经营，从而实现碳汇交易助推农民增收。

2. 我国森林碳汇开发潜力及空间分布状况

从我国森林碳汇发展潜力来看，2003—2050年，我国陆地森林植被覆盖面积将由21884.89万公顷增加到29710.68万公顷，净增加7825.79万公顷；森林植被碳储量也将由77.10亿吨增加到158.42亿吨，净增加81.32亿吨。从我国的森林碳密度状况来看，2003—2050年，我国森林植被碳密度增长趋势加快，但是仍然低于世界平均水平。而随着我国森林资源数量的持续增加，森林质量稳步提升，预计2050年后，森林碳密度将会继续增长。同时，从相关数据中发现，2013—2020 年我国新增造林面积有所减小，导致碳汇出现小幅度下降，但是伴随着我国森林质量的提升，林业碳汇的发展仍然呈上升趋势。

从我国各地区森林植被碳储量和碳密度的空间分布情况来看，我国乔木林碳储量和碳密度区域差异显著。乔木林碳储量主要集中在东北地区和西南地区，占总碳储量的 67.54%，碳储量较小地区包括中南地区（人口密度较大）、华东地区（人口密度较大）、西北地区（干旱）以及华北地区（半干旱）。西南地区碳密度最大，其次是西北部分地区和东北地区。

从森林碳汇与农户参与程度看，我国现有林地 45 亿亩，其中集体林达到 27.37 亿亩。但长期以来，集体林地的生产力水平普遍较低，森林生态服务功能未能得到充分体现。集体林改“分林到户”后，农户可以通过对森林的健康和可持续经营来增加森林蓄积量和碳储量，从而实现森林碳汇参与市场交易。目前，农户参与森林碳汇交易主要有以下几个方面的利好：一是有利于推动森林碳汇交易的生态公益林补偿机制构建。由于政府资金不足，在生态公益林的经营上，普遍存在公益林保护和林农增收之间的矛盾。而发展碳汇林经营，将生态公益林产生的碳汇产品纳入碳交易市场体系，可以使农户通过可持续经营增加碳汇并获得收益，实现森林生态效益的市场化补偿。二是森林碳汇交易拓宽了林业增收途径，扩展了农户的增收渠道。相较于林权抵押贷款的现实风险，碳汇林经营是一种内源性的融资，是农户通过提高林业资源利用率和林地产出率而进行的自我增值和自我积累。森林碳汇资源的市场配置作用，能够在很大程度上形成对农户提供碳汇供应的有效激励，推动“绿水青山”变“金山银山”。三是森林碳汇交易有利于提升集体林业的规模化和科技化。为实现碳汇等生态产品系统稳定的供给，林业碳汇项目的开发往往成规模进行，遵循科学严格的技术和程序规则，这将在一定程度上缓解了集体山林因“分林到户”造成的经营规模不经济的问题，同时也避免了因林农不规范的经营行为而产生的负生态效应，有利于集体林业的科学、可持续发展。同时，森林碳汇的开发不仅增加了碳储量，还对森林生态系统的稳定性、适应性和整体服务功能，以及生物多样性保护、流域保护和社区发展等具有积极意义，有助于实现“国家得生态、农民得实惠”的集体林业发展目标。

3. 影响森林碳汇开发和增加农民收入的因素

从现有研究和实际调查分析来看，以碳汇造林再造林为例，主要存在以下几点影响农户增收和参与积极性的因素。一是森林碳汇项目开发周期长、见效时间长，实施层面仍停留在大中型企业，难以落地。由于碳汇造林再造林项目开发周期长、实施范围广、申请成本高且采取后付机制，导致农村地区的造林再造林项目很难直接进入市场，大多还局限于大企业组织实施。二是生产技术性和“门槛”要求较高，对农户的生产活动限制较多，导致农户参与意愿不高。碳汇造林往往对碳吸收和固碳行为额外性及其避免泄漏等有特殊要求，导致项目实施区农户放牧、林下种植、薪柴砍伐等传统生计活动受到限制，部分农户从林木种植中所获收益明显小于其机会成本，且远低于种植养殖业所带来的经济收益。三是低廉的市场价格无法引起农户参与兴趣，在经济收入渠道方面的可替代性较高。低廉的劳务价格也挫伤了农户参与的积极性，对森林碳汇影响农户经济收益的争议往往较多，碳汇价格较低，入不敷出，这也成为后续评估森林碳汇项目是否为惠农项目的一大挑战。

（二）我国农田碳汇总体概况

1. 农田碳汇开发的潜力评估

农业既是全球重要的温室气体排放源，同时又是一个巨大的碳库。据联合国粮农组织（FAO）的数据统计，农业用地释放出来的温室气体超过了全球人为温室气体排放总量的 30%。在我国，农业温室气体排放仍占我国温室气体排放总量的 24%。在种植业碳排放方面，主要来自农田灌溉、农田翻耕等农业生产过程中排放的二氧化碳，秸秆等废弃物燃烧排放的二氧化碳，水稻种植排放的甲烷，化肥、农药、农膜生产与施用排放的二氧化碳和氧化亚氮，以及农业机械使用过程中排放的二氧化碳等温室气体。据全国多目标区域地球化学调查结果显示，我国土壤的平均碳密度为 48.8 吨 / 公顷，远低于欧美等发达国家的平均水平。在不考虑不同农业技术措施对农田土壤固碳协同效应或拮抗作用的条件下，粗略估计，我国若推动秸秆还田、合理施肥和保护性耕作三项措施，农田土壤的固碳速率可达到 1.82 亿吨碳 / 年。因此，在发展低碳经济方面，农田生态系统潜力巨大。

2. 农田碳汇开发现状

随着“双碳”目标的实施，我国碳汇项目从主要针对森林碳汇逐步扩大至农田、草地、湿地、海洋等不同生态系统。其中，在农业生产领域中，不少地区针对农田生态系统开展了一系列低碳农业技术和发展模式。例如，以测土配方施肥和节水灌溉为主的精准农业投入模式，以粪便管理、秸秆回收和户用沼气为主的农业废弃物处理和利用模式，以提高饲料利用和转化效率为主的牲畜饲养和甲烷管理模式，以种植制度改革为主的水稻田温室气体减排模式等。上述几种模式主要集中在减少农业各个生产环节的碳排放以及增加植被和土壤的碳汇量，这些成为低碳农业发展的关键。整体而言，我国当前在农田碳汇上主要集中在如何减少碳排放，而对于如何实施农田增汇尚处于空白。在具体测量农田作物的碳密度高低、农田产生的总体碳储量、是否需要按照农作物碳汇进行种植等方面，缺少具体规划和措施，因此我国目前农田碳汇开发尚处于初级探索阶段。

3. 影响农田碳汇开发和增加农民收入的因素

我国农田碳汇开发潜力巨大，如何正确推动农田碳汇开发并助推农民增收？调查研究发现，影响农田碳汇开发和农户增收的因素主要有以下几方面。一是耕地质量和耕地利用效率水平。我国各省份因经济发展水平、耕地生产基础和资源环境状况各异，加之传统东、中、西部地区的一些耕地粗放式生产，导致耕地质量总体较低，耕地碳汇水平不高，进而影响农户增收。二是农田种植品种。研究表明，不同农作物其固碳水平不同，而各地区由于生态环境差异，导致其农作物种植有所不同，进而不同地区农田碳汇高低有一定差异，而农户因农作物种植种类不同，对其收入也有所影响。三是技术开发。粗放的耕种方式往往使农田成为最大的碳源，如何将农田由碳源转变为碳汇，这其中不仅需要农田绿色技术升级，也需要经营管理水平的提高。但是目前农田碳汇技术开发还停留在初期阶段，无法应用于农田碳汇增收。

（三）我国草地碳汇总体概况

1. 我国草地的空间分布及其碳储量水平

我国草地碳储量主要集中于高寒草甸类、高寒草原类、温性草原类。这几类草地主要位于中国北部和西部，占我国草地面积的 38.56%，储存了大约我国草地土壤碳的 51.65%。其中，高寒草甸类和高寒草原类草地主要分布于青藏高原地区，该地区海拔高、温度低，有机质分解缓慢，碳储量较高；其他草地类型如荒漠、沼泽、山地等则碳储量较低。

我国高寒草甸类草地面积最大，为 5883.42 万公顷，占全国草地面积的 17.77%，其碳储量占到中国草地总碳储量的 25.6%；温性草原类草地、高寒草原类草地和温性荒漠类草地面积占全国草地面积的 30% 左右（各占 10% 左右），其中高寒草原类和温性草原类的碳储量分别占中国草地总碳储量的 14.5% 和 11.0%。在草地总碳储量中，高寒草甸类草地、高寒草原类草地和温性草原类草地的碳储量占到全国草地总碳储量的 1/2，温性荒漠类草地的生产力较低，碳储量也较小。

另外，我国高寒草甸类和高寒草原类草地面积约为全国草地面积的 1/4 左右，但高寒草甸类、高寒草原类和温性草原类草地碳储量占全国草地碳储量的 1/2。而其他类型草地，如沼泽、温性荒漠类、高寒荒漠类、高寒荒漠草原类、暖性草丛类、暖性灌草丛类、热带草丛类、热带灌草丛类、干热稀疏灌草丛类等草地碳储量只有 129 亿吨，不足草地总碳储量的 1/3，尤其是沼泽面积及其碳储量都比较低。

2. 草地碳汇开发潜力评估

根据相关研究资料，在当前气候条件下，我国草地潜在年碳汇量为 7.73 亿吨，可消减我国 2000 年 77.32% 左右的工业碳排放量（10 亿吨），且我国草地主要分布在青海、西藏、内蒙古、新疆、甘肃和四川等地区。这些地区的草地总面积为 2.93 亿公顷，占全国草地总面积的 3/4 左右。因此，从草地碳汇开发潜力来看，冻原和高山草地、温带湿润草地、斯泰普草地和半荒漠草地大类（如表 9-1 所示）的年碳汇潜力较大，而这些草地也主要分布在青海、西藏、内蒙古、新疆、甘肃和四川等地。

表 9-1　我国各类草地年碳汇潜力及分布情况

草地类型	年碳汇潜力（百万吨碳）	占比（%）	分布情况
冻原和高山草地大类	250.7	8.49	西藏、青海、四川、新疆
温带湿润草地大类	249.5	8.45	内蒙古、黑龙江、甘肃
斯泰普草地大类	127.5	4.32	内蒙古
半荒漠草地大类	93.7	3.17	—
冷荒漠草地大类	36.1	1.22	—
萨王纳草地大类	15.7	0.53	—
热荒漠草地大类	0.039	—	新疆

数据来源：任继周，梁天刚，林慧龙．草地对全球气候变化的响应及其碳汇潜势研究 [J]. 草业学报，2011，20（2）：1-22.

3. 影响草地碳汇开发和增加农民收入的主要影响因素

一是草地面积。通过退牧还草、治沙种草、人工种草、退化草原恢复等工程来增加可利用草原的面积，实现草地碳汇量的总体增加。二是草地质量。草地质量的提升可以使草地单位面积的碳汇水平有所提升，积极改良草地品质，对草地进行播种、浅耕、松土、施肥等措施也能改善土壤水分和养分，在一定程度上能够增加土壤的固碳能力，从而实现草地碳汇开发。三是草种的类型和草地植被密度。不同草地植被类型及其碳密度有所差异，草地植被类型的多样性有利于稳定草地植被碳汇的开发，并间接提升草地的生产能力和增加生物量。

（四）小结

通过上述对我国农业农村主要生态资源类型，包括森林、农田和草地的开发现状、空间分布的分析，由于各生态资源开发现状不同，空间分布差异较大，因此农户参与农业农村碳汇产品开发的影响因素有较大差异。总体来看，首先，三种生态资源目前均面临碳汇产品开发技术方面的困境，这是影响当前提升农户碳汇增收的关键因素；其次，当前国内碳汇市场价格较低，对农户参与农业农村碳汇产品开发刺激性不足。除此之外，林业碳汇项目“门槛”要求较高，不同作物品种、草地质量等也在不同程度上影响我国农业农村碳汇产品开发。

二、农业农村碳汇产品开发增收的典型案例分析和经验

农业作为一个特殊的生产部门，其生态系统在固碳增汇减排中占有重要地位和发挥重大作用，通过第一部分对我国农业农村所涉及的主要生态系统碳汇产品开发现状、空间分布情况及相关影响因素的分析，可以发现我国农业农村碳汇产品开发潜力较大。2005 年，我国政府颁布了《清洁发展机制项目运行管理办法》，以法规的形式来确保我国碳减排目

标的实现，加之我国能源利用效率低和能源需求增长迅速，决定了我国在发展碳汇产业上的巨大需求。但是纵观全国，关于农业农村碳汇产品开发的典型少之又少，如何将碳汇产品开发从纸面文字具体落实到基层并惠及农户成为当前面临的主要问题。基于此，此次调研通过科学筛选和实地考察，分别以河北省塞罕坝机械林场和陕西省定边县为主要调研区域，共选取四个案例进行分析。

（一）充分挖掘社会资本，鼓励社会力量参与农村碳汇开发

农业农村可持续发展是我国不断探索的重要路径，而社会资本参与农业农村生产建设无疑是当前农村的主要资本力量。特别是在农村碳汇开发中，碳汇市场本身就是由政府组织的一种特殊市场，如何让该市场内的碳汇、资金有效运转起来，社会资本发挥着重要作用。从实地调研中我们发现，已经出现社会资本参与农业碳汇产品开发和交易的特征。以塞罕坝机械林场为例（如图 9-1 所示），地方政府为鼓励企业履行社会责任和提高企业的社会知名度，部分企业被要求购买当地碳汇，塞罕坝伯斯特君澜酒店就是一个典型例子。经围场县人民政府发起，机械林场与围场县人民政府联合启动塞罕坝伯斯特君澜酒店购买塞罕坝森林碳汇

图 9-1　塞罕坝机械林场

项目，2021年6月，中环联合（北京）认证中心向塞罕坝伯斯特君澜酒店颁发了碳中和证书，这是塞罕坝第一家获得碳中和认证的酒店。酒店通过购买575吨二氧化碳当量的塞罕坝机械林场碳汇造林项目产生的核证自愿减排量（CCER），并进行了酒店全部排放量抵消，实现了特定时段碳中和。该酒店下一步还将通过节能提效、建设绿色酒店、鼓励绿色住店等，持续开展碳排放管理。此举以绿色低碳为特色，吸引了各地游客入住，提升游客旅游的新奇感和获得感。

此外，定边县沃野蔬菜基地也出现社会资本参与农业碳汇交易的特征，虽然并未开始进行明确的农田碳汇交易，但是沃野蔬菜基地从碳汇产生的源头引进相关低碳技术，增加蔬菜基地碳汇生产量，为后续碳汇交易上市做了一定的前期基础性工作。

（二）重视农民企业家，发挥农民企业家的带头作用

从根本上来说，碳汇市场活力来源于人，特别是来源于企业家及其企业家群的带领，在碳市场交易中也不例外。碳汇对于广大基层农民而言是一个陌生的领域和新鲜的事物，需要能够带领群众了解和参与到碳交易市场的“能人”，而农民企业家无疑是最好的选择。在农业农村碳汇市场开发中，应发挥农民企业家的带领作用，调动农民参与碳汇市场交易的积极性。

从调研的多个项目来看，由于受到各种复杂因素的影响，农民企业家带领农户参与碳汇市场交易的模式仍处于初步探索阶段，但是课题组估算了有关企业潜在的碳汇量，认为一些企业未来发展农业农村碳汇产品的空间较大。陕西省石光银治沙集团有限公司成立于1984年，是全国第一个“联合农户治沙”的农民治沙公司。狼窝沙是石光银承包治理的荒沙中最难啃的硬骨头，面积共6000余亩，沙丘纵横，常年大风不断。从1985年起，石光银带领100多户乡亲，在随后几年里发起了“三战狼窝沙”的战斗。他们最终征服了周边5.8万亩荒沙，造林成活率在

90% 以上，后来又取得更大的治沙成果，如今治理国有、集体荒沙、碱地总面积达 25 万亩（如图 9-2 所示）。公司按照市场经济规则，实行股份制经营管理，并把股份制引入承包治沙之中。对自愿联合加盟的贫困户，公司实行按能力承包治理，以“新兴林牧场”为基础，和每个承包户签订治理合同，层层承包，按股分红。在实地调研中发现：由于主要治理区被划分为禁止采伐区域，不允许对林木进行任何性质的采伐，导致营造起来的森林植被没有直接经济收益，加之后期林种更新费用（400 万元）和管护费用（100 万 ~150 万元）支出较大，致使投入与产出差距大，极大地影响了荒沙治理进程和经济回报率。此外，从森林碳汇角度来看，现有防护林多为 20 世纪 80 年代所种植，主要以杨、柳、榆等乡土树种为主，现在大部分已经到了成熟、过熟林龄，濒死树木比例较大，从而可能成为碳源，使得森林碳汇效率下降，最终影响当地农牧民的收益和碳汇经营者的参与积极性。因此，迫切需要重视农民企业家作用，让农民企业家带头参与到碳汇市场交易中来，以促进农业农村碳汇市场的发展。

图 9-2　狼窝沙治理区治理前后对比

在本次调研中，根据石光银治沙集团三个治理区森林植被覆盖总面积和相关区域的森林蓄积量等数据，我们对该公司的碳汇量进行了粗略估算。石光银治沙集团三个治理区林木总蓄积量为 25609 立方米，通过生物量法可估算得出三个治理区每年增加蓄积量为 307 立方米，林木总碳储量为12164.28吨，最终每年新增碳汇量约为561.81吨。如果按照当前我国碳汇市场价格来估算，石光银治沙集团三个治理区碳汇潜在交易价值约为152.77万元，每年新增林木碳汇价值约为7.06万元。如果按30年经营期核算，可用于林木碳汇交易的价值约为211.8万元，一定程度上可缓解林木经营管理的“赤字”，按照该公司当前“公司+农户+基地”的运行模式，也可增加入股农户的经济收入（如图9-3所示）。

图9-3　课题组与“七一”勋章获得者、全国治沙英雄石光银合影

（三）发展组合经营模式，从全产业链周期开展农业农村碳汇工作

产业链组合经营模式是在农业农村的低碳发展中需充分重视的问题。具体包括产、供、销以及农业垃圾处理在内的产业链上所有环节，实现从土壤到餐桌的全程低碳。首先，实现农产品生产源头的低碳化。借鉴有机农业和生态农业、绿色农业的经验，在农产品的生产过程中，通过改进工艺实现降低能耗、减少污染。其次，实现农产品生产过程的低碳高效。比如，改进灌溉方法，采取滴灌技术，减少灌溉中的用水消

耗，提高灌溉效率。再次，实现农产品加工、深加工和运输阶段的低碳升级。在农产品加工中，采用低碳的生产技术，杜绝过度包装，同时采用低碳的运输方式。此外，建立健全碳足迹认证体制，对每一个进入消费领域的农产品进行碳足迹评估，规范低碳农产品认证体系。最后，做到农业废弃物处置合理化、垃圾资源化，实现农业废弃物的资源化利用。组合经营模式就是把农业生产每一过程中一组相似的对象当作一个单一的对象进行经营管理，以提高效率，减少碳排放。该模式在组织农业生产中十分有效，在农业农村碳汇工作和农业生产全产业链周期中应该考虑该模式。

白泥井镇沃野蔬菜种植基地：从对定边县的调研中我们发现，该基地产业链较为完整，基本实现了从田间地头到餐桌的整个产业链模式发展，并且在最初蔬菜种植的过程中已有意识尝试采用一些技术来提升其固碳水平。该蔬菜基地主要通过全产业链组合经营模式，提升整个蔬菜产业的生态经济效益：一是在产业链上游，引进新兴固碳技术，提升大棚蔬菜种植过程中的固碳水平。在现有研发的 117 个高产品种的基础上，加大与西北农林科技大学的合作力度，优化种子质量，因地制宜研发出更多的优质品种。种植过程中采用固碳种植技术，与普通大棚种植相比，可提升三分之一的固碳水平。二是在产业链中游，针对白泥井镇蔬菜、肉食加工厂分布过于分散、没有进行统一管理，造成了大量土地被低效使用，且长期存在生态环保等问题，白泥井镇就此对蔬菜种植、肉食品加工、农机具使用等进行统筹和集约，扩大了农产品生产规模，降低生产过程中碳足迹的产生，拉长产业链。三是在产业链下游，针对销售规模不一、市场销售脏乱差严重等现象，采取统一销售市场、全面包装农副产品、统一价格、打造区域品牌等措施，提升绿色产品的经济效益，降低碳排放，增加农户收入。2019 年，全镇农业产值达 22 亿元，人均可支配收入达 35000 元。

张兴庄牧草基地：定边县人均土地面积为2.8公顷，天然草地类型丰富，植被种类繁多。定边县通过规划，将贫瘠土地用来发展牧草，把低产农田变为草地或森林，实行农林复合、林草复合的经营方式，提高地方草地生态系统的固碳水平。在产业链上也采用组合经营模式，一是实行“封山禁牧”，推行“以草定畜”，逐步恢复草地覆盖面积。2001年定边县开始实行封山（滩）禁牧，鼓励农牧民进行“舍饲养殖”，对草地资源进行科学合理利用，对天然草地、草滩进行科学划区，实行围栏轮牧；根据饲草资源的供给量核定载畜量，进行登记确认，建立档案资料，落实以草定畜、种草养畜、草畜配套，林草覆盖率大幅度提高，以食草动物为主的畜牧业得到了快速发展。二是通过相关专家评估，依托政府部门，建立牧草良种种植基地，提升产业链上游产品质量。定边县通过聘请相关专家，通过实地考察，对该地区牧草种植情况进行充分调研，依托县政府相关部门规划，建立稳定的牧草种植基地，提升产业链上游牧草的总体品质和产量。三是构建牧草深加工厂，强化产业链中下游的产品深加工环节，降低碳足迹。在辖属乡镇构建牧草收购站6处，统一收购农牧民牧草，并统一销往上海光明乳业、内蒙古蒙牛乳业等企业，实现种植、养殖有机结合，增加农牧民收入（如图9-4所示）。

图9-4　课题组前往定边县牧草种植基地考察

（四）小结

结合上述案例的分析我们发现，基层落实农业农村碳汇产品开发还有一定难度。河北省塞罕坝机械林场作为较早开展林业碳汇交易的地区，虽然成功地实现了碳汇收入，但是仍没有惠及农民和普通职工。而定边县在农业、畜牧业生产和防沙治沙中形成了许多有利于碳汇产品开发的做法，但是由于各种原因，这些碳汇并未形成产品和收入，而农户的增收主要体现在各生产环节中。从目前来看，所选地区的农业农村碳汇产品开发具有一定的潜力，但是如何将碳汇惠及农户并助力农民增收仍然是一个需要解决的问题。当然，从实际调研反馈中得知，基层领导也在积极探索一些做法。

三、碳汇产品开发增收的主要问题

（一）潜在可交易碳汇量难以进入市场，碳汇市场顶层设计有待完善

碳汇产品的市场需求主要受碳市场的政策影响。国家对排放企业管控越严格，碳市场中碳排放抵消比例越大，则市场对碳汇的需求量也越大。从实际调研情况来看，基层反映较多的是我国碳排放交易试点普遍设置了较为苛刻的准入门槛，市场秩序仍旧混乱。比如，准许进入碳汇市场交易的树种范围较小、各地允许开发的碳汇减排量时间尚不统一、第三方认证机构的科学性和严谨性等有待完善，导致大量实际碳汇无法进入市场进行交易。因此，政府主管部门应不断完善碳市场顶层设计，提升我国碳汇产品的需求空间。

（二）林地管理意识淡薄，权属问题不明晰

从实地调研来看，不同省份在林地权属确权、林地经营管理水平方面有待提升，林地权属确权和林地非法侵占成为亟待解决的问题。不同县域因其政策和经济发展情况的差异，出现了农业农村一些林地、草

地、沙地等确权工作开展程度的差异。一是林地权属问题。河北省围场县塞罕坝林地确权问题主要集中在个体农户层面，农户房前屋后林木分布零散，确权工作量巨大，一些权属问题尚不明晰。二是林地管护意识淡薄，防护林面积退化严重，防护效益严重受损。陕西省定边县林地问题主要为防护林划定地出现破碎化现象。现有防护林多为20世纪80年代营造，且以乡土树种为主，防护林占全县林地总面积的60%左右。截至目前，大多数林种已经到了成熟、过熟林龄，濒死树木比例较大。“大集体”时期构建的农田防护林网中有80%已经退化，加之后期管理不到位、地下水位下降、过度放牧等，使得林地被侵占，划定的防护林地破碎化，防护林的生态防护效益下降。三是农林发展矛盾难以解决。按照国家相关法律规定，严禁侵占公益林，但是长期以来，农户为改善经济生活条件，擅自毁林开荒，非法侵占防护林地，破坏森林资源，影响了林地的正常经营管理。以定边县为例，该县307国道两侧的土地升值较快、农业效益明显，土地经营者不愿意继续植树造林，出现故意毁林占地、蚕食退化的农田防护林等行为，使得农林发展矛盾加剧。

（三）基层舆论氛围不足，社会公众参与积极性不高

无论是基层工作人员还是农牧民，对碳汇相关知识了解较少，碳汇普及工作远低于要求的水平。一是基层干部层面，在部门座谈和实地走访中发现，基层工作人员对于碳汇相关概念、碳汇相关测算方式及碳汇对农户的影响等基本知识和概念不了解。定边县某部门工作人员反映：“只是听说过碳汇的概念，但是具体如何实施还没有相关规划，更不用说怎么从农业这个方面开展相关工作部署。”二是农牧民层面，从调研数据来看，90%以上的农户不清楚什么是碳汇，表示没有听过类似的概念，只有不足10%的农户听过碳汇相关的词汇，但多从抖音、快手等短视频平台获取相关知识和认知。塞罕坝某农民表示：“政府好像组织过几次碳汇科普活动，但是因为农活较多，没有时间去参加，也不愿意参加这样的活动。”在缺少法律法规约束和相关激励机制及措施、社会公众的认知水平无法提升、社会舆论氛围不足、购买渠道狭窄等情况下，普通公众难以参与到碳汇项目开发的行动中，对碳汇相关活动的参与行为较为谨慎，这样会导致群众对优质生态产品的有效需求无法释放。三是在碳汇交易的落实方面，从主要调研区域来看，在塞罕坝机械林场，关于碳汇交易的主要工作仅停留在国有林场和各交易所或者社会企业这些层面，而碳汇交易的收益是否落实到农户层面有待确认。相较于塞罕坝机械林场，定边县的碳汇交易发展尚处于起步阶段，地方政府正在探索碳汇交易如何促进农户增收问题。

四、碳汇产品开发增收的政策保障及措施

（一）规范第三方市场核证规范，完善碳汇市场交易监督机制

一是规范第三方市场准入制度，提升交易的科学性。林业碳汇交易项目投资较大，程序复杂，需由专业机构及服务性的中介市场机构来完成相关项目的设计和认证，以此帮助农户正确评估和化解碳汇交易项目中的问题和风险。第三方认证机构通常为交易双方提供相关计量认证、核准、担保等服务。因此，应规范第三方认证机构准入制度，规范第三方认证机构的科学性。

二是构建并完善对碳汇交易市场的监督监测机制，提升碳汇交易市场的科学性和公平性，保证碳汇交易管理措施的贯彻落实。首先，明晰交易主体责任。对碳汇交易市场的监管，应当明确碳排放权交易和林业碳汇交易的主体责任以及二者之间的利益关系，适当提高造林吸收二氧化碳交易的配额，做到谁的生态资产谁受益，保证其与碳排放权交易制度内容一致。其次，保证农户的合法权益。农户应首先保证碳汇计量监

测的科学性，对其具有的合理看管、林木管护的义务进行合法化处理，保证项目交易期间林木用途专一性，进而使农户收益更加具有科学依据，同时农户也应当及时披露林木数量、质量及品种等信息，主动接受监管单位的监督管理。最后，第三方核证机构应保持独立性和科学性。同时也应接受政府相关监管单位对其进行机构资质及业务范围的审核认证等，以增强第三方机构对碳汇资产核证的公平性和科学性。

（二）完善碳汇交易的产权基础，划清产权边界

一是明确林业碳汇权利的归属。林业碳汇权利是对“碳减排量”享有的使用、收益和处分的权利，性质上属于一种新型的自然资源物权。尽管林业碳汇项目实施各方在相关的开发文件中对碳汇利益的归属有所涉及，但依物权法定原则，林业碳汇权利的初始所有权仍应遵循物权法上的规则予以明确。就林业碳汇而言，虽然它源于森林天然具有的光合作用功能，但却与其他作为森林天然孳息的林副产品不同。因为可交易的碳汇要求在林木正常生长的基准线外通过方法学取得，即能够被核证签发的碳减排量都需要以碳汇林的开发经营为前提，是对森林的二次利用，所以可交易的林业碳汇本质上是一种社会生产劳动的产品，依物权法的规定，应当由生产者原始取得。

二是划清林业碳汇权与有关林地、林木物权之间的权利边界。林业碳汇的产生以森林资源的蓄积为条件，林木、林地是重要的物质基础，任何一种具体林权的行使都可能对林业碳汇产生影响。因此法律上除明确林业碳汇权利独立于森林资源所有权和林权外，还应当划清森林、土地产权和碳汇权益的边界，合理分配利益，尤其是农户参与的林业碳汇经营交易活动，必须厘清其与集体林权改革的关系。如前文所述，农户通过林改取得了集体山林的独立经营权（林权），以及以所有权为基础通过农户自己的生产劳动获得额外的碳汇利益，但由于碳汇并不必然与林地、林木的其他权利人的利益相一致，尤其是在发生林地、林木利用方式改变或权利处分的情况下，第三人是否有义务维持和管理在受让林地或林木之上封存的碳汇等，显然需要在法律上统一规范。

三是完善林业碳汇权利的登记制度。林业碳汇或碳减排量无体无形，其交易的实质是一定量的碳减排量权属的转移，因此相关的权属记载（即登记）就成为交易的唯一凭证和直接形式。目前我国实行林业碳汇项目和林业碳汇的注册登记制度，主要在经有资质的机构进行计量和监测后，可以进入国家林草局林业碳汇登记系统，并在中国碳汇网上公布。同时，一些省市也在各自的林权登记机构开展林业碳汇登记工作，发放碳汇权证。但严格来看，这些登记并不完全符合《中华人民共和国物权法》关于物权登记和公示的规则，在登记程序、登记效力、登记机关的法律责任等方面也不尽相同。为确保林业碳汇权利的转让及变动的效力符合当事人的预期和法律的规范要求，有必要依《中华人民共和国物权法》的相关规定，建立林业碳汇权证登记制度，并将其作为碳汇权利变动的生效要件。

（三）营造社会舆论导向，调动全社会参与碳汇交易的积极性

一是提高碳汇产品开发的农户参与度，通过普惠市场探索生态共生共享共治模式。目前在碳汇市场中，公众参与度低、社会影响力有限成为我国农业农村碳汇项目实施的一大阻碍。应通过数字媒体构建面向社会群众的普惠市场，利用相关技术手段将公众日常消费行为与碳汇生态产品交易购买进行绑定。对公众日常消费行为中购买碳汇生态产品以积分制形式兑换，用于其他日常消费的碳抵消，同时也为商家带来更多市场流量，实现碳汇生态产品的供应者、农户和参与商的共赢，营造全社会生态共建共享共治的格局。

二是政府部门要面向全社会广泛宣传碳汇产品价值实现机制和碳汇产品增收机制的理念、政策和要求，调动全社会参与积极性。首先，发挥媒体宣传作用。政府部门应利用自身号召力，通过多种渠道，充分发挥各类媒体的作用，多种形式宣传碳汇项目在生态保护和个人增收方面的重要性、政策做法和市场前景，不断提升公众对生态文明建设和应对气候变化的责任心。其次，调动各类科研机构、公益团体、投资机构等，举办大型宣传活动，普及碳汇项目的基础性知识，为后续碳汇项目的实施做好前期铺垫。再次，加强农户技能培训，逐步建立起相对完善的农业碳汇项目技术创新培育体系。政府应当积极鼓励和引导各方力量参与农业农村碳汇项目的技术开发，鼓励相关技术单位或科研单位定期下乡，并就碳汇项目实施中的基础技术需求等对农户开展定期培训。最后，在重点区域建立碳汇农业示范园区，推广碳汇农业，鼓励本地农户参与其中，并在农户实践过程中由相关技术单位和企业给予一定的实际操作指导，推动理论与实际相结合，逐步构建起相对完善的农业碳汇项目技术创新培育体系。

※ 附件

农业农村碳汇产品县域开发的初步构想

综合实际调研和案例分析，课题组发现目前推行农业农村碳汇产品开发、鼓励农户参与的模式尚处于探索阶段，通过与基层干部访谈，课题组发现基层干部目前并不清楚如何通过农业农村碳汇产品开发来带动农民增收。也就是说，当前基层农村碳汇产品开发带动农民增收的机制尚未落地。因此，结合相关理论知识，课题组对县域层面的碳汇交易机制进行了初步设计。

一、核查阶段

从实际调研中发现，陕西省榆林市定边县的森林、农田、草地等生态系统碳汇潜力较大，但目前存在相关碳汇资源尚未进行核查的情况。因此，应当推动第三方对当地碳汇量进行核查。具体做法是：首先，从社会层面招募符合有关要求的人员或单位对本地森林、农田、草地等植被生长情况、地块位置、蓄积量、面积等逐个进行测算，建立实际生长情况等碳汇基础资料台账；其次，由审定第三方机构，如中国质量认证中心（CQC）等单位对本地碳汇基础资料台账等情况开展审定工作；最后，由核证第三方机构，如中环联合认证中心（CEC）等对地方碳汇进行核查。

二、备案阶段

考虑到县级层面所涉及的利益主体和职能部门繁多复杂，在备案阶段政府应明确不同部门的具体职责，避免后期交易中出现利益纠纷。一方面，针对县域内主要企业，应由地方生态环境局牵头，对地方企业排放量进行备案；另一方面，对县级可用于交易的碳汇量进行备案，这一工作主要由地方发展改革委牵头，协调农业农村局和林草局分别对农田、草地和林地生态系统中可用于交易的碳汇量进行备案。

在这个阶段最为关键的是如何将零散的碳汇减排量进行统一整合。因在农林碳汇交易过程中存在林权转让、多头监管、权力寻租等问题，为避免这些问题，建议对县域层面的碳汇交易推广应避免精准到农户，而是应当以县级为基本交易单位进行交易。具体如下：农户所拥有的碳汇交易根据相关机构核证减排量后，应由县级发展改革委牵头，地方林草部门和农业农村局应按照每户碳汇的实际拥有量进行审查，并按比例发放碳票（实际碳汇拥有量的凭证），将零散的可用于交易的碳汇减排量汇集到县级层面，进行备案。

三、交易阶段

交易阶段是整个试点推行的核心部分，应当突破以往交易仅停留在国内各大交易所层面的局限，将交易活动落实到地方层面，实现本地内部碳汇交易良性循环。

一方面，以县级层面为主要聚焦点，基于备案阶段由政府整合各乡镇和村庄农户的碳汇量，统一汇集到县级层面，规定符合备案的工业企业向县级政府购买所需的碳汇。另一方面，对于地方酒店等文旅企业，鼓励其开展以碳汇或零碳为理念的产业，例如零碳酒店、零碳旅游等，以此为纽带，将社会群体的零散资金转化为碳汇交易的突破点，实现碳汇交易落地。

将实际发生碳汇交易所获得的收益，由县级政府相关部门进行统一调配，一部分资金可用于发展县域经济，另一部分资金按照每户农户所拥有的碳票凭证，按比例发放至农户手中（如图 9-5 所示）。

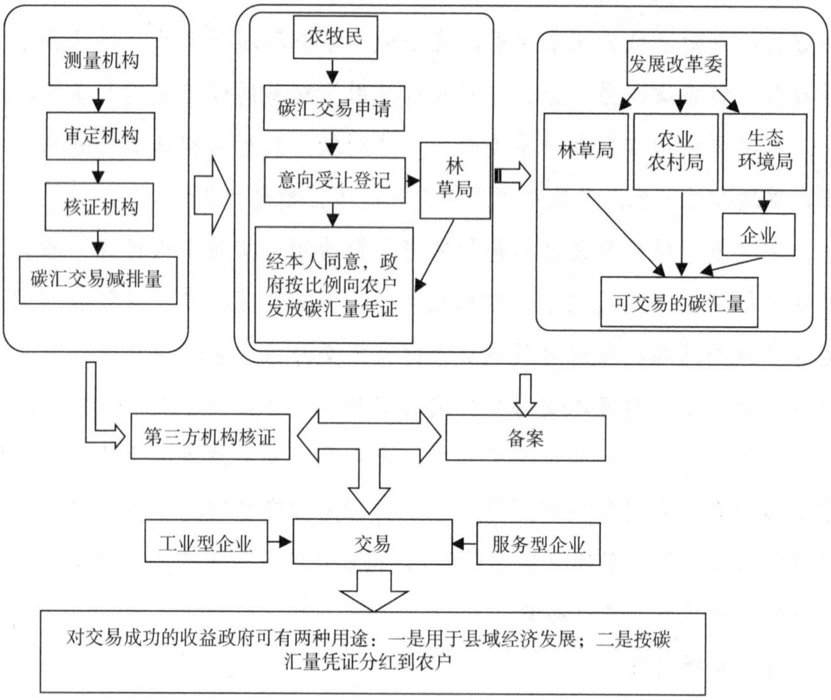

图 9-5　县级层面碳汇交易流程图

参考文献：

[1]　刘静暖，于畅，孙亚南 . 低碳农业经济理论与实现模式探索 [J]. 经济纵横，

2012（6）：64-67.

[2] 杨果，陈瑶 . 中国农业源碳汇估算及其与农业经济发展的耦合分析 [J]. 中国人口・资源与环境，2016，26（12）：171-176.

[3] 郭海红，盖凌云 . 中国农业碳效应时空分异及驱动机理研究 [J]. 宁夏社会科学，2021（5）：74-84.

[4] 谢淑娟，匡耀求，黄宁生 . 中国发展碳汇农业的主要路径与政策建议 [J]. 中国人口・资源与环境，2010，20（12）：46-51.

[5] 陈儒，姜志德 . 中国低碳农业发展绩效与政策评价 [J]. 华南农业大学学报（社会科学版），2017，16（5）：28-40.

[6] 杨博文 . 政策导向下我国农林碳汇交易生态扶贫监管框架研究 [J]. 农业经济与管理，2019（3）：51-60.

[7] 马铭婧，郗凤明，尹岩，邴龙飞，王娇月，张文凤，牛乐 . 碳中和视角下秸秆处置方式对碳源汇的贡献 [J]. 应用生态学报，2022，33（5）：1331-1339.

[8] 牛玲 . 碳汇生态产品价值的市场化实现路径 [J]. 宏观经济管理，2020（12）：37-42+62.

[9] 定边县畜牧兽医局 . 定边县草产业发展情况报告，2008.

[10] 任继周，梁天刚，林慧龙 . 草地对全球气候变化的响应及其碳汇潜势研究 [J]. 草业学报，2011，20（2）：1-22.

第三部分

乡村治理

第10章

易地搬迁后社会融入机制

——西南地区3县大型安置区调查报告

但文红　陈起伟　李亮[①]

内容摘要：课题组在总结梳理易地搬迁后社会融入问题的基础上，选择易地搬迁人口集中安置规模大、代表性强的广西壮族自治区环江县、贵州省六盘水市水城区、云南省鲁甸县开展案例调查研究，总结出典型经验与做法：以党建为引领，构建社会融入帮扶体系；科技助力落实“安身”“安心”精细化管理；社会帮扶推进“五个体系”建设，构建“六联一带”工作机制，落实精细化管理；构建社会融入帮扶体系，分类做好各类人群工作，解决社会融入难题。针对存在的问题，总结梳理出对策建议：物业管理、住宅专项维修基金、特殊群众心理问题、人口自然增长后住房困难等当前主要问题与困难。提出推行安置社区精细化管理体系建设、探索安置社区物业管理模式多元化、出台搬迁安置区住宅维修资金管理办法、构建安置区“刚需”住房保障体系、持续引导搬迁群众融入社区生活等。

关键词：易地搬迁；社会融入；物业管理；案例调查

一、国家政策梳理及学界研究综述

在脱贫攻坚战过程中，我国共有9899万贫困人口摆脱了绝对贫困，

---

① 本章作者：但文红，贵州师范大学精准扶贫大数据研究中心教授；陈起伟，贵州师范学院教授；李亮，贵州财经大学教师。课题组组长：但文红。课题调研团队：但文红、陈起伟、李亮。

其中有 960 多万人通过易地扶贫搬迁实现了脱贫。这也是中华人民共和国成立以来涉及范围最广、人口最多的一次移民搬迁。目前，全国已建成 3.5 万个易地扶贫搬迁集中安置区，这些安置区形成了村委会 562 个、居委会 979 个。易地扶贫搬迁，是国家明确的精准扶贫、精准脱贫路径之一，是脱贫攻坚的“头号工程”和标志性工程，也是难度最大、投入最多的专项扶贫工程。易地扶贫搬迁安置社区治理及社会融入，是巩固易地扶贫搬迁脱贫攻坚成果的后续重点工作，直接关系到脱贫攻坚成效巩固，关系到千万搬迁群众的幸福感、获得感和安全感。

（一）习近平总书记相关论述

习近平总书记高度重视搬迁群众后续帮扶工作，关心易地搬迁群众的生产、生活情况。2019 年 4 月 16 日，习近平总书记在重庆召开的解决“两不愁三保障”突出问题座谈会上强调：“要做好易地扶贫搬迁后续帮扶。要加强扶贫同扶志扶智相结合，让脱贫具有可持续的内生动力。”①

2020 年 3 月 6 日，习近平总书记在决战决胜脱贫攻坚座谈会上再次强调：“要加大易地扶贫搬迁后续扶持力度。”“现在搬得出的问题基本解决了，下一步的重点是稳得住、有就业、逐步能致富。”②

2020 年 4 月 21 日，习近平总书记在安康市平利县考察调研时强调：“解决好就业问题，才能确保搬迁群众稳得住、逐步能致富，防止返贫。”③

（二）中央政策文件梳理

2019 年 5 月 23 日，人力资源和社会保障部等 4 个部门印发《关于做好易地扶贫搬迁就业帮扶工作的通知》，指出就业帮扶是易地扶贫搬迁后

① 《习近平：统一思想一鼓作气顽强作战越战越勇 着力解决“两不愁三保障”突出问题》，《人民日报》2019 年 4 月 18 日第 1 版。

② 《习近平：在决战决胜脱贫攻坚座谈会上的讲话》，《人民日报》2020 年 3 月 7 日第 2 版。

③ 《习近平：扎实做好“六稳”工作落实“六保”任务 奋力谱写陕西新时代追赶超越新篇章》，《人民日报》2020 年 4 月 24 日第 1 版。

续扶持工作的重要内容，是帮助搬迁群众搬得出、稳得住、有就业、能致富的重要举措，关系到脱贫攻坚成果巩固，关系到搬迁地经济健康发展、社会和谐稳定。

2019 年 6 月 29 日，国家发展改革委等 11 个部门印发《关于进一步加大易地扶贫搬迁后续扶持工作力度的指导意见》，从解决搬迁群众“两不愁三保障”突出问题、就业帮扶、产业培育、社区管理、社会融入、权益保障等方面，明确了后续扶持工作目标任务和支持政策，推动后续扶持工作与推进新型城镇化、压茬推进乡村振兴战略有机衔接。

2020 年 3 月 2 日，国家发展改革委等 13 个部门印发《2020 年易地扶贫搬迁后续扶持若干政策措施的通知》，从六个方面明确了 25 项具体政策措施。在完善安置区配套基础设施和公共服务设施方面，结合推进新型城镇化建设，将大型城镇安置区及配套设施纳入国土空间规划一体规划、一体建设；聚焦大型安置区配套教育、医疗设施等短板，在下达中央预算内投资计划时对搬迁任务重的省份予以倾斜支持；在分配教育领域相关资金时，对搬迁任务重的省份予以倾斜支持。

2021 年 4 月 19 日，国家发展改革委等 20 个部门印发《关于切实做好易地扶贫搬迁后续扶持工作巩固拓展脱贫攻坚成果的指导意见》，提出要结合实施乡村振兴和新型城镇化战略，聚焦原集中连片特困地区、原深度贫困地区、乡村振兴重点帮扶县的大中型安置区，按照分区分类、精准施策的原则做好后续扶持，紧紧扭住就业这个牛鼻子，多渠道促进就业，强化社会管理，促进社会融入，实现搬迁群众“稳得住、有就业、逐步能致富”的目标。

（三）易地搬迁社会融入研究综述

基于社会融入问题调查视角的研究综述。许佳君与郑娜娜（2019）论证了易地搬迁户居住方式的变化，带来了家庭结构、代际关系、社会网络和社区治理等社会结构和制度的变迁，使搬迁户在搬迁初期生计空间断裂，难以实现社区融合。杨海妹（2022）对贵州省 S 市 X 社区易地扶贫搬迁移民在生计方式、消费支出、心理文化、社会关系等方面的社会融入性进行分析，发现搬迁移民整体融入性较强，基本融入城镇生活，但部分移民的社会融入性程度低，移民群体生计问题是移民实现可持续发展和致富目标的关键。刘柯彤（2021）以贵阳市 W 区安置区为研究对象，采用问卷调查方式通过对易地扶贫搬迁居民经济融入、生活融入、社会关系融入与心理融入层面的分析，总结了搬迁后社会融入的问题，发现易地扶贫搬迁户在经济融入过程中出现缺乏就业机遇、职业水平受限、工作境况不佳等问题，在生活融入过程中出现政策认知不清、娱乐方式传统、安置区孩童假期生活变味、政府对群众反复反映问题缺乏耐心和反馈等问题，造成了亲密程度减弱、相处距离拉长、信赖程度较低的社会关系融入状况，以及自我身份认同模糊、归属感不高等心理困境。冯柏成（2020）认为搬迁群众安置社区居民原有的生存技能不再适用，从而在工作和就业方面存在一定困难，存在对社区活动参与性不强、生活融入困难等特点，建议引入专业社会工作促进易地扶贫搬迁居民的社会融入。骆雪娇和王林玉（2020）发现搬迁群众的居住环境与原来大相径庭，给生活带来诸多不便。搬迁后生活习惯受到约束，搬迁群众的生活方式、思想观念、生活习惯发生了极大改变，新的人际关系构建还不够理想。社会融入现状分析方面，对搬迁后社会融入好的成效分析相对较少，更多的是以案例描述为主，缺乏精确的统计数据佐证，缺少不同区域、搬迁安置区与非安置区的对比研究。

基于典型经验和做法案例视角的研究综述。潘彪等（2021）总结了贵州省黔西南州易地搬迁后续扶持的典型经验。黔西南州开创性地实施“新市民”计划，通过在保障新居住房权益、开展迁出地区确权工作、发展产业增加就业、拓展基本公共服务网络、构建社区服务治理体系等方面加强制度性安排，加快了搬迁群体的社会融入和发展。李俊等

（2021）总结了安徽省岳西县易地扶贫搬迁集中安置社区治理和社会融入情况，提出通过大力发展后续产业和增加就业促进经济融入，通过全面加强社区管理和组织建设促进心理融入，通过不断提升公共服务和基础设施水平促进社会融入。

基于社会融入对策建议的研究综述。余兴国等（2021）通过对西藏自治区昌都市三岩片区易地搬迁农牧民调查研究发现，社会交往、传统习俗和公共治理对农牧民的社会融入意愿有重要影响，但每个自变量的影响程度及内涵又各有特点，其认为可以从深化制度改革降低融入成本、加强教育培训提升个体素质、加强就业保障增加经济收入、促进文化融合培育市民意识、增强环境认知提升个体体验五方面为农牧民社会融入探索出新的路径。董运来和王艳华（2021）认为搬迁后搬迁群众也面临着生计方式改变、社会关系的断裂与重建、社区治理结构变迁、社会融入等诸多问题，严重制约了安置区社区的管理转型和良性发展，建议强化安置区社会治理体系建设，培育搬迁群众社区共同体意识，增强归属感和向心力，促进社会融入，最终实现易地扶贫搬迁社区的内生化发展。国外的研究对象多数是由于生态和战争所引发的移民，国内的研究成果主要着眼于移民社会融入的某一方面，而没有过多地关注易地扶贫搬迁这一新时代背景下形成的移民群体的社会融入问题。

现有文献研究成果主要从搬迁群众生计方式、消费支出、心理文化、社会关系等角度分析搬迁群众社会融入现状。从研究结论看，虽然提出了社会融入各方面的问题，易地搬迁移民的社会融入整体上较好，但老年人群体融入性相对较弱；从研究对象看，青少年融入与教育融入方面涉及较少；从对策建议看，各地的典型经验和专家学者的建议都有一定的决策参考价值，但普适性还有待增强；从综合性看，研究成果多关注某个专题，缺少对易地搬迁后社会融入的多角度、多层级、典型性的系统调查与研究。

（四）本研究的调查方法与典型案例选择缘由

易地搬迁大型安置区的社会融入调查，涉及搬迁群众的收入、生活，县、乡镇和社区提供的基础设施和公共服务配套，物业管理等“摸得着、看得见”的内容，更牵涉社区认同、心理安全、文化融合等“摸不着、看不见”的内容，应选择有代表性的案例，采取综合的调查方法才能实现研究目的。

1. 调查方法

采用入户问卷访谈、搬迁社区提纲座谈、县级部门座谈等方式，了解搬迁群众自身的感受及其建议，社区管理与物业管理情况，县级部门及各职能部门对搬迁社区的政策落实、工作落实和责任落实情况。

采用重点对象实地考察、随机调查、重点访问和观察法等方法，对访谈和座谈中了解的情况进行印证、比较和提炼。对幼儿园、学校、老年活动中心、卫生室、社区医院、社区便民服务中心、社工工作站、产业园区工厂、农业产业园区、物业管理公司等进行实地考察。对在路边遇见的老人、在广场活动的儿童，采取随机调查方式。对学校老师、社工人员、育儿指导师等特殊对象，采用重点访问方式。派出有经验的调查人员在社区广场、球场、文化活动中心等观察记录搬迁群众的行为、表情，了解搬迁群众的真实社会生活情况。

2. 典型案例选择缘由

调查案例省份的选择。全国累计有易地扶贫搬迁集中安置区 3.5 万个，搬迁脱贫人口 960 多万人，其中，贵州省搬迁人口 192 万人，建成 949 个集中安置区；云南省搬迁人口 150 万人，建成 2832 个集中安置区；广西壮族自治区搬迁脱贫人口 71 万人，建成 506 个集中安置区。三省（区）合计占全国搬迁规模的 43.02%，是易地搬迁规模大、大型安置区集中分布的典型代表。

调查案例县的选择。通过对三省（区）县级搬迁情况的资料收集和分析，课题组选择广西壮族自治区河池市环江毛南族自治县、贵州省六盘水市水城区和云南省昭通市鲁甸县作为典型案例县开展调查。1996年，环江县实施广西壮族自治区第一个生态移民跨县搬迁项目，安置外县生态移民近万人。脱贫攻坚期间，又实施了4360户17860人易地搬迁，80%以上集中安置在县城2个集中安置社区。六盘水市水城区搬迁脱贫群众13482户60385人，建设安置区21个，既有2017年已实施搬迁的城区安置区，也有2019年完成搬迁入住的农业产业园区类型的新建设点，安置区规模为8000~9000人。云南省昭通市鲁甸县卯家湾安置区，接纳了全市5个县近4万名搬迁群众，是跨县搬迁的典型代表。

二、典型案例调查情况

（一）广西壮族自治区河池市环江毛南族自治县

2022年7月13日至15日，课题组对河池市环江毛南族自治县开展实地调查，与县级有关部门进行座谈，对3个搬迁社区进行了实地走访和入户访谈。

1. 肯福屯安置点

肯福搬迁点是1996年全国第一批生态移民搬迁社区，搬迁97户513人，是中国科学院喀斯特农牧复合生态系统扶贫样板，以4600亩土山为依托，发展了适应当地特点的水果、畜禽、蔬菜等生态产业。中国科学院环江异地科技扶贫示范区内人均年纯收入从1996年的不足300元提高到目前的1.8万余元，超过了全县和周边地区的平均水平，创造的生态扶贫新理念被联合国教科文组织专家誉为“肯福模式”，为西南生态脆弱区的精准扶贫提供了技术支撑。

课题组实地调查走访肯福屯安置点红心香柚、砂糖橘产业园，入户调查农户1户，了解到自搬迁以来，绝大多数农户已翻盖3次房屋，脱贫攻坚期内已解决困难群众的住房问题，全部实现“两不愁三保障”，饮水已纳入集中供水，农业产业发展势头良好，搬迁农户农业经济收入较为稳定（如图10-1所示）。

图10-1　课题组在肯福屯安置点实地调查

2. 毛南社区

毛南家园安置区位于环江毛南族自治县思恩镇三乐村，距离县城1千米，占地面积800多亩，安置“十二五”“十三五”时期移民搬迁户3355户13655人，其中“十二五”时期生态移民搬迁户1221户5534人，“十三五”时期易地搬迁户2134户8121人（其中脱贫户2123户8085人，同步搬迁11户36人）。2019年3月，安置区完成了道路、供电、供水、通信等基础配套设施建设，移民搬迁群众全部入住。安置区设有支部委员会、居民委员会、党员活动中心、卫生服务中心、警务室、移风易俗理事会和“9个中心”（一个社区综合服务中心、一个新时代文明实践中心、一个就业社保服务中心、一个文体活动中心、一个老年服务中心、一个儿童之家、一个平价购物中心、一个社会治安综合治理中心、一个物业服务中心），建有县第五幼儿园、第六小学和第四初级中学。

安置区通过社区、社会组织、社工、社区志愿者、社会资源的“五社联动”优化自治联管，创新推行“党建联抓、自治联管、产业联扶、就业联创、文化联办、服务联动，全力带动搬迁群众安居乐业”的“六联一带”后续扶持服务机制，群众的认可度较高，取得明显成效。建立了社工、楼长、社区干部、帮扶干部等网格化机制动态监测就业情况，安置区有帮扶车间 10 家、帮扶商铺 248 间，积极引导搬迁群众就业创业，实现有劳动能力、有就业意愿的达一户一人以上。2020 年 11 月被国家发展改革委评为全国“十三五”美丽搬迁安置区。

课题组实地考察毛南家园社区居委会办公室、社区政务服务中心、社工工作站、物业管理中心等社区配套机构，与社区工作人员开展了座谈，了解了社区基本情况、设施配套、管理体系、社会融入等方面的情况，当前社区管理方面存在的难点问题，后续扶持的计划等（如图 10-2 所示）。总体来看，搬迁社区交通便利，建有集医疗、保健、健康教育、计划生育服务于一体的卫生服务中心，配套有婴幼儿养育指导中心、幼儿园和中小学，实现了 0~16 岁少儿教育无缝衔接，安置点基础设施较好、文化活动设施配套较齐全。

图 10-2　课题组在毛南社区卫生室实地调查

课题组开展了不同类型典型户调查，共调查了 6 户。其中，1 户为自主创业，其依托迁出地发展酿酒业务，经济收入稳定，认为搬迁后开拓了销售市场，搬迁区生产、生活条件明显改善；1 户为业委会成员，课题组全面调查了其搬迁后的生产、生活情况，询问了其搬迁后社会融入状况，了解社区物业运行机制与群众反响等；1 户为楼栋长家庭，课题组调查了其家庭生产、生活及社会融入情况，重点了解了楼栋长在法制宣传、信息采集与邻里纠纷调解等方面的工作情况，征求了社区当前在搬迁后续扶持和社区融合方面的意见和建议，楼栋长工作补助为 100 元 / 月；1 户为公益性岗位家庭，其每月工资为 800 元、工作时长 8~10 天，因要照顾家庭不能外出务工，其反馈公益岗位对家庭收入稳定有较好的保障作用，课题组调查了其家庭生产、生活及社会融入情况；1 户为老年户，课题组了解了搬迁后的老年人群体适应性、平时文化活动、看病就医等情况，其表示搬迁后居住条件改善，很适应搬迁后的生活；1 户为周边务工户，家庭青年劳动力觉得社区的帮扶车间工资较低、移民搬迁产业园区企业要求较高但工资收入不高，所以选择自己在外务工灵活就业，家庭收入有保障，已经适应搬迁区的生活，搬迁后生活条件明显改善。

3. 城西社区

城西社区毗邻河池 • 环江工业园区，距离县城区 2 千米，距离在建中的环江高铁站 7.2 千米，占地面积 200 多亩，建设安置房 45 栋 2300 套，安置脱贫户 1906 户 8254 人。社区居民来自环江 12 个乡镇，由壮族、毛南族、汉族、瑶族、苗族、侗族、仫佬族、彝族、布依族、回族、水族共 11 个民族组成，其中壮族 5548 人、毛南族 1160 人，是典型的多民族聚集社区。

社区建设有党群服务中心、新时代文明实践大讲堂等配套公共服务机构，满足搬迁群众生产生活、就学就医、文化娱乐、宜居宜业等需求。2020 年 11 月被国家发展改革委评为全国“十三五”美丽搬迁安置区。

课题组实地考察社区居委会办公室、社区政务服务中心、老年活动中心、社工工作站、社区医院、社区综治办公室、便民超市等设施（如图 10-3 所示）。课题组入户调查 7 户，其中，2 户为业委会成员，了解社区物业由物业公司到居民自治的过程、运行机制与群众反响；1 户为楼栋长，了解其通过为本楼栋群众做法制宣传、信息采集与邻里纠纷调解相关工作促进群众社区融合的情况，楼栋长工作补助为 100 元 / 月；2 户为公益性岗位，了解到其每月工资 800 元、工作时长 8~10 天，了解了公益岗位对家庭增收及社区融入的作用；2 户为老年户，了解老年人精神文化生活、衣食住行与看病就医等情况，调查对象都表示在此居住安心、舒心。

图 10-3　课题组在城西社区社工工作站实地调查

（二）贵州省六盘水市水城区

2022 年 7 月 17 日到 18 日，课题组对六盘水市水城区进行实地调查，召开县级座谈会，对 3 个搬迁社区进行座谈访谈、实地走访和入户访谈。

1. 茶园社区

水城区南部园区安置区有 2 个相邻的安置点，总共搬迁安置了周边龙场、顺场两个乡镇的 1114 户 4410 人。茶园社区安置 513 户 2300 多人，按照“以产定搬”的思路，安置点在建设之初就提前谋划了搬迁群众以茶旅融合产业发展支持后续发展，可解决 1000~1200 人稳定就业，人均年收入达到 15000 元左右。通过茶叶产业带动，让搬迁群众能搬得来、稳得住、有活干（如图 10-4 所示）。2021 年以来，茶园社区良好的自然环境吸引了四川、重庆等夏季避暑游客，乡村农业休闲产业发展势头良好，带动了搬迁群众收入持续增长。

图 10-4　课题组在茶园社区便民服务站实地调查

课题组走访了绿茶产业基地的龙头公司。自搬迁以来，绿茶产业基地每年可提供近千个茶产业工作岗位，2022 年采茶季节顶级茶青手采工价为 90~95 元 / 斤，与上年基本持平，采茶收入可达到 100~150 元 / 天。茶园社区青壮年劳动力以外出务工为主，因此主要是妇女和老人采茶，春茶季不得不招募周边其他县、市的采茶工人到茶场采茶。“水城春”品牌茶叶质量得到市场认可，茶产业发展势头良好，搬迁农户经济收入较为稳定。

2. 住武社区

住武社区于 2018 年 8 月成立，位于以朵街道东南，易地搬迁点共有

1721户7820人，社区建成综合服务中心1个，配置小学、中学等学校3所，配有卫生服务中心1个，建有温暖帮扶超市、农贸市场各1个，社工站设有“四点半课堂”，当前通过盘活停车位资源实现对社区的物业基本管理。社区通过强化就业培训、招聘会及岗位推介、劳务输出等措施促进搬迁群众就业，搬迁点共有劳动力1662户3869人，已就业家庭户数1662户3632人。住武社区按照“五个体系”建设和创建“两个社区”要求，全面完善基层党建、公共服务、培训和就业服务、文化服务、社区治理方面的体系，是贵州省唯一入选首批全国农村公共服务典型案例的社区（如图10-5所示）。

图10-5　课题组在住武社区座谈

课题组实地开展了对6个不同类型的典型户调查。第1户是公益性岗位家庭，负责社区楼栋卫生，每月工作时长10天左右，其反馈公益岗位对家庭收入稳定有较好的保障作用，课题组调查了家庭生产、生活及社会融入情况；第2户是监测户家庭，户主因患尿毒症被纳入监测，全家都纳入了低保，户主妻子在安置区中学食堂工作，照顾儿女上学，开展帮扶后其全家生活稳定；第3户是楼栋长家庭，课题组重点了解了楼栋长开展的工作、家庭搬迁后的生产生活及社会融入情况；第4户是自主创业户，其依托搬迁区一楼住房开展烧烤和商店经营，经济收入稳定，认为搬迁后生产、生活条件明显改善，通过自主经营能有较好的经济收入，且能照顾家庭；第 5 户是低保户，家庭因需要照顾 3 个儿童上小学，所以不能外出打工，也没有就近务工，社区解决了其全家的低保，搬迁后基本生活没有问题，也已经适应了搬迁区的生活；第 6 户是周边务工户，以前主要在外务工，因疫情原因近年在附近务工，因觉得社区的帮扶车间工资不高、产业园区企业规定多且工资收入不高，选择在周边灵活就业，有收入保障且能照顾家庭，其全家搬迁后生活条件明显改善，已经适应搬迁区的生活。

3. 鱼塘社区

鱼塘社区易地扶贫搬迁安置点自 2018 年建成投入使用以来，共容纳水城区阿戛、都格等 15 个偏远乡镇 2218 户 9715 人，其中脱贫户 1942 户 8782 人，是贵州省规模最大的易地搬迁安置社区之一。建设配套幼儿园 1 所，设置学位 300 余个，就近建设初、高中 3 所，可解决 1000 余人就学。同时配套建设卫生室、便民服务大厅、市民学校、日间照料中心、农贸市场、平价超市、图书馆等公共服务场所 10 余个，满足搬迁群众日常生活需求。

2021 年 3 月，鱼塘社区成立物业管理公司（贵州骞恒劳务有限责任公司），盘活底商、停车位等闲置资源，进一步壮大村集体积累。现鱼塘社区共有劳动力 5176 人，实现 4400 人稳定就业。

社区调查过程中，课题组访谈街道办主任、社区书记和社区主任，了解自 2017 年搬迁入住以来安置点搬迁群众生产生活的变化（如图 10-6 所示）。实地入户调查 4 户，其中，1 户为自主创业，2018 年夫妻二人在鱼塘社区 7 号楼经营快递收发点，由于小区群众网购数量的增加，现在又招募了 3 个社区居民做工，每人工资 2500 元 / 月；2 户为本地务工、照顾孩子家庭，在制衣车间上班，早上 8 点先送孩子上学后再上班，下午接孩子回家后还可以继续来上班，工作比较灵活，每月有3000多元的收入；1户为留守儿童家庭，户主的儿子、儿媳在外省打工，其一人带着两个孙子，每天送完孩子上学后到木凉亭或老年活动中心悠闲聊天、唱歌和下棋，下午4点30分接孩子放学，每天都很充实。

图 10-6　课题组在鱼塘社区座谈

（三）云南省昭通市鲁甸县

鲁甸县卯家湾安置区按照“不是建一个安置区，而是建一座新城”的定位，规划新城区3.31平方千米，安置区占地3700亩，建设安置房66栋122.7万平方米。配套建设道路9条共10.13千米；新建4所幼儿园、1所小学、1所九年一贯制学校；新建1所卫生院、6个社区卫生室；新设一个街道办事处、6个社区服务中心、1个派出所；引进1家物业管理公司。搬迁安置鲁甸、巧家、彝良、永善、盐津5县9100户39106人（其中脱贫户8346户35858人、随迁户754户3248人），是全国跨县搬迁脱贫人口最多的易地搬迁安置区。以安置区为主体，成立砚池街道，划转原文屏镇阳光社区、联合村、普芝噜村3个村（社区）4284户13475人，街道总人口13384户52581人。

调查组在卯家湾社区开展了座谈访谈工作（如图10-7所示），实地走访物业公司，了解针对特殊人群费用减免的措施，垃圾清运费对1~2 人户减免一半（即 48 元），对残疾户、退伍军人等全额减免（即 96 元）。对 5 户不同类型典型户开展实地调查。第 1 户是学生家庭户，其小孩在搬迁时上小学，当前在搬迁区配套的中学上学，户主长期在外务工，经济收入稳定，孩子到搬迁区后觉得搬迁区学校的设施和教学水平比迁出地明显提升，社区的活动设施齐全，经常和伙伴一起玩，搬迁后认识的伙伴增多，喜欢和伙伴一起打游戏和进行体育运动，进入初中阶段后存在一定的逃学现象；第 2 户是普通户家庭，两个老人在家，平时在搬迁区周边的农业园区务工，每天工资 80 元左右，生活有保障，闲暇时间参加社区的公益活动和文化活动，已经适应搬迁区的生活；第 3 户是楼栋长家庭，课题组重点询问了安置点社会融入状况，了解社区物业运行情况及群众反响等；第 4 户是公益性岗位家庭，其反馈公益岗位对家庭收入稳定有较好的保障作用；第 5 户是老年户，其表示搬迁后居住条件改善，文化活动丰富，看病就医方便，已经适应了搬迁后的生活。

图 10-7　课题组在卯家湾安置区座谈

三、典型经验与做法

（一）党建引领，构建社会融入帮扶体系

1. 鲁甸县卯家湾安置区落实“安身”“安心”精细化管理

一是搬迁社区推行“社区＋网格＋楼栋”楼宇党建模式，把党总支建在社区、党支部建在网格、党小组建在楼栋，建立楼栋、亭廊党建宣传阵地。党的组织无处不在，推动搬迁群众开展自我管理、自我服务。实行“领导挂社区、党员联万家、部门包楼栋、干部帮群众”的“挂联包帮”机制，党组织统筹各方面人、财、物协同参与社区管理、服务、帮扶。

二是实行“红黄绿”分类、分级、分策精细管理。运用“幸福卯家湾”智慧社区管理平台，把群众以户为单位、以人为落点进行细致的标签化识别（将就业、就医、就学、生活、安全都有保障的家庭标记为“绿色”；对有临时性困难的家庭标记为“黄色”；独居老人、空巢老人、长期慢性病群众、困境儿童、留守儿童、大病患者、残疾家庭等特殊家庭标记为“红色”），统筹挂钩工作组、社区“两委”、双楼栋长、业委会、物业公司、社工机构等多方力量，分类分级、因户因人落实帮扶措施。

三是提前谋划，让搬迁群众“安身”。合理规划布局建设项目25个，完善配套功能设施，提前谋划搬迁群众住房、就学、就医、就业等刚性需求。计划新建保障性租赁住房700套5.5万平方米，满足搬迁人口新增住房需求，对符合租住条件的群众“应保尽保”。鲁甸县第三中学、卯家湾九年一贯制学校、卯家湾第四幼儿园等落地安置区，选派、招聘优秀教师到岗工作；新建卯家湾卫生院，配备33名专业医生，配齐6个社区卫生室和专职医生；建设安置区帮扶车间标准化厂房二期、食用菌冷链物流、香葱和食用菌基地配套制冰车间、5万吨速冻马铃薯薯条深加工等产业项目，让搬迁群众就地务工。

四是“五保障”关爱，落实“安心”。实行“双楼栋长”制，每栋

楼设置干部职工、居民群众各1名任楼栋长，落实“红色”预警对象帮扶工作，对安置区5300余名老年人（其中空巢独居老人334名）、1.2万学生、1134名残疾人、80名孤儿和350名精神病患者等特殊困难群体全面落实“日随访”、家庭档案（台账）“周动态”管理，落实基本生活物资、基本生活照料、就医需求、就学需求和日常安全“五保障”关爱。

2. 水城区深化“五个体系”建设，促进社会融入

一是基层党建体系。各搬迁社区成立居委会后，都组建了党支部，党支部以党史学习教育为契机，组建晨读、宣传、驻村“三支队伍”，积极探索创新党员教育管理方式。按照易地扶贫搬迁安置点党建工作“一构三清单”要求，建强社区党支部。

二是公共服务体系。建成社区综合服务中心，便利搬迁群众获得行政管理服务。配置完善幼儿园、小学、中学、社区医院、农贸市场、便民超市，满足搬迁群众上学、就医、日常生活需求；配套文体娱乐场所、党群活动中心，丰富搬迁群众文娱生活；建立社工服务站，疏解搬迁群众遇到的突发社会心理问题。

三是培训和就业服务体系。摸清家底，不断完善“就业信息管理台账”，强化就业培训，开展招聘会及岗位推介，帮助搬迁群众务工就业。开发公共服务岗位、扶持帮扶车间，解决部分留守妇女、残疾人群体和灵活务工人员等就业增收问题。

四是文化服务体系。贯彻落实“新市民、追梦桥”工作，着力解决群众城市融入问题。以“除陋习、树新风”为主题，利用社区广播、宣传栏等形式，开展文明新风教育，加强科学知识普及和法制教育。把“创文明城区”与“我为群众办实事”相结合，以“主题党日”“志愿服务活动”等为载体，开展社区环境卫生整治提升活动。

五是社区治理体系。开展和谐、活力社区创建活动，以“三拖一”的形式强化由妇联、工会、共青团领导互助理事会的社工组织建设，推

进搬迁群众参与社区治理。强化平安社区建设，组建平安巡逻队，24小时值班值守巡逻，实施“天网工程”辖区监控全覆盖，及时消除社会治安隐患。成立人民调解委员会，对搬迁点存在的矛盾纠纷和隐患苗头进行集中排查化解。

3. 环江县落实“六联一带”工作机制，解决社会融入难题

河池市环江县是全国唯一的毛南族自治县，曾是滇桂黔石漠化片区的国定贫困县、广西深度贫困县。近年来，环江县创新推行易地扶贫搬迁“六联一带”（党建联抓、自治联管、产业联扶、就业联创、文化联办、服务联动，全力带动搬迁群众安居乐业）新型社区治理模式，着力破解易地扶贫搬迁社区治理突出难题。

一是“党建联抓”，巩固党建平台。安置区党员的党组织关系全部转移到安置区党支部，推行社区大党委工作制度，强化第一书记和党建指导员对社区指导，实现党的工作无缝对接和全面覆盖。组建党员志愿者队伍，带头开展社区独居老人探访、护童行动、社区美化等志愿服务，发挥党员的先锋表率带动作用。

二是“自治联管”，推动群众自主管理。开设社区爱心超市，实行爱心积分管理，激发搬迁群众参与疫情防控宣传、社区卫生扫除、服务老人儿童等志愿活动的热情。定期召开社区居民议事会，由社区干部、居民代表、楼栋长、物业工作人员参加，社区党员代表、社工站代表、社区社会组织骨干列席，共同商讨居民关心的问题。

三是“产业联扶”，稳收入。创建环江“毛南领鲜”柑橘产业现代化示范区，流转土地2400多亩，搬迁群众变“股民”，每年可分红、就业增收。

四是“就业联创”，助就业。建立搬迁劳动力就业工作台账，安置点产业园区引进20家企业，建设13家帮扶车间，吸纳搬迁劳动力就近务工。划出436间门面且免收三年租金，鼓励搬迁群众自主就业。开发200多个公益性岗位，帮助就业困难家庭，实现一户至少有一人就业的目标。

五是“文化联办”，促进社会融入。举办分龙节、春节、重阳节等传统节日活动，传承民族文化，弘扬民族精神；推行“一约四会”（居规民约、红白理事会、道德评议会、居民议事会、禁赌禁毒会）制度，孵化培育乡贤理事会、山歌协会、篮球协会等社区组织，形成与邻为善、以邻为伴、守望相助的和谐社区文化氛围。

六是“服务联动”，解决群众后顾之忧。安置区卫生服务中心，提供预防、医疗、保健、康复、健康教育、计划生育技术和中医服务；幼儿园、小学、中学完备，并创新开办了育儿指导中心，为 0~16 周岁适龄儿童少年提供教育服务。采用“儿童和独居老人三级风险评估机制”，掌握社区特殊困难群体的精准信息，实现动态化管理。引入专业社会工作机构开展组织化、制度化、常规化社区融入推动工作，孵化社区社会组织，引导搬迁群众融入社会生活。

（二）科技助力，落实精细化管理

云南省鲁甸县卯家湾安置区引入信息化技术，开发了“幸福卯家湾”智慧管理系统，推出手机 App 使用终端，建立了一个信息化、数字化、网格化、智能化的安置区综合管理智慧服务平台，由社区通知、办事指南、社区党建、信息采集、社区网格等模块组成，融合治安管理、城市管理、物业管理等功能，实现安置区管理网络智能调度、远程监管，按照户、单元、楼栋、网格、社区整合管理信息，实现对搬迁户的精细化管理与服务（如图 10-8 所示）。

1. 强化信息采集，实现动态更新

安置区干部和群众都可以通过“幸福卯家湾”App 采集和上传信息，通过审核后，可及时更新“户”信息，实现搬迁群众信息登记动态管理。信息采集模块还具备自动分类管理和信息检索功能，与搬迁群众就医、就学、就业、残疾、老人等关键信息进行关联，辅助社区精准掌握搬迁群众的变化动态。

图 10-8　课题组在卯家湾安置区智慧管理平台实地调查

2. 线上“客服系统”及时办理事项

按照网格化管理，划分责任区和责任人，实施人、户“红黄绿”分类管理，分类开展预警监测帮扶。及时回复、处理和交办搬迁群众的疑问、问题和困难，让群众办事找得到人，办理申请能及时提交给相关社区管理部门，搬迁群众能及时查询到处理情况、跟踪处理流程，并被保护隐私。

3. 利用社区宣传实现信息精准推送

安置区智慧管理平台上还搭建了网上社区宣传模块，将社区各类服务事项、政策通知、就业岗位等通过图片、视频、语音和短信方式进行消息推送、日志推送、分享发布。设立志愿服务留言、志愿服务项目的双向登记，选用和培养搬迁群众中各类专业人才参与社区自治、共治，方便志愿者及时“认领”志愿服务，实现“数据多跑路，群众少跑腿”的管理目标。

（三）社会帮扶，形成服务合力

1. 购买社工服务

易地搬迁大中型安置区通过政府购买社会组织服务，探索易地搬迁后续扶持工作，推动搬迁安置社区形成“易地搬迁安置区党委 + 社区 + 社会组织 + 社会工作者 + 社区志愿者 + 社会资源”的多维服务格局，推动政策落地、服务落地，提升搬迁群众的获得感、幸福感和安全感，探索和解决大中型移民安置区后续管理和公共服务“最后一公里”的难题。

2. 指导搬迁家庭育儿

易地搬迁社区青年以外出务工为主，通常由老年父母看护婴幼儿。环江县生态移民发展中心家庭育儿指导中心的谭林盛介绍，移民社区引入“家长学校，养育未来”项目，旨在引导家长科学照护 0~3 岁婴幼儿，普及和加强婴幼儿家长的科学养育意识和能力（如图 10-9 所示）。

图 10-9　课题组在城西社区家庭育儿指导中心实地调查

3. 关爱搬迁群众

“幸福餐厅”让群众尽享幸福“食”光。卯家湾安置区针对老弱病残幼等特殊群体“吃不上、吃不饱、吃不好”等“吃饭难”问题，创新建立“新时代幸福餐厅”，让群众享用健康美味的饭菜，享受热情周到的服务，不仅有效解决了群众“吃饭难”问题，也为外出务工人员解决了后顾之忧。

“暑期托管”为群众提供教育、就业“双保障”。为解决暑假期间部分家长陪伴不了孩子、辅导作业难度大的问题，水城区鱼塘社区、住武社区，鲁甸县雨露社区、春熙社区、福泽社区、阳光社区开办社区暑期儿童托管班，有效缓解了当地少年儿童暑期缺乏看管的情况。

（四）分门别类，做好各类人群工作

1. 老人群体

从乡村搬迁到城市社区，相比青年人和小朋友，老年人因为养成的生活习惯，较难适应并融入新的环境。社区在成立老年人活动中心之前，由于没有固定的活动场所，老人们平时都在小区里溜达，在树下下棋、打牌、聊天等，既要忍受寒热天气，还存在安全隐患。毛南县城西社区建成了老年活动中心，组建了老年协会，该中心以日常照料和日常娱乐活动为主要内容，可以让老年人充分感受到党和政府的关怀和温暖，不断提升老年人的获得感、安全感、幸福感（如图 10-10 所示）。

图 10-10　课题组在城西社区老年活动中心实地调查

2. 儿童少年群体

课题组调查的 5 个城镇集中安置社区都通过购买服务的方式开办了“四点半学校”“益童乐园”“儿童之家”“儿童活动中心”等关爱儿童少年的服务站点，在放学之后、家庭之外辅导孩子们融入安置区的社会生

活，为易地搬迁家庭子女提供课外辅导、文体活动、安全教育、文化传承、社会融入、心理支持等常态化服务，帮助缓解易地搬迁家庭子女成长陪伴、社会支持等问题。为孩子们提供集中活动和关爱服务场所，确保易地搬迁儿童少年在新的生活环境中获得更多归属感。

3. 因病、因残困难群体

针对家庭情况特殊的因病、因残困难群体，卯家湾安置区着重解决1589名特殊住户及其家庭的困难问题，实行“双包保、日随访”服务管控，将基本生活物资、基本生活照料、就医需求、就学需求和日常安全的“五保障”关爱机制落实到位。公益岗位人员每日上门走访，并将信息反馈给社区网格员，及时了解因病、因残困难群体生活情况。在端午节、重阳节、春节等传统节日，组织开展文化活动，每名公益岗位人员、社区工作者都成为因病、因残困难群体的“专职服务员”。

4. 家庭纠纷群体

水城区红桥街道鱼塘社区的搬迁居民分别来自水城区15个乡镇68个村，由于生活环境、文化素质、民风民俗存在差异，2200多户搬迁群众发生的矛盾纠纷层出不穷。搬迁社区通过成立综合治理中心（调解中心），把调解作为易地扶贫搬迁集中安置点社区治理重点工作，选派熟悉法律知识、热爱人民调解工作的人员担任调解员。通过社区干部、网格员、楼栋长、调解员对社区、楼栋单元发生的矛盾纠纷及时发现并处理，及时化解搬迁群众婚姻、家庭、邻里等多发性、常见性矛盾纠纷。

5. 就业群体

课题组通过对3个县（区）大型安置区的具有劳动力的搬迁群众和干部座谈访谈了解到，当地政府积极落实就业扶持政策，畅通“政府＋企业＋搬迁群众”就业促进通道，做好搬迁群众就业和技能培训，千方百计为搬迁群众降低就业成本创造条件，实现更多搬迁群众就业。搬迁户就业帮扶归纳为 6 个方面：一是开发安置点底商解决创业就业；二是建立帮扶车间解决灵活就业；三是依托工业园区解决就近就业；四是强化技能培训保障就业；五是依托劳务输出推荐就业；六是开发公益岗位解决弱劳动力托底就业。课题组调研发现，在 19 户有劳动力（含弱劳动力或半劳动力）的易地搬迁家庭，基本实现至少 1 人就业。12 户无劳动力搬迁家庭的农村低保全部转移为城市低保，享受城市低保待遇等相关兜底政策。

四、存在的主要问题

（一）物业管理难题

为解决城镇商品住宅的后续管理问题，国务院颁布了《物业管理条例》并于 2007 年 10 月 1 日正式实施，并根据 2016 年 2 月 6 日《国务院关于修改部分行政法规的决定》进行第二次修订，根据 2018 年 3 月 19 日《国务院关于修改和废止部分行政法规的决定》进行第三次修订，其目的是规范物业管理活动，维护业主和物业服务企业的合法权益，改善人民群众的生活和工作环境，城镇住宅小区的物业管理需要依照《物业管理条例》开展。但是，目前课题组调查的 5 个大型城镇搬迁安置区的物业管理面临严重的困难。

首先是物业管理公司亏损严重。从 2020 年开始，5 个安置社区先后按照《物业管理条例》要求引进物业管理公司进行规范化管理。目前已有 3 个社区的物业管理公司因亏损撤离，未撤离的 2 家公司也严重亏损。云南省鲁甸县卯家湾安置点物业公司入驻 3 年，亏损 800 万元左右，由承担物业管理的国有平台公司自行负担，准备在合同到期后撤离，不再提供物业管理业务。广西壮族自治区环江县毛南社区物业管理公司，年亏损 30 万元左右，公司已无力承担。

其次是物业费征收困难。物业公司普遍亏损的重要原因是物业费征收困难，主要有以下原因：一是部分搬迁户长期外出务工，家里无人，无法收费，这种情况占 20%~40%，且搬迁户认为不住在社区就不应该交物业费；二是部分搬迁户就业不稳定，确实存在灵活就业情况，缴纳物业费有困难，这种情况占 10% 左右；三是部分搬迁户没有缴费意识，也存在“依赖”想法，认为是政府动员搬迁，不应该收取物业管理费。

最后是搬迁社区物业管理成本偏高。搬迁户大多数是从边远山区搬来的，原有的生活方式突然改变，又尚未建立与城市相适应的生活习惯，因此生活垃圾随意丢弃、大件杂物丢入下水道造成堵塞、损坏公共设施、采摘践踏花卉草坪等行为高发，大大增加了物业管理的成本。调查中发现，安置区化粪池和下水管道堵塞较常见，需要清掏的次数增多，甚至每月都要清掏，主要是因为“随手扔”习惯未改变，所以“污物”经常堵塞管道；由于搬迁户不正确使用电梯，造成电梯的维护成本增高、寿命缩短，甚至有搬迁村民用自来水管冲洗电梯，导致电梯的电路板短路，产生数万元的维修费用；高层住宅楼配备的灭火器，也因为被部分孩子当玩具而报废，重新购置花费很大；搬迁户老人睡草坪、孩子爬树、行人踩踏绿地等现象也较为突出，绿化景观维护费用较高。

（二）住宅专项维修资金缺失

住宅专项维修资金是指专项用于城镇商品住宅共用部位、共用设施设备保修期满后的维修、更新和改造的资金，不得挪作他用。2007 年 10 月 30 日，原建设部第 142 次常务会议讨论通过《住宅专项维修资金管理办法》，经财政部联合签署并发布，自 2008 年 2 月 1 日起施行。

一是维修资金未纳入政策支持范围。一般商品住宅和非住宅的业主按照所拥有物业的建筑面积交存住宅专项维修资金，每平方米建筑面积交存首期住宅专项维修资金的数额为当地住宅建筑安装工程每平方米造价的 5%~8%。根据《住宅专项维修资金管理办法》的要求，住宅共用部位、共用设施设备保修期满后大修、中修及更新、改造的资金，需由住宅专项维修资金解决。调查中发现，5 个城镇集中安置社区搬迁户均未缴纳住宅专项维修资金，相关文件也未涉及搬迁社区专项维修资金的问题。

二是搬迁安置房维修资金“无着落”。调查的 5 个大型城镇搬迁安置区中，有 2 个已过房屋保修期 1 年，2 个于 2022 年到期，1 个于 2023 年到期。搬迁安置区住房保修期满后，住宅共用部位、共用设施设备的大修、中修及更新、改造等资金来源都无“出处”，通常采取“临时申请”县级财政紧急支出的办法来解决“严重的安全隐患”。例如，贵州省六盘水市水城区鱼塘社区出现高层电梯按钮不灵、到楼层不开门等问题，但是电梯维修经费较高，社区无法自行筹措经费解决，只能向上级部门申请经费。同时，调查的 5 个大型城镇安置区 90% 以上的搬迁群众是脱贫人口，正处在适应搬迁安置区生产、生活的关键时期，是巩固脱贫攻坚成果的主要群体，按照规定缴纳住宅专项维修资金还需要进一步提高收入和做耐心细致的思想工作，不能简单地按照规定强行“收缴”。

（三）特殊群体社会融入心理问题

根据对 5 个城镇搬迁安置区的调查，老人、灵活务工人员和家庭矛盾调解无效的群体面临比较大的社会融入困难问题。

一是老人群体“依赖”心理大。老人在搬迁前基本上都有持续劳动的习惯，日常生活依靠土地的产出就能应付，习惯“零现金支出”的生活方式，不到万不得已不向子女开口要钱。搬迁后，面对每日水、电、蔬菜、粮食等现金支出，老人没有现金收入来源，用钱都需要向子女开口，一些“要强”的老人觉得自己是子女的“拖累”，产生“无用”的心理负担，总是想依赖政府“给低保”“给工资”。

二是灵活务工群体“焦虑”心理重。调查的 5 个城镇集中安置区都存在灵活务工群体，比重大概为 5%~10%，他们虽然依靠公益岗位、低保等维持着最低的生活需要，但始终焦虑“没有钱、找不到稳定工作”，心理负担很重。

三是家庭有矛盾人员“应激”心理强。搬迁之前，家庭矛盾或多或少、或大或小都存在于家庭之中，搬迁集中安置以后，一些家庭矛盾由暗转明，尤其是婚姻问题调解无效后当事人容易迁怒于搬迁，产生过激行为。比如，搬迁后出现的离婚和再婚现象，一方面是由于迁出前婚姻生活积累了一定的矛盾，另一方面是由于安置点人际交往增加，加剧了矛盾的激化，离婚后再婚嫁给原来的配偶带来很大的心理阴影，因此应激反应强烈，心理疏导效果不明显，可能做出伤害自身或者他人的过激行为，影响搬迁安置区的安定团结和社区建设。

（四）人口自然增长后住房困难

随着时间推移，搬迁户必然产生人口的自然增长，家庭人口增加后，住房问题成为目前社会融入的一个焦点。

一是住房面积不够。易地搬迁住房面积是按照搬迁时家庭人口计算的，人均住房面积不超过 25 平方米。部分搬迁户随着家庭人口自然增长（婚入和新生），新增人口后导致原安置住房人均面积低于 13 平方米，居住拥挤、人居面积矛盾逐步显现，成为他们生活中的一个困扰。鲁甸县卯家湾安置区的邹文昌户在 2019 年搬迁时有家庭人口 5 人，安置房面积为 125 平方米，后来儿子结婚生子，家庭人口增至 9 人，房子不够住，只能租房居住，经济负担加重。

二是购买商品住房收入不够。调查的 5 个城镇安置区，90% 以上的搬迁户为脱贫人口，家庭收入虽然较以往有较大改善，但是依照目前的家庭收入情况，无法在短期内具备购买城市住房的能力。鲁甸县、水城区和环江县的主城区商品住房的单价为 5000 元 / 平方米左右，80 平方米的普通住宅价格为 40 万元，按照首付 12 万元、贷款 28 万元、期限 30 年计算，需月供 1600 元左右，课题组询问 3 户住房紧张的搬迁户，均表示无力承担，不愿意购买。

三是搬迁户住房贷款难。住房贷款需要提供长期稳定的收入来源证明，且每月收入需是当月按揭还款金额的2倍以上，一般搬迁户以在工厂、园区务工为主，大多数没有缴纳社保，收入来源证明开具困难，得到贷款的可能性不高，基本上不可能依靠贷款提高购买住房的能力。

（五）户口迁移慢

调查的5个城镇搬迁安置区，一部分搬迁群众考虑到医保报销和方便子女上学，把户口迁移到安置区，但是，大部分农户对于把户口迁到安置区疑虑较大。

一是担心户口迁移后失去土地承包经营权，所以不愿迁、不想迁。课题组入户访谈中有搬迁户表示："我家的户口还没有迁到安置区，主要是担心下一轮土地承包时，户口不在村里，就没有土地承包权了。"按照政策，搬迁脱贫群众原有的承包地、山林经营权保持不变，比如环江县大多数搬迁户都有上百亩林地，一般需10多年才能采伐售卖，是一大笔收入，所以不愿意迁户口的群众较多。水城区脱贫攻坚期发展的茶叶、猕猴桃、刺梨果等产业，这两年进入盛果期，部分搬迁群众需要回村管理茶园、果园，采茶收果，因为担心失去产业收入，所以不愿意迁户口。

二是担忧未来子女生存问题，尤其是家庭人口较多的家庭，想给子女"留退路"。搬迁户韦继木表示："搬到城里后，喝水吃菜都是靠打工赚钱来买，如果孩子长大了赚不到钱，在城里过不下去，至少老家还有几亩地能种。"城镇安置区生活成本高，主要使用现金支出，必须要有稳定的就业务工才能保障基本生活，因此部分搬迁户担心子女也无法在安置区生存，留下农村户籍做"退路"。

五、对策建议

（一）推行精细化管理体系建设

搬迁社区人口多、流动性大，需要加强对搬迁群众的信息化管理，通过建立精细化管理系统，不断丰富完善搬迁群众动态信息，实现对搬迁群众的动态管理和精准帮扶。

鲁甸县卯家湾安置区智慧管理平台经验值得推广和借鉴。建立信息化、数字化、网格化、智能化的社区智慧信息采集和管理服务平台，设置信息采集更新、社区通知、办事指南、客服系统、社区党建、社区网格等模块，把治安管理、城市管理、物业管理等有机融合，通过智能调度、远程监管等手段，落实对搬迁户的精细化管理与服务。网格员、楼栋长、搬迁户等采集的实时信息能及时上传，分类动态管理，对搬迁群众家庭变动情况及时掌握，及时安排生活物资、生活照料、就医需求、就学需求、安全保障等，实现分类管理服务体系精准管理。安置区智慧管理平台的建立也能为搬迁群众提供便捷的政务信息化服务渠道。让群众清楚知道找什么人办什么事，及时、有效、精准上报服务需求、遇到的困难，办理流程及时反馈，让搬迁群众遇到事情有“依靠”，逐渐建立“按流程”解决问题的社会生活习惯。尤其是安置区搬迁户按照“红黄绿”预警管理，对确实遇到困难的家庭，精准及时落实帮扶措施，安置区智慧管理平台发挥了重要作用。

（二）探索安置区物业管理模式多元化

调查的 5 个城镇安置区的物业管理工作推进不顺利，一定程度上影响了搬迁群众社会融入的进程，需要在搬迁安置区物业管理工作上多下功夫，进一步做好耐心细致的思想工作，发挥群众的力量，开源节流解决好群众关心的问题。

1. 要坚持收物业管理费，再进行针对性补助、减免

调查的 5 个搬迁安置社区都按照政策文件的要求，根据当地物业管理成本，制定较低的物业收费标准，多层建筑在每平方米 0.5~0.7 元之间，高层建筑在每平方米 1.0~1.2 元之间，每年物业公司公示服务合同履行和物业服务项目收支情况，物业公司处于微利状态。要坚持做搬迁群众缴纳物业管理费的动员工作，制定逐年减低物业费补贴的政策，争取在过渡期内取消物业管理费的补贴，改变搬迁户“不缴费，靠政府”的思想。同时，确实有部分搬迁户收入不高，缴费有困难，可出台针对性的补助、减免措施。云南省鲁甸县卯家湾安置区采取收、补两条线的做法，培养搬迁户缴费意识，对防返贫监测户、低保户、困难残疾户、其他低收入困难群体等制定明确的物业管理费补助和减免的标准，履行申报审批公示程序，得到相应的物业管理费补贴，有效提高了缴费率。

2. 要区别对待住户，盘活存量资产

部分搬迁户已较好地融入城市，有稳定的收入来源，有的家庭已购买小汽车，是搬迁户中经济收入较高群体的代表，可按照统一规定，征收停车费补贴物业管理费。也可将社区的公共停车位对外停车收费，作为缴费困难搬迁户的补贴，计入物业管理公司收入。贵州省六盘水市水城区住武社区和鱼塘社区在物业管理公司撤离后制定了合理的收取停车费的一揽子方案，用以弥补维持公共部分物业管理的各项支出，且有车的搬迁户也比较接受收取停车费的做法，收取难度小。

3. 要推动自主管理，降低管理成本、增加就业机会

入驻搬迁社区的物业管理公司，大多按照城市社区的惯例开展物业管理工作，对于搬迁社区层出不穷的“问题”不适应，更缺乏对搬迁群众做思想工作的经验。而搬迁群众也不理解物业管理与社区生活的关系，总认为物业管理跟自己的住房没关联，不愿意交物业管理费。广

西壮族自治区环江县城西社区在物业管理公司撤离后组建了业主委员会，开展自主管理，综合各项政府支持政策后，测算物业管理费为每月0.3 元 / 平方米，比物业管理公司收费减少 0.23 元 / 平方米，每季度收取1 次。自 2022 年 4 月实施以来，4—6 月物业管理费缴费率达 82%，达到维持物业管理的基本需求。业主委员会建立栋楼长管理群，定期告知居民物业管理费用支出情况，解决了社区卫生、公共设施维护、安保等物业管理问题，尽快解决了清掏化粪池等群众反映强烈的难题。同时，业主委员会向搬迁群众提供了保洁员、安保员、水电工、管理员等 20 个工作岗位，群众身边的“物管员”也消除了搬迁户对“物业管理”的误解。这个经验值得推广借鉴，在发挥群众自主管理积极性的基础上，探索搬迁安置社区物业管理新模式。

（三）出台搬迁安置区住宅维修资金管理办法

搬迁安置区普遍没有缴纳住宅维修资金，现已逐渐超过住宅保修期，急需出台搬迁安置区住宅维修资金来源、管理与使用的有关规定。

1. 明确资金来源

调查的 3 个县（区）中，卯家湾安置区住宅维修资金需要 7900 万元左右，水城区 21 个安置点住宅维修资金需要 7500 万元左右，环江县 2 个城区安置点住宅维修资金需要 3000 万元左右。目前，贵州省根据实际情况，正在研究制定“搬迁安置社区维修资金管理指导意见”，用于指导全省的搬迁安置社区住房维修资金的收缴、使用和管理。从调查的 5 个社区的实际情况看，住房维修资金可从 3 个渠道筹集：一是各级财政补贴一部分，作为启动建立维修资金工作的奖励；二是衔接资金可再补贴一部分，作为“监测户”专项扶持措施；三是搬迁户自主缴纳一部分，对于就业稳定、生活改善的群众，应以自主缴纳为主。

2. 建立专账管理

按照《住宅专项维修资金管理办法》第十条规定：直辖市、市、县人民政府建设（房地产）主管部门应当委托所在地一家商业银行，作为本行政区域内住宅专项维修资金的专户管理银行，开立住宅专项维修资金专户，应当以物业管理区域为单位设账，按房屋户门号设分户账；未划定物业管理区域的，以幢为单位设账，按房屋户门号设分户账。

3. 规定使用程序

参照《住宅专项维修资金管理办法》第二十二条规定，结合搬迁安置社区的实际情况，建立以下维修资金使用程序：（1）物业服务企业根据维修和更新、改造项目提出使用建议，没有物业服务企业的，由相关业主提出使用建议；（2）由社区组织相关业主和楼栋长讨论并通过使用建议；（3）物业服务企业或者相关业主组织实施使用方案；（4）物业服务企业或者相关业主持有关材料，向所在地直辖市、市、县人民政府建设（房地产）主管部门申请列支；（5）直辖市、市、县人民政府建设（房地产）主管部门审核同意后，向专户管理银行发出划转住宅专项维修资金的通知；（6）专户管理银行将所需住宅专项维修资金划转至维修单位。

（四）构建安置区“刚需”住房保障体系

随着搬迁群众家庭人口的增加，必然会出现新增的住房需求，尤其是过渡期的新增住房需求，急需出台过渡性的保障政策。在“十四五”期间，增加部分廉租房的指标及资金，根据各县（市、区）搬入人口数量，按适当比例分配指标给有易地搬迁安置点的县（市、区）建设廉租房，用于满足易地搬迁群众因人口自然增加后新增的住房需求。

1. 保障性商品房

针对人口增长较多且有一定购房能力的家庭，研究制定保障性住房购买支持政策。

一是将住房困难的搬迁家庭纳入城镇住房保障体系。充分利用现有易地搬迁闲置房、安置地存量保障性住房和安置区周边建设的保障性住房，以成本价格提供。

二是采取特殊金融扶持政策，向搬迁家庭提供针对性购买住房保障，研究制定特殊的金融扶持政策，让搬迁户看到“买房”的希望，解决后顾之忧。

三是制定“住房困难”的标准，启动安置区“住房困难”的界定工作，搬迁安置区群众代表、社区干部、物业管理人员等广泛参与，让群众认识到解决“住房困难”是一项系统的社会工程，需要自身努力适应新的搬迁生活。

2. 廉租房与租房补贴

对于人口增长较多且没有购房能力的家庭，研究制定保障性住房租住支持政策。

一是制定廉租房申请管理规定。建立常态化申请受理机制和快速审核通道，明确申请条件、审批程序、安置费用标准，建立动态管理退出机制。

二是制定合理的房屋租金。应遵循当地的市场规律，在非营利水平条件下，合理确定搬迁安置住房困难群众廉租房的租金，维持廉租房小区正常的物业管理。

三是制定房屋租金补贴政策。对于租住廉租房的搬迁家庭，属于收入不稳定、生活困难、纳入“最低生活保障”的对象，应给予租房补贴，可采取直接补助、服务购买、公益积分等多元化的形式。

（五）持续引导搬迁群众融入社区生活

1. 思想引导

搬迁后，易地搬迁群众换了一个全新的环境，需发挥基层党组织的战斗堡垒作用，通过有力有效的工作，引导搬迁群众转变思想观念，更新生活习惯和生产方式，逐步适应新环境、融入新生活。通过不断走访、不断交心谈心，找准突破口，开展思想教育工作；坚持以搬迁群众为中心，把政策讲透，让群众看到长远的发展，解决他们的后顾之忧，及时帮助搬迁群众解决遇到的新问题；坚持党组织发力，党员干部带头，有意识地加以引导、示范和教育，不断引导群众搬迁后社区生活的思想认同，激发内生动力。深入挖掘乡村社会蕴含的道德规范，教育、引导广大搬迁群众增强集体意识，知恩感恩、互帮互助、敬老爱幼、勤俭持家。

2. 行为引导

搬迁后，易地搬迁群众原来的生产、生活方式发生根本变化，要完成从居深山的农民到文明“新市民”的身份转变，需要强化行为引导。首先要引导搬迁群众熟悉搬迁点街道、居民委员会、活动中心、卫生服务中心、警务室、学校、农贸市场等场所，熟悉搬迁区交通规则、办事流程、法律常识、文明公约。社区制定居民公约，通过各种方式将“新市民”行为规范宣传到每家每户，以快板、朗诵等寓教于乐的形式进行搬迁户行为引导。推行“文明行为”积分制，对搬迁群众参与社区志愿服务、化解矛盾纠纷等文明公约情况进行积分评比，持续巩固文明习惯。通过居规民约引导搬迁群众养成不破坏公物、不高声喧哗、爱护环境卫生、规范停放车辆、摆放物品的文明行为习惯。

3. 文化引导

按照“党建带文化、文化促党建”的理念，以文体活动为载体，提升群众素质，厚植文化沃土，弘扬社会风尚，用优秀的文化引领社区。在易地扶贫搬迁安置点建设图书室、文体活动室、老年活动中心、娱乐场、文体广场、多功能文化服务厅等文化阵地，通过居委会、社工等引导群众参加社区文化活动，推进文化服务体系建设。教育引导搬迁群众感党恩、听党话、跟党走，大力弘扬社会主义核心价值观，结合“文明家庭”创建，大力开展社会公德、职业道德、家庭美德宣传教育，弘扬孝老爱亲、守望相助、自强诚信、崇德向善等优秀中华传统美德。结合中华传统节日、少数民族特色节日等节庆活动广泛开展文体活动，实现搬迁群众文化传承，促进互动交往和情感的交流，引导搬迁群众移风易俗。

4. 心理引导

强化心理服务宣传引导机制，将搬迁社区的心理服务与媒体的传播结合起来，通过开设公益类专题栏目，举办励志报告会、先进人物宣讲会，营造良好的社区氛围，增强搬迁户对党和政府的感恩意识，通过讲座、演出等形式，有针对性地开展心理疏导和励志教育活动，破除搬迁户的封闭和排斥心理，引导他们主动抛弃“等、靠、要”思想，激发其内生动力，唤起其自强不息、积极向上的健康心态。完善搬迁安置区的社区公开制度，保障搬迁户的知情权、参与权、管理权和监督权，畅通其利益表达渠道，确定搬迁户在社区建设中的主人翁地位，让他们感到被关怀、被重视，树立积极向上的心理共识。在安置区设立心理服务工作室和社工工作站，将搬迁户的心理保健纳入基本医疗保健范畴；利用安置社区现有场地设施积极拓展文化、体育、科普服务功能，广泛开展精神文明建设、文化体育和科普等活动，促进搬迁群众社会交往和互动，疏导心理压力，增强社区归属感和身份认同感，促进社区融入。

参考文献：

[1] 人力资源社会保障部 . 四部门印发《关于做好易地扶贫搬迁就业帮扶工作的通知》[EB/OL].http：//www.gov.cn/xinwen/2019-06/02/content_5396800.htm.

[2] 国家发展和改革委 . 印发《关于进一步加大易地扶贫搬迁后续扶持工作力度的指导意见》[EB/OL]. https：//www.gswuwei.gov.cn/art/2020/4/24/art_123_87411.html.

[3] 国家发展和改革委 . 印发《2020 年易地扶贫搬迁后续扶持若干政策措施文件的通知》[EB/OL]. http：//www.gj.hh.gov.cn/zfxxgk/fdzdgknr/czxxgk1/czxxgs/202007/t20200724_458700.html.

[4] 国家发展和改革委 . 印发《关于切实做好易地扶贫搬迁后续扶持工作

巩固拓展脱贫攻坚成果的指导意见》[EB/OL]. https：//www.pds.gov.cn/contents/27202/240252.html.

[5] 李川，漆雁斌，何仁伟，邓鑫 . 生计恢复力视角下我国易地扶贫搬迁研究进展及展望 [J]. 地理与地理信息科学，2022，38（04）：74-81+129.

[6] 杨海妹 . 易地扶贫搬迁移民社会融入研究——以 S 市 X 社区为例 [J]. 山西农经，2022（01）：104-106.

[7] 马小杰 . 云南易地扶贫搬迁群众社区融入研究 [D]. 云南财经大学，2022.

[8] 冯柏成 . 易地扶贫搬迁居民的社会融入困境与对策——基于专业化社区服务视域 [J]. 中国社会工作，2020（34）：35-36.

[9] 刘柯彤 . 易地扶贫搬迁居民的社会融入困境与对策研究 [D]. 贵州民族大学，2021.

[10] 骆雪娇，王林玉 . 易地扶贫搬迁背景下新市民社会融入研究——基于黔西南布依族苗族自治州的分析 [J]. 贵阳市委党校学报，2020（06）：53-57.

[11] 郭晓婵 . 社会工作助推易地扶贫搬迁安置点留守儿童社区融入研究 [D]. 贵州大学，2021.

[12] 蓝迎曦 . 易地扶贫搬迁的后续扶持路径研究 [D]. 广西民族大学，2021.

[13] 余兴国，李璐，孙自保 . 三岩片区易地搬迁农牧民社会融入路径研究 [J]. 高原农业，2021，5（05）：530-538.

[14] 郭蓉 . 社会工作介入易地扶贫搬迁儿童社区融入研究 [D]. 湖南师范大学，2021.

[15] 董子超 . 大同市易地扶贫搬迁的社会满意度研究 [D]. 太原理工大学，2021.

[16] 孟娜 . 江西省赣州市易地扶贫搬迁梯度安置模式研究 [D]. 甘肃农业大学，2021.

[17] 欧露露 . 小组工作介入易地扶贫搬迁儿童的社区融入研究 [D]. 广西师范大学，2021.

[18] 龙海霞 . 活动理论视角下易地扶贫搬迁老年群体社区融合研究 [D]. 广西师范大学，2021.

[19] 严丽娟 . 易地扶贫搬迁老年人社区融入的小组工作介入研究 [D]. 甘肃政法大学，2022.

[20] 朱琳，李文琢，廖和平，周钰卓，彭荣华 . 乡村振兴背景下易地搬迁农户社会

融入测度与提升路径 [J]. 西南大学学报（自然科学版），2022，44（05）：2-12.
[21] 罗方 . 易地扶贫搬迁老人社区融入实务研究 [D]. 贵州财经大学，2022.
[22] 何啸 . 基于党建引领的易地扶贫搬迁移民社会融入研究 [D]. 贵州大学，2021.
[23] 黎洁，孙晶晶 . 易地扶贫搬迁农户土地承包权退出意愿研究——基于陕西 4 个安置社区的调查 [J]. 西北农林科技大学学报（社会科学版），2021，21（06）：94-104.
[24] 孙俊娜 . 易地扶贫搬迁安置方式对搬迁农户社会融入的影响研究 [J/OL]. 中国农业资源与区划：1-12[2022-08-10]. http：//kns.cnki.net/kcms/detail/11.3513.S.20210928.0402.006.html.
[25] 孙延杰，任胜洪 . 易地扶贫搬迁儿童的社会融入问题及其教育支持 [J]. 当代青年研究，2021（05）：71-76.
[26] 黄征学，潘彪 . 易地扶贫搬迁政策演进与“后扶贫时代”政策创新 [J]. 宏观经济管理，2021（09）：63-69+80.
[27] 董运来，王艳华 . 易地扶贫搬迁后续社区治理与社会融入 [J]. 宏观经济管理，2021（09）：81-86+90.
[28] 聂丹 . 小组工作介入易地扶贫搬迁老年人社会适应研究 [D]. 贵州民族大学，2021.
[29] 张会泮，石铭婷 . 易地扶贫搬迁女性移民的社会适应研究——基于宁夏“十三五”不同安置方式的女性移民调查 [J]. 宁夏社会科学，2021（03）：163-178.
[30] 郭言歌 . 宁夏易地扶贫搬迁人口可持续生计研究 [D]. 中南民族大学，2021.
[31] 朱慧慧 . 可持续生计视角下东平县易地扶贫搬迁政策减贫效应研究 [D]. 山东财经大学，2021.
[32] 何瑾，向德平 . 易地扶贫搬迁的空间生产与减贫逻辑 [J]. 江汉论坛，2021（05）：139-144.
[33] 潘彪，黄征学，滕飞，夏成 . 做好易地扶贫搬迁的“后半篇文章”——贵州省黔西南州“新市民”计划的经验与启示 [J]. 宏观经济管理，2021（05）：84-90.
[34] 唐雪 . 易地扶贫搬迁老人社区融入小组社会工作介入研究 [D]. 吉林农业大学，2021.

[35] 温梦姣 . 社会工作介入易地扶贫搬迁居民社区融入的路径探析 [D]. 青海师范大学，2021.

[36] 孙守恩 . 易地扶贫搬迁居民社区融入能力提升的小组工作介入研究 [D]. 西北师范大学，2021.

[37] 黄祖辉 . 新阶段中国“易地搬迁”扶贫战略：新定位与五大关键 [J]. 学术月刊，2020，52（09）：48-53.

[38] 朱宝霞 . 易地扶贫搬迁移民就业能力对安置地融入的影响研究 [D]. 贵州大学，2020.

[39] 宁康 . 贺州市平桂区易地扶贫搬迁安置区管理模式研究 [D]. 广西大学，2020.

[40] 李晓甫 . 恩施州易地扶贫搬迁农户满意度评价研究 [D]. 湖北民族大学，2020.

[41] 俞慧杰 . 小组工作介入易地扶贫搬迁社区儿童社会适应的研究 [D]. 华东理工大学，2019.

[42] 郭飞 . 易地扶贫搬迁移民社会融入研究 [D]. 贵州民族大学，2019.

[43] 冯烨 . 社会工作视角下易地扶贫搬迁居民社会融入问题探究 [D]. 西北大学，2019.

[44] 任灵 . 陕南易地扶贫搬迁过程中移民的社会适应研究 [D]. 陕西师范大学，2019.

[45] 郑娜娜，许佳君 . 易地搬迁移民社区的空间再造与社会融入——基于陕西省西乡县的田野考察 [J]. 南京农业大学学报（社会科学版），2019，19（01）：58-68+165.

[46] 刘汉秦 . 易地扶贫搬迁的差异化安置方式研究 [D]. 郑州大学，2018.

[47] 叶青，苏海 . 政策实践与资本重置：贵州易地扶贫搬迁的经验表达 [J]. 中国农业大学学报（社会科学版），2016，33（05）：64-70.

[48] 冯鑫晨 . 从排斥到融入：F 社区易地扶贫搬迁安置地老人社会适应的实务研究 [D]. 贵州财经大学，2022.

[49] 王莎莎 . 社会工作助力易地扶贫搬迁安置点老年人社区融入研究 [D]. 贵州财经大学，2022.

[50] 赵永莲 . 易地搬迁安置点老年人社区融入的社会工作实践研究 [D]. 贵州大学，2021.

[51] 许悦 . 易地扶贫搬迁安置点移民文化适应性问题研究 [D]. 贵州大学，2021.

第11章

帮扶产业风险评估与防范机制研究
——基于西部2省5县脱贫地区的典型调查

聂凤英　周厚熹　朱海波①

内容摘要：在脱贫地区巩固脱贫攻坚成果、推进乡村振兴的根本之策在于不断推动帮扶产业的可持续发展。脱贫攻坚战以来，脱贫地区受益于各类帮扶措施，已具产业雏形。但脱贫地区帮扶产业发展总体上还处于起步期，存在一些基础性、苗头性、倾向性问题：一是现有帮扶产业项目多以种植养殖业为主，产业链条短，部分产业出现断链现象，且科技支撑效能发挥不足；二是新型经营主体发育不足，多样性有限，带动脱贫群众可持续增收动能有限；三是部分帮扶产业项目政府干预太多，帮扶资源分配存在"垒大户"倾向，对中小微产业发展主体支持不足；四是"人种天养"问题仍然严峻，风险预警能力不足，灾害保障水平低。基于此，提出以下对策建议：一是加强补链与强链，延伸产业链，拓展供应链，用好科技支撑资源，提高终端产品附加值；二是坚持"为农民而兴，为农民而建"纲领，构建联农带农多重机制，保障脱贫群众持续增收；三是盘活用好帮扶资金与后扶资源，加大对中小微企业支持力度；四是建立帮扶产业发展风险监测预警机制，推动农业保险有效实施。

关键词：风险评估；防范机制；预警机制

① 本章作者：聂凤英，中国农业科学院农业信息研究所研究员、博士生导师；周厚熹，中国农业科学院农业信息研究所博士生；朱海波，中国农业科学院农业信息研究所副研究员。课题组组长：聂凤英。课题调研团队成员：朱海波、周厚熹。

脱贫攻坚战以来，脱贫地区随着要素投入不断增加、产业规模不断扩大，帮扶产业发展主体竞争能力不强、产业链供应链不稳问题依然突出，对脱贫群众的可持续带动能力依然较弱，这些都是不容忽视的风险。为此，党中央着眼于巩固拓展脱贫攻坚成果和乡村振兴有效衔接的需要，提出设立5年过渡期，对脱贫县做到“扶上马、送一程”，体现了党中央对现阶段脱贫地区乡村产业（尤其是帮扶产业）发展存在问题的切实关照。可以说，“十四五”过渡期内，构建促进帮扶产业可持续发展的长效机制，推动产业发展质量和水平进一步提升是工作重点。

一、帮扶产业的内涵及政策研究梳理

（一）帮扶产业的内涵界定

帮扶产业由脱贫攻坚期产业扶贫衍生而来。2015年《中共中央 国务院关于打赢脱贫攻坚战的决定》明确提出，为实现精准扶贫目标，须因地制宜地实施好“五个一批”工程，即发展生产脱贫一批、易地搬迁脱贫一批、生态补偿脱贫一批、发展教育脱贫一批、社会保障兜底一批。而“发展生产脱贫”被学界统称为产业扶贫（左停等，2016）。产业扶贫因其涉及对象广、涵盖面大，成为中国精准扶贫开发的重要战略。

2021年起，我国“三农”工作重点正式转入全面推进乡村振兴阶段。2021年3月22日，中共中央、国务院发布《关于实现巩固拓展脱贫攻坚成果同乡村振兴有效衔接的意见》（以下简称《意见》），提出坚持和完善东西部协作和对口支援、社会力量参与帮扶机制并在西部地区脱贫县支持一批乡村振兴重点帮扶县。自此，脱贫地区由脱贫攻坚战期间的“扶贫”转向乡村振兴阶段的“帮扶”。具体涉及脱贫地区乡村产业发展，《意见》明确提出，支持脱贫地区乡村特色产业发展壮大，进一步加强帮扶机制下的产业合作，更加注重发挥市场作用，强化以企业合作为载体的帮扶协作。

2022 年中央一号文件提出，要推动脱贫地区更多依靠发展来巩固拓展脱贫攻坚成果，逐步提高中央财政衔接推进乡村振兴补助资金用于产业发展的比重，重点支持帮扶产业补上技术、设施、营销等短板，强化龙头带动作用，促进产业提档升级。文件首次使用“帮扶产业”这一提法，但主要指向的是脱贫地区的特色产业发展。到目前为止，各类政策文件大多提到的是如何发展特色产业实现稳脱贫、促增收，尚未有政策文件对帮扶产业给出完整清晰的定义。

笔者借鉴上述中央文件的相关阐述，综合学者观点，对帮扶产业内涵及帮扶产业风险给出一个广义的界定：帮扶产业由扶贫产业衍生而来，凡涉及巩固拓展脱贫攻坚成果、促进脱贫人口持续增收的产业，包括东西部协作、定点帮扶、万企兴万村等协作机制下发展的第一、第二、第三产业，均为帮扶产业。产业风险是指在一定条件下和一定时期内，由于不确定性因素的作用和政策决策的外部性，导致产业主体可能遭受的损失。具体到乡村产业风险，其指代包括但不限于生产、经营、增收能力和政策措施落实等环节已经发生或出现苗头的，可能影响产业可持续发展或危及“两条底线”“两不愁三保障”等相关政策执行效果的一系列问题。本章聚焦于第一产业，即围绕脱贫地区乡村特色产业发展这一主题进行探讨。

（二）国家相关政策梳理

帮扶产业源于产业扶贫政策，由 2001 年中共中央、国务院印发的《中国农村扶贫开发纲要（2001—2010 年）》中“一体两翼”扶贫模式的产业化扶贫的概念演变而来[①]，是我国长期扶贫开发实践中形成的专项扶贫开发模式以及具体工作中一以贯之的工作抓手。2011 年中共中央、国

---

① 2001 年中共中央、国务院印发的《中国农村扶贫开发纲要（2001—2010）》正式提出产业化扶贫的概念，并将其与整村推进、劳动力培训转移共同组成“一体双翼”扶贫模式。

务院印发的《中国农村扶贫开发纲要（2011—2020年）》提出，要“培植壮大特色支柱产业，带动贫困户增收”“通过扶贫龙头企业、农民专业合作社和互助资金组织，带动和帮助贫困户发展生产”。2014年中共中央办公厅、国务院办公厅印发《关于创新机制扎实推进农村扶贫开发工作的意见》，将特色产业增收工作列为十项重点工作之一。2016年，原农业部、国家发展改革委等九部门联合印发《贫困地区发展特色产业促进精准脱贫指导意见》，明确提出了未来推进产业扶贫的具体内容和发展目标。根据相关政策，各地区十分重视产业扶贫的重要作用，开展了很多有益实践。

《乡村振兴战略规划（2018—2022年）》将“培育农业农村新产业新业态，打造农村产业融合发展新载体新模式，推动要素跨界配置和产业有机融合，让农村一二三产业在融合发展中同步升级、同步增值、同步受益”作为发展壮大乡村产业的实施途径。乡村振兴战略中提出的“产业兴旺、生态宜居、乡风文明、治理有效、生活富裕”二十字方针中，产业兴旺作为首要纲领以及实现生活富裕的基本前提被提出，说明脱贫攻坚期间的产业扶贫政策将得以不断强化和延续。

国家将产业扶贫工作摆在了脱贫攻坚的核心位置，对其政策支持是一贯的、持续的，足见产业兴旺在乡村振兴战略中的地位和作用。随着要素投入不断增加、产业规模不断扩大，当前帮扶产业面临的主要风险表现在：产业发展主体竞争能力不强，产业链供应链不稳，对脱贫群众的可持续带动能力依然薄弱。

在“十四五”规划中，党中央、国务院对巩固拓展脱贫攻坚成果和乡村全面振兴作出全面部署，明确提出“设立5年过渡期，保持现有主要帮扶政策总体稳定，对脱贫县做到扶上马、送一程，逐步实现由集中支持脱贫攻坚向全面推进乡村振兴平稳过渡”。5年过渡期的设立，体现了中央的顶层设计和战略布局，是当前乡村振兴工作开展的一个特殊政策背景，也是对现阶段脱贫地区乡村产业（尤其是帮扶产业）所存在问题的切实关照。

（三）学界相关研究综述

产业发展是经济发展的载体，经济发展则是达成乡村善治目标、守住规模性返贫底线、支撑乡村振兴战略和实现共同富裕愿景的基础前提（王沪宁，1991；汪三贵等，2019；聂凤英等，2019；朱海波等，2020）。对于脱贫攻坚和乡村振兴两个时期的产业扶贫政策与帮扶产业发展，学界给予了高度关注和讨论。刘建生等（2017）认为产业扶贫承担起脱贫地区农户的“造血”功能，成为精准扶贫的核心。吕开宇等（2019）也指出产业扶贫是实现持续稳定脱贫的根本之策。产业扶贫与产业兴旺分别作为脱贫攻坚与乡村振兴两大战略中的关键举措，帮扶产业的可持续性与风险管理程度直接决定着脱贫地区的脱贫成色与两大战略衔接成效（汪三贵、刘明月，2020；黄承伟，2021）。

今后，产业帮扶仍将是解决绝对贫困和相对贫困问题的重要手段，更是促进乡村产业全面振兴的重要路径。学理性研究方面，一些学者尝试从多功能农业与乡村理论、均衡与非均衡发展理论、社会化小农思想、产业集群理论等学理层面阐述乡村产业的发展路径（房艳刚、刘继生，2015；樊凡，2017），也有一些学者提出借鉴 OECD、日本、欧盟等相关国家和地区的发展经验（陈秧分等，2019；芦千文、姜长云，2018）。此外，学界认为，促进小农与市场对接（Andreasetal，2018）、推进农业适度规模化经营（吴振方，2019）、延长产业链条、促进乡村产业融合、优化产业空间布局、着力打造产业园区（刘彦随，2018）是实现产业兴旺的有效途径。需要注意的是，不论是广义的乡村产业还是特定的帮扶产业，其主要终端产品大多以农产品为主。农产品属于典型的需求弹性小于供给弹性的特殊产品，容易发生蛛网波动；农业本身具有外部性，容易导致供给不足或“道德风险”，需要通过优化产业链条以及转移支付、公共投入等途径加以解决（高鸿业，2018）；乡村产业发展依托于特定的人地关系地域系统，是由若干相互作用的生产要素、资源禀赋和生产资料构成的具有一定结构和功能的有机整体（陈秧分等，2019）。

综上所述，乡村产业发展涉及产业选择、结构优化、区位布局、支持政策等诸多问题。基于此，笔者遵从问题导向，聚焦西南脱贫地区，以县域为分析单元，在充分的文献研究与实地调查研究基础上，围绕深度脱贫县农产品生产、经营、增收能力、政策落实情况等环节和维度进行分析，系统评估帮扶产业发展面临的主要风险，旨在提出支持政策有效、市场竞争有力、价值不断提升、收益持续稳定的产业发展方案以及防范化解帮扶产业风险的措施办法和支持脱贫地区产业发展的针对性建议，为促进乡村产业发展提出参考依据。

二、脱贫地区帮扶产业发展典型调查情况

根据任务安排，2022 年 7 月，课题组前往云南省昭通市鲁甸县、曲靖市会泽县、楚雄彝族自治州楚雄市和贵州省六盘水市盘州市、黔西南布依族苗族自治州晴隆县 2 省 5 县（市），对其帮扶产业发展总体情况及存在风险开展了实地调研。

（一）云南省鲁甸县

鲁甸县位于云南、贵州、四川三省接合部，是云南省 27 个国家乡村振兴重点帮扶县之一。全县辖 9 镇 2 乡 2 街道 103 个村（社区）、1778 个村（居）民小组。2020 年，全县 96 个脱贫村 32086 户 125032 个建档立卡脱贫人口全部脱贫出列，实现高质量脱贫摘帽。鲁甸独特的立体性气候，创造了丰富的生物资源，是全省马铃薯、生猪、黄牛、烤烟生产基地，苹果、樱桃、核桃、花椒、魔芋等农副产品在省内外享有盛名；独

具特色的清真牛干巴、薯片噜咪啦、圣威麦芽糖等地方民族食品享誉四方。2013 年，被中国经济林协会评为“中国核桃之乡”；“小小花椒树，致富大产业”，2019 年以花椒产业成功创建全省“一县一业”特色县。截至 2021 年底，全县花椒种植面积 32 万亩，产量达 1.02 万吨，产值达 9.588 亿元，占全县农业总产值的 37.5%，带动椒农 4.2 万户 18.2 万人增收，其中脱贫群众 2.9 万人。课题组根据实地调研，对该县产业发展现状与典型做法总结如下。

1. 以“一县一业”为纲领实现特色产业向主导产业转型

鲁甸青花椒种植历史悠久，是青花椒的主要产地。全县按照“集中连片、管理配套、规模发展”的建设思路，以“产业化发展、规模化经营、基地化建设”为具体抓手，将花椒产业作为促进农民增收致富的重点产业强力推进，实行县、乡、村三级花椒科技示范样板创建，引领、辐射、带动群众大面积种植。2019 年 5 月，鲁甸县将花椒作为主导产业成功申报为云南省“一县一业”特色县，完成花椒有机认证 10 万亩。昭通市大成农业开发有限责任公司鲁甸“牛栏江”“椒原堂”牌青花椒和鲁甸县鑫辉农特产品开发有限公司鲁甸“三川半”牌青花椒获生态原产地保护产品标志。

2. 以深加工为抓手不断推进优势产业发展

以马铃薯产业为例，2022 年以来，鲁甸县投入资金 440 万元建设完成马铃薯高标准示范基地 2 万亩，投入资金 560 万元完成马铃薯种薯基地项目建设。全县有马铃薯深加工企业 1 家（云南理世实业（集团）有限责任公司），工业总产值 2.5 亿元，其带动组建薯片加工原料供应合作社 5 个，实现 1.5 万种植农户增收，形成“政府引导 + 协会 + 龙头企业 + 基地 + 市场 + 农户”的产业化发展链，积极引导云南理世实业（集团）有限责任公司扩大生产领域，参与马铃薯精深加工、包装和营销，打造了“噜咪啦”薯片等知名品牌。

3. 以产业现代化为契机助力主导产业可持续发展

以肉牛产业为例，鲁甸县以肉牛“十百千万”工程为抓手，持续推进肉牛产业现代化发展，肉牛规模养殖发展迅速。截至目前，全县肉牛存栏 8.05 万头，出栏 1.12 万头，实现综合产值 4.5 亿元（如图 11-1 所示）。具体措施包括：一是加大政府扶持力度。充分发挥鲁甸县肉牛产业的资源优势和产业优势，2022 年鲁甸县人民政府印发了《鲁甸县高原特色肉牛产业 2022 年扶持办法》，进一步加大对优质肉牛品种引进、饲草种植、人才培养等方面的扶持力度。二是引进龙头企业，完善产业链配套，推进肉牛全产业链规模化发展。引进行业领先企业上海鹏欣集团，打造鲁甸高原生态肉牛产业示范园，完善产业链配套建设，建设屠宰冷链和有机肥中心，推进规模化种植青贮玉米，由龙头企业鹏欣集团同各乡镇签订饲草种植收储协议，订单收购全株青贮玉米，确保肉牛产业饲草供应。到“十四五”末将建成集良种繁育、规模养殖、饲料生产、集中屠宰、冷链运输、商贸服务和品牌塑造于一体的肉牛全产业链。

图 11-1　课题组调研鲁甸县百万头肉牛屠宰加工厂

（二）云南省会泽县

会泽县原是国家级扶贫开发重点县、乌蒙山片区集中连片特殊困难地区县、云南省 27 个深度脱贫县之一，原有脱贫村 355 个（深度脱贫村 189

个），全县总人口 107.3 万，有建档立卡脱贫户 8.9 万户 34.3 万人。2020 年 11 月 13 日，会泽县退出贫困县。2021 年 8 月，会泽县被列为国家乡村振兴重点帮扶县。课题组根据实地调研，对该县产业发展现状与典型做法总结如下。

1. 产业布局规模化

会泽县是一个高寒冷凉的山区农业大县，全县面积 5886 平方千米，有耕地 203.5 万亩，山区占比超过 95%。境内山高、坡陡、谷深，呈现独特的立体气候，农业产业特色十分鲜明。会泽县发挥气候立体、资源多样等优势，大力发展山区农业产业，形成了百业兴旺的良好局面。坚持区域化布局、集群化发展，大力引导特色产业向最佳适宜区集中，在海拔 1700 米以下的低热河谷区重点发展冬早蔬菜、石榴、葡萄和冷水鱼产业，在海拔 1700~2300 米的温凉山区重点发展山地蔬菜、肉牛等产业，在海拔 2300 米以上的高寒山区重点发展燕麦、夏季草莓、黑山羊等产业，推动特色优势产业聚点成面、连片成带，实现高、中、低海拔全覆盖（如图 11-2 所示）。

图 11-2　课题组调研会泽县草莓生产基地

2. 生产体系现代化

坚持产业布局与基础建设、科技配套、加工转化一体谋划推进，为乡村产业发展打牢坚实基础。一是补齐基础设施短板。多渠道争取整合项目资金30.6亿元，实施农业产业项目724个，建成高标准农田49.7万亩，极大改善了农业综合生产条件。二是夯实科技支撑强板。充分发挥中国工程院定点帮扶优势，整合县乡农技推广力量，建立科技产业指导员直接联系制度。三是锻造加工转化长板。打造占地1035亩的绿色食品加工园区、1221亩的轻工业园区，建成50万吨马铃薯、辣椒、花椒、蔬菜精深加工冷链物流园区，建成年产25万吨饲料加工厂、年产100万头生猪屠宰加工厂和年产2.3万吨全省首条燕麦植物奶生产线，促进农业产业链增值收益更充分地留在县域内。

3. 特色产品品牌化

坚持绿色兴农、质量兴农、品牌强农，狠下功夫树品牌、搭平台，推动山区特色产品变优质商品，走向广阔市场。实施绿色种养循环试点、耕地生产障碍修复等项目，化肥农药减量增效，深入推进农产品质量可追溯体系建设，认证绿色食品44个、有机农产品10个，创建“绿色食品品牌”产业基地10个。坚持“一乡一特、一村一品”发展思路，精心塑造农产品特色品牌，乐业辣椒、火红黑山羊等5个农产品获得国家地理标志认证，注册“会之泽”“七彩云麦”等区域公用品牌。

（三）云南省楚雄市

楚雄市位于云贵高原中部，地处滇中与攀西、滇西、滇西南经济区的接合部，是昆明通往滇西8州（市）和进入南亚、东南亚国际大通道的重要承接点和物流集散地，素有“省垣门户、迤西咽喉”之称。乡村产业方面，楚雄市是国家级产粮大县、全国魔芋产业重点县、省级农产品质量安全示范县，坐拥30余个农产品生产基地，其中“楚粳”系列稻米和核桃种植加工生产基地分别荣获“国家超级稻”认证和“中国核桃油之乡”称号。目前，楚雄市依托区位优势和资源禀赋，形成了核桃、中药材、稻米、蔬菜、魔芋、花椒、花卉、食用菌、畜牧、淡水渔业等一系列的高原特色优势产业，集聚效应逐渐显现，已成为巩固拓展脱贫攻坚成果、助推乡村振兴的重要支撑。课题组通过实地调研，对该县产业发展现状与典型做法总结如下。

1. 政策引领促农增收

近年来，楚雄市相继出台了《关于建立“双绑”利益联结机制推进产业帮扶全覆盖的实施方案》《楚雄市巩固拓展脱贫攻坚成果产业帮扶专项行动方案》《楚雄市农民专业合作社提质扩面实施方案》《楚雄市促进脱贫人口持续增收三年行动计划实施方案（2022—2024 年）》等文件，确保脱贫攻坚结束后政策不变、投入不减、促农增收。

2.“百企帮百村”“双绑”利益联结促农增收

全市 8522 户脱贫户 33948 人通过 332 个新型农业经营主体（其中龙头企业 58 个、农民专业合作社 168 个、家庭农场和其他社会化服务组织 106 个）带动发展产业实现增收。例如，“小魔芋带动大产业”，以大过口魔芋之乡为中心，通过“双绑”利益联结，推行“公司 + 协会 + 合作社 + 农户”的生产模式，“小魔芋变大产业”推动产业帮扶全覆盖，全乡种植魔芋 12867 亩，带动 1286 户建档立卡脱贫户种植魔芋 2821 亩，进一步激发脱贫人口的内生动力，变“输血”为“造血”。“小农场带动大产业”，如紫溪镇母掌村委会通过“公司 + 基地 + 合作社 + 农户”模式，以西霸农场为中心，积极组织周边农户发展种植冬桃、樱桃、红梨、木梨、核桃、花椒等 5000 余亩，并拓展销售渠道，协议保底收购，并在农场中耕管理、采收期等环节提供就业机会，大大提升群众获得感，定向帮扶群众 462 户，其中建档立卡户 67 户，每年每户在原有收入基础上可增收 5000 余元，长期聘用周边农户 35 人，每年每户经济收入增加了 2 万余元，每年累计聘用零工 100 多人，人均收入增加 3000 余元。“小枇杷做成大产业”，东华镇依托楚雄市兴蕴枇杷种植专业合作社，以“公司 + 合作社 + 协会 + 农户 + 基地 + 电商”发展模式，实行统一种植、统一管理、统一销售，种植枇杷 13000 亩，带动 1286 户农户（210 户建档立卡户、51户残疾人户）加入合作社发展枇杷产业。2019年助农增收87万元，创造了10150个就业岗位；2020年助农增收180万元，创造15100个就业岗位，2021年助农增收560万元。

3. 科技帮扶助农增收

楚雄市组建了一支农牧专业技术产业帮扶专家服务组，对脱贫村及产业重点村开展轮回服务，2022年以来已开展10轮专家服务，采取专家进村入户、开设“田间课堂”、开展“畜圈教学”等模式，大力开展农村实用技术培训。同时开展“核桃专家”“魔芋专家”“养殖专家”“水果专家”等乡土人才培育，组织产业技能培训班10期55场次，脱贫户培训覆盖率已达65%，培训新型职业农民2.5万人次。脱贫户和低收入人群，通过掌握一二门技术发展产业实现增收。

（四）贵州省盘州市

盘州市地处云南、贵州、广西三省区接合部，面积为4056平方千米，境内有2个省级开发区和1个省级特色工业园区，下辖14镇6街道7乡530个村（居），聚居着汉、彝、苗、白、回等29个民族，人口130万人。盘州市是贵州面向东盟、东盟面向内陆省份开放的“双向桥头堡”，是云贵交通、能源、商贸物流、旅游的重要节点。2021年，全市地区生产总值为639.39亿元，同比增长10.1%，规模以上工业增加值增速为16.3%，500万元及以上固定资产投资增速为0.2%，在全国县域经济基本竞争力百强县市排名第62位。课题组根据实地调研，对该县产业发展现状与典型做法总结如下。

1. 围绕特色产业做足文章，产业发展稳中有增

特色种植业方面，盘州市目前累计发展特色种植业120余亩，打造3000亩以上集中连片产业基地21个，形成了以刺梨、茶叶、软籽石榴、中药材等为主导的山地特色产业体系。以刺梨产业为例，2022年采摘刺梨鲜果4.8万吨以上、产值1.45亿元以上（如图11-3所示）。同时，

依据中央对林下经济发展的政策倡议，盘州市着力推进林下经济提质扩面。因地制宜推广“林菌、林药、林菜、林禽、林蜂”等林下经济模式发展，延伸林业产业链条。全市累计完成林下经济任务 43.69 万亩，其中林下种植 12.5 万亩、林产品采集加工 0.55 万亩、森林景观利用 9.64 万亩，实现产值 5.5 亿元，带动农户参与发展人数达 15 万人次。

图 11-3　课题组调研盘州市刺梨产研中心

2. 盘活用好多项资本，着力优化农业产业项目建设支撑

截至目前，盘州市获批中央财政衔接资金产业项目 34 个，总投资 7374 万元，项目受益农户 17246 户 52596 人；东西部协作方面，2022 年全市申请东西部协作资金产业类项目共计 5 个，总投资 2760 万元。同时加强规制资金使用方式方法，坚持“政府引导、农民主体、社会参与”的原则，以特色田园乡村和乡村振兴集成示范点为落脚点，有力有序推进夯实“造血”基础。坚持“分级分类、试点先行、以点促面”的原则，以统筹整合政策为抓手，全面整合财政衔接资金、东西部协作资金和社会资金，重点推进 23 个（省级 2 个、市级 11 个、盘州市本级 10 个）各级示范试点的建设。制定出台《盘州市“政金企共建”特色田园乡村・乡村振兴集成示范试点村建设工作实施方案》，创新“一名市领导挂帮、一个部门牵头、一名乡镇领导负责、一个金融机构参与、一个企业挂帮，共建一个示范村”的“五帮一”工作机制，积极搭建政企合作

平台，通过政策优惠、资金捐赠、项目建设、产业投资、技能培训、合作经营、金融贷款、消费扶持、就业帮扶等方式参与到示范点建设中来。

3. 强化加工转化和品牌创建，实现农产品附加值提升

盘州市积极引导和鼓励农产品加工企业扩大规模、集群发展，加快推进农产品分拣包装、保鲜仓储及初加工、精深加工，实现农产品多层次、多环节转化增值。目前盘州市有省、市级龙头企业 66 家（其中省级龙头企业 32 家、市级龙头企业 34 家），建成农产品加工企业 106 家，其中规模以上农产品加工企业 28 家，农产品流通平台 15 家，农民专业合作社 1264 家。2022 年新增规模以上农产品加工企业 8 家，全市规模以上企业达 36 家，实现农产品加工转化率达 60% 以上；大力实施品牌强农战略，推进农产品质量认证工作，积极组织名特优新农产品申报，实现“企业联基地、基地带产业、产业富农户”的良性互动。目前，全市获证有机农产品 14 个、绿色食品 1 个、获证地理标志农产品 10 个，打造了盘县火腿、保基绿茶、刺力王、天刺力、人民小酒等优质品牌。盘州刺梨获评中国特色农产品优势区，刺梨产品获国家农产品出口质量安全示范区和国家生态原产地保护产品，软籽石榴获标准化生产示范区等称号，六盘水市贵州岩博酒业有限公司、贵州天刺梨食品科技有限责任公司 2 家农业产业化经营龙头企业入选 2021 年贵州“百强品牌”。

（五）贵州省晴隆县

晴隆县地处滇黔桂石漠化原集中连片特困地区，位于云贵高原中段、贵州省西南部，面积为 1310 平方千米，辖 15 个乡镇（街道）106 个村（社区），共有 14 个民族。截至 2021 年末，总人口 34.89 万人，其中少数民族 20.24 万人，占 58.36%。晴隆全县原有建档立卡脱贫户 2.78 万户 12.61 万人，脱贫攻坚期间，各级部门及晴隆县政府合计投入资金 22.95 亿元，落地 935 个扶贫项目，实现 8.9 万人产业扶贫、8.1 万人就业增收，建成 4 个易地扶贫搬迁点，实现 5.78 万人集中安置。2020 年 11

月，晴隆县实现脱贫摘帽，全县 56 个脱贫村全部出列，是全国最后一批脱贫摘帽县，现在是 160 个国家乡村振兴重点帮扶县之一。该县产业发展典型做法总结如下。

1.“山水林田湖”多栖发展，构建“1+2+N”模式

晴隆县依托地理资源禀赋和主导产业优势，形成了“山上茶果椒、山下菌畜粮、湖库生态渔”的产业布局，构建“1+2+N”（“一主”为茶叶产业，“二辅”为花椒产业和食用菌产业，同步推进薏仁、柑橘、中药材、烤烟等优势特色产业）产业发展格局（如图 11-4 所示）。截至目前，全县创建省级现代农业产业示范园 6 个，持续带动区域产业转型升级、提档增效。共培育州级以上龙头企业 42 家、合作社 387 家、家庭农场 157 家。

图 11-4　课题组调研晴隆县食用菌生产基地

2. 实施品牌提升行动，讲好晴隆故事

晴隆县培育国家地理标志产品 4 个、有机产品 10 个。晴隆鳙鱼、晴隆糯薏仁、晴隆脐橙成功入选 2022 年第一批全国名特优新农产品名录。其中茶叶最负盛名，晴隆是世界茶树起源地和世界茶文化发祥地，1980 年，世界唯一的 164 万年前的茶籽化石在晴隆被发现，一时轰动海内外，有力佐证了“世界之茶源于中国，中国之茶源于晴隆”，“晴隆绿茶”于 2017 年获评国家地理标志保护产品。晴隆县依托“晴隆糯薏仁”和“晴隆脐橙”种植历史的文化属性，于 2019 年将“晴隆糯薏仁”和“晴隆脐橙”申报为国家地理标志保护产品和全国农产品地理标志。

3. 东西部协作助力构建“数字经济＋新型经营主体”新模式

2018 年以来，利用东西部协作和定点帮扶机制，晴隆县引进泌泽苗木公司作为龙头企业，采取“龙头企业＋合作社（村集体）＋农户”的组织方式，打造“晴隆脐橙”水果品牌。目前，全县种植脐橙、雪橙、椪柑面积 1.2 万亩，投产面积 4000 亩，年产量 4000 吨，覆盖村民 3214 户，受益人口 1.42 万人。同时，实现产品商标注册率 100%、产品经营许可证持证率 100%、产品出基地检测合格率 100%。

“晴隆糯薏仁”是晴隆县农特产品的名片之一，贵州薏芝坊产业开发公司是一家专业从事薏仁米种植、生产、销售、产品研发的省级农业产业化重点龙头企业，以“公司＋城市经销商”的模式进行市场建设，覆盖北京、合肥、上海、广州、杭州等近 60 个一、二线城市，年均产值 1.25 亿元，通过与第三方大数据公司合作，根据薏仁米种植基地的特征，量身定制晴隆糯薏仁基地大数据系统，为公司生产经营和晴隆糯薏仁的基地发展作出决策提供依据。同时，在产品销售方面，公司大力使用电商大数据系统对薏仁系列产品进行市场数据分析，为公司销售渠道进行千人千面、人群划分、产品热搜关键词、产品销售地域群体数据分析，根据电商大数据的反馈，为公司薏仁系列的新产品研发和销售模式提供可靠的发展支撑。

三、中西部脱贫地区帮扶产业发展总体形势研判

（一）帮扶产业初具形态，特色产业发展迅速

2021 年中央一号文件明确提出，组织对口帮扶部门、民营企业和广泛社会力量实施“东西协作”“对口帮扶”“万企兴万村”等一系列产业帮扶行动，扶持建设一批脱贫人口参与度高的特色农业基地。课题组通过对西南五县的调研发现，以上一系列帮扶政策已在原深度贫

困的西南地区建立了一批帮扶产业，且都能够较好地结合当地地理气候、资源禀赋、种养传统等因素，选择具有一定优势的特色产业，如云南会泽肉牛和马铃薯产业、贵州晴隆“大亚湾—晴隆”产业园项目都是如此。

（二）主导产业逐步明确，新型经营主体增量明显

脱贫攻坚战打响之后，从中央到地方实施了一系列支持农民组织化的政策措施。新型农业经营主体已成为产业扶贫、生态扶贫、资产收益扶贫及金融扶贫的重要组织载体和工作抓手，各地推行的引才惠农政策取得良好成效。以云南省楚雄市为例，楚雄市推行的“百企帮百村”和“双绑”利益联结机制已带动全市 8522 户脱贫户 33948 人通过 332 个新型农业经营主体带动发展产业实现增收，进一步激发脱贫人口的内生动力，变“输血”为“造血”，大大提升了群众获得感。

（三）发展基础依然薄弱，可持续助农能力仍需巩固

支持脱贫地区发展农产品加工业是产业帮扶政策的重要方向。党的十八届五中全会强调，促进农产品精深加工和农村服务业发展，拓展农民增收渠道，完善农民收入增长支持政策体系。农产品加工业具有延长农业产业链、提高农产品附加值和增加农民收入的作用，是带动现代农业发展的“引擎”，尤其是在脱贫地区，发展优势特色农产品加工业，对实现农业增效、农村繁荣、农民增收目标具有重要作用。然而，就西部脱贫地区而言，由于农田基础设施薄弱、水利化程度低、自然灾害频繁，导致粮食生产水平受自然气候影响大，影响粮食规模化、标准化生产。粮食生产农业机械化综合应用率较低，仍然使用传统的种植生产方式。以会泽县为例，2021 年会泽县机械化率在同比增长 13.6% 的情况下仅为 54.6%，相较于全国平均的 72.03% 还有一定差距，由此导致的农业生产劳动强度大、生产成本高、效率低，在一定程度上制约一些增产技术的实际推广应用。同时，由于基础设施投入不足，道路、水利、电

力、市场等各种基础设施建设还比较落后。生产、生活两方面的基础设施和公共服务的短板不仅制约了产业发展，同时也成为脱贫群众返贫的隐患之一。

四、脱贫地区帮扶产业发展面临的主要风险与问题

（一）市场供求结构性失衡，产业价值链出现断链现象

产业链和价值链安全是保证产业可持续发展的必要前提，是指产业链上的各个环节不存在价格风险、供应风险、质量风险、技术风险及行为风险等各种风险，如市场需求饱和、产品滞销、价格下跌等因素，都容易导致帮扶产业项目亏损。就脱贫地区而言，多数产业存在产业链条偏短、价值链纵深不足等风险点，分散的“小生产”与“大市场”对接困难，除部分龙头企业的产业链和价值链较为健全，产品订单不愁销售外，多数产业重心仍然停留在产品初级加工阶段，传统农业仍然占较大比重，农业机械化应用水平不高，农业产业化水平依然很低，总体规模偏小、集中度不高，农产品加工和市场流通体系建设滞后，其导致的产品销售价格不高和渠道不畅等问题严重制约了农业资源优势向经济优势的转化步伐，因而在产业利润分配中处于不利地位。

案例 1：贵州省盘州市产业发展困境

农产品销售渠道拓展难，市场风险日渐凸显。随着盘州市特色产业逐步进入盛产期，农产品产量大幅提升，部分特色产业产品研发、精深加工、品牌打造、宣介推广力度不够，暂时未能实现产销有效衔接，特别是刺梨、茶叶、软籽石榴等农产品市场开拓难度大，销量及价格不理想，制约了特色产业发展进程，农产品销售渠道有待进一步拓展。

品牌打造“孤掌难鸣”。一方面，产业布局分散，客观上造成了农

业产业小、散、弱的情况，农产品经营企业和经营户品牌创建、保护意识还不强，存在“各家一把号，各唱各的调”的情况，品牌创建“小、散、乱、杂”。另一方面，晴隆绿茶、晴隆糯薏仁、晴隆脐橙等农产品虽然在本地区具有一定知名度、占有一定市场份额，但在整个产业发展链条中大部分还是停留在提供初级原料和原生产品的阶段，难以形成产业集群，难以形成品牌效应。

（资料来源：课题组 2022 年调研获取）

（二）帮扶产业粗放式经营，科技支撑附加值过低

目前，脱贫地区产业的标准化、组织化程度低，劳动力能力低，生产低效，难以满足竞争需要。标准化是促进生产与市场连接的重要手段，但脱贫地区农业生产标准化发展依然滞后。一方面，重制定、轻推广现象比较突出，标准制定过于依赖专家，很少吸取企业及基层部门的意见。标准制定后，没有很好地向合作社、农户等基层组织推广应用。另一方面，资源条件限制了标准化的推进。特别是土地细碎化和分散种植，缺乏组织，限制了标准化的推进。另外，存在产业发展的技术服务与支持力度不足问题。农产品加工企业技术水平相对较低，缺乏精、深、优加工等专业技术研发人才，同时企业与高校科研单位的产学研合作体系建设不完善，难以解决农业技术问题，加上企业资金有限、脱贫农户对特定的种养技术不了解等因素，导致生产成本过高或产出的农产品质量不佳，产业项目经济效益大打折扣。

案例 2：盘州刺梨产业的典型调查

盘州市目前已形成以刺梨、茶叶、生态养殖为主的特色产业，但全市各乡镇产业发展不平衡，产业的规模化、标准化、品牌化、市场化程度不高，市场占有率还有很大提升空间。以刺梨产业为例，目前市场产品同质化严重，无论是包装设计还是产品开发都基本趋同，均处于刺梨

原汁使用的初级范畴，产业缺乏高精尖生产技术支撑；产业相关国家标准、行业标准、地方标准不健全，质量体系未建成，致使刺梨产业化发展受阻。同时，作为新兴产业，刺梨在基础研究及市场培育方面处于起步阶段，同时受地理区位影响，新品研发、市场营销等领域均缺乏相应工作经验及专业技术人才支撑。

（资料来源：课题组 2022 年调研获取）

（三）经营主体多样性有限，可持续增收能力存在不足

一是经营主体不强，缺乏韧性，品牌力弱。鉴于脱贫户直接面对市场及自然风险中风险敞口较大的特点，新型农业经营主体将成为帮扶政策的主体及主要着力点。然而，课题组在实地调研中发现，目前有部分新型农业经营主体仅停留在“挂牌”阶段，存在管理不规范、财务不健全、决策制度缺失、生产经营粗放、盈利能力弱等现象和问题，以至于带动效果及可持续发展能力均存在较大不足。同时，龙头企业因针对性帮扶政策有限，不仅出现需要在企业经营可持续性和社会责任间寻求平衡的困境，也存在在相当一部分时间里需要同其他经营主体争抢项目的情况，形成的内耗局面导致了辐射带动范围有限及精力投入分散等问题。在带动模式方面，部分新型经营主体采用入股分红方式带动脱贫户，农户增收的途径和渠道多为财政性或转移支付性收入，其工资性或经营性收入占比略低，这意味着脱贫户自身在产业发展中的参与性有限，不符合产业帮扶的“造血”初衷；部分新型农业经营主体带贫意识不强，与脱贫户共担风险的意愿不强，利益联结机制较为松散。

二是产业形式单一，增收不稳，可持续性差。由于脱贫地区农户人力资本禀赋的原因，脱贫攻坚期间的产业扶贫项目多以技术含量和准入门槛较低的传统种植业和养殖业为主，导致其发展面临较大的自然风险和市场风险。调研中发现，由于资金投入有限，相当比例的帮扶产业项

目产业链条较短，收益也仅仅是本行业内的初级产品收益，较难实现三产融合和可持续增收的目标。同时，帮扶产业的终端产品销售多为政府或帮扶单位帮助销售，虽然“消费扶贫”对脱贫地区发展多有裨益，但过度依赖政府资源将影响脱贫地区产业的健康持续发展，同时也影响对脱贫户的带动效果。

三是农村劳动力结构失衡限制了新型农业经营主体的培育。随着工业化、城镇化的不断推进，农业的比较效益低，大量农村青壮年劳动力转移到城市，农业兼业化、农民老龄化、农村空心化状况明显，劳动力老龄化问题突出，呈现出种地的均为“60 后”的老年人，“70 后”和“80 后”的中年人不愿种地，外出打工，“90 后”和“00 后”不会种地，种粮积极性不高。以贵州省晴隆县为例，晴隆县在外务工人员有 8.1 万人，占农村劳动力的 54%，外出务工收入在农村家庭收入中的占比在 75% 以上，作为劳务输出地，在培养本土农业技术人才时，不可避免地存在无人可培、无人可用的局面，虽然这些年政府也制定了扶持农村致富带头人、培养“土专家”、实施“归雁计划”等一系列措施，但收效甚微。

（四）帮扶政策针对性不强，资金支持存在“垒大户”倾向

调研中发现，脱贫县帮扶产业发展存在一个普遍现象：在产业发展中，地方更重视招商引入的龙头大企业，在资金、信贷、土地、基础设施建设等方面提供了近乎“保姆式”的全方位支持与服务，而对当地中小微企业的发展支持力度差距明显。这种“厚外薄内”的做法不利于脱贫地区帮扶产业的持续稳定发展，应引起重视。具体而言，脱贫县地方政府在帮扶产业发展上普遍性重视“往外看”和“垒大户”，将整合的衔接资金打包到县级平台公司，然后围绕县里确定的核心产业，进行帮扶产业园区建设，进而引进行业内的大型龙头企业，建立先进的产业链和供应链，力图依靠龙头企业的市场地位，打开本地产品的域外市场。不可否认，龙头企业是实现脱贫地区帮扶产业提质增效，特别是提高技术水平和附加值的关键主体，但是，一个地方的产业发展壮大并不是仅仅靠几家外来的大型龙头企业就能实现的，更多的当地中小微企业扮演着乡村产业发展的耕耘者角色，它们扎根在农村，与合作社、村集体、农户联系更紧密，是联农、带农、富农不可或缺的主体。但调研发现，虽然这些中小微企业有很强的发展动力，但往往因为太“土”而导致地方政府“看不上”，能够获得的资金支持少且难。这种资源严重倾斜“垒大户”的做法，挫伤了本地企业家的发展积极性，并不利于脱贫地区帮扶产业的持续发展。

（五）自然风险敞口过大，应对措施与干预机制不健全

脱贫地区多地处偏远山区，自然条件相对恶劣，生态脆弱，农业生产技术装备差，自然灾害保险产品缺乏，导致抗击自然风险能力弱，受自然灾害、动植物病虫害等因素影响较大，因灾害、疫病造成的损失难以防控，不少产业扶贫项目因此而失败。同时，由于脱贫地区农业生产多为小农生产，缺乏组织性，对市场价格波动缺乏有效应对措施，也缺乏对应的价格保险产品，导致小农容易遭受市场冲击。由于自然、历史等方面原因，脱贫地区农业基础设施建设历史欠账多，农业抵御自然灾害能力弱。多数农田水利基础设施为20世纪50~70年代修建，年久失修，破损严重，服务功能退化，工程性缺水、资源性缺水问题突出。

案例3：滇黔地区风险应对机制存在的短板及不足

滇黔脱贫地区“天无三日晴、地无三里平”的气候特点和地理特征尤为突出。以晴隆县为例，第一，晴隆全县喀斯特地貌面积占全县面积的53%，人均占有25度以下坡耕地仅为0.68亩，500亩以上坝区仅有3个。发展产业的基础非常薄弱，灌溉用水及排灌设施等保障性基础设施严重不足。第二，传统种植业、养殖业受自然灾害如风、雨、雪、

干旱、内涝以及动植物疫病的影响较大，一旦受灾将减产严重，甚至颗粒无收，即使风调雨顺的年份，也是收益低，无法达到增收致富目的；农产品在仓储、运输环节难于长时间保存，容易腐败变质、不易储存。第三，调研中发现，农业保险未覆盖果蔬品种，产业抗风险能力有待提高。例如，鲁甸县 2022 年以来全县低温冰雪、冰雹、干旱等自然灾害频发，果蔬产业的非正常损失极大。

（资料来源：课题组 2022 年调研获取）

五、政策建议

（一）夯实特色产业发展基础，打造高效产业供应链

立足地方特色抓好生产基地建设，努力延伸农产品加工产业链。一方面，地方政府应立足地方特色抓好生产基地建设，通过特色农产品优势区、生产功能区、生产保护区及现代农业产业园、科技园、创业园等建设，培育一批规模化、标准化原料基地，为企业提供质量安全的原料来源；另一方面，应努力延伸农产品加工产业链，做优农产品产地初加工，加快农产品产地初加工补助项目实施，扶持建设适度规模的产地贮藏保鲜设施，推广蔬菜、果品、肉产品等产地预冷技术，促进农产品低温贮藏、运输和销售，提升产地市场农产品商品化处理能力，减少产后损失；做强农产品精深加工，建设一批农产品精深加工示范基地，积极采用现代精深加工技术生产多种类型加工产品，推动农产品加工业纵深发展，进一步拉长产业链和提高产品附加值，促成农产品多重转化增值，实现产业可持续发展。

后扶资金投入向新型基础设施建设倾斜，以数字经济为杠杆突破发展瓶颈。电信基础设施建设不仅改善贫困地区的通信条件，而且建立

起贫困地区与外界沟通渠道，从而打破了制约欠发达地区发展的主要瓶颈。在互联网发展和数字乡村建设的背景下，电商产业的发展和普及作为脱贫的欠发达地区数字经济的最明显表征，其衍生出的“互联网 +”助贫新模式，是撬动欠发达地区产业结构转型和延伸的重要杠杆，成为改善终端产品销售形态的新型手段。在补全网络覆盖空白的前提下，后扶资金应着力补齐县级物流基地、分拨中心、配送站点和冷链仓储等新型基础设施短板，加大对公共设施建设的政策支持力度，引导仓储物流、金融服务和信息咨询等领域市场主体将服务网点延伸到乡村，优化农村电子商务公共服务中心功能，以扩大电子商务进村的覆盖面和可达性。

基于已有产业化零为整，发挥品牌聚集效应与产业集群优势。产业集群的发展与当地的生产条件、资源禀赋、政府政策、市场需求和经济发展状况等密切相关。因此，农业产业集群发展模式创新必须与当地实际情况相结合。首先，走品牌化创新之路。现阶段，消费者消费水平不断提高，对农产品质量、品牌等方面的要求不断提升。鉴于此，在产业集群发展过程中，需积极树立品牌意识，加大品牌化宣传力度，进而增强自身产业竞争力，提高农业资源配置效率。其次，促进农村一二三产业融合。农产品是关联度很强的产业，能带动生态旅游观光业、饮食业、医疗保健业、民俗文化行业等行业的兴起。通过产业之间的捆绑，互动发展，取得更好效果。在基本思路上，地方政府应扭转局限在“三农”内部解决“三农”问题的思维，确立通过综合措施解决“三农”问题的系统观念，调整农业内部结构增加效益，大力发展农村第二、第三产业，推进产业融合。

加强农田水利基础建设，保障农产品的有效供给。农田水利设施的基本功能是防旱排涝，保证农业发展。县级政府要把握农田水利的基本特征和公共产品属性，加强农田水利治理，夯实农业生产能力的基础。首先，深入推进小型农田水利设施产权改革，积极鼓励各类市场主体参与到小型农田水利设施的建设、管理与维护的过程中，明晰小型农田水利治理主体之间的权、责、利关系，探索促进小型农田水利治理的有效路径。其次，政府作为小型农田水利的供给主体，需在完善农业水价等配套制度改革、落实相应经费保障的基础上，加大对小型农田水利设施建设、管理和维护的投资力度，提高投入效率，补齐短板，同时加强信息公开，减少信息不对称，减少治理的交易费用。再次，加强农村集体活动及管护规范宣传，充分发挥农民用水者协会的组织协调及宣传动员的作用，通过开展各类活动，增强农户与农户、农户与村庄、村庄与村庄之间的联系和信任，促进小型农田水利设施的有效治理。最后，激励农户积极参与小型农田水利设施的治理，通过搭建农民自主管理的平台，直接将农户的用水需求反馈到小型农田水利设施的建设及管理中。

（二）巩固农业科技支撑力度，提高终端产品附加值

理顺农业技术推广服务体系机制，强化服务能力。理顺工作机制，扭转基层农技推广机构能力弱化局面，加强公益性农技推广服务体系建设。消除基层农技服务体系主业不清问题，使得基层农业科技服务体系发挥应有效能，聚焦农业生产科技服务专业工作，将现有乡镇农业、畜牧、水产、农机、能源等涉及基础设施和公共服务的组织进行综合规制，合理安排人员编制，逐步建立行政村一级服务点及工作站，鼓励技术人员开展农业技术推广，并按照规定给予补助，切实解决农技推广服务“最后一公里”问题。

探索多种农业科技服务模式。一是应充分利用现阶段科技帮扶力量，特别是发挥农业科研院所、农业院校在农业科技服务中的作用。地方政府应采取支持农业科研院所、农业院校承担农业技术推广项目、建立农业科技园和农业示范基地等措施，鼓励支持他们开展农技推广服务。二是制定鼓励科研成果在脱贫地区转化利用的支持政策，完善激励机制。鼓励农业科研院所与脱贫地区各类农业经营主体开展合作，积极贯彻落实“专家大院”“科技小院”等多种服务模式。

制定提升企业技术创新能力的支持措施。一是加大对企业技术创新改造的财税金融支持力度，对企业创新研发投入提供财政补贴及退税支持，对企业重大技术设备购置提供金融机构融资租赁支持。二是地方政府应引导科技帮扶机构与企业开展结对帮扶工程，制定激励政策，推进科研机构的科技成果在企业进行中试转化，并鼓励企业与科研机构签订股份合作协议，使科研机构积极投入脱贫地区企业技术升级的服务中，共同创造、共同分享科技收益。

加大对农业生产投入要素和技术提升的支持力度。一是充分利用农技服务体系力量，加大对农民的技能培训力度，使脱贫地区从事农业生产的农民能够掌握新技术、新方法，接受新品种、新观念，从而提高农民的生产力，改变脱贫地区农业生产的传统模式。二是加大适应脱贫地区农业产业特征的农业技术装备的研发利用，比如适应坡地耕种的小型便携式农业机械、适应缺水地区的滴喷灌节水农业技术、适应精品农业的现代化物联网技术等的发展利用，以此提高脱贫地区农业产业发展的技术装备水平。

（三）构建联农带农多重机制，保障增收机制可持续

推动农户与龙头企业建立紧密型利益联结机制，实现农业产业链上各经济主体的对接。地方政府应鼓励龙头企业在与脱贫户签订产销合同的同时向农户提供相应技术培训，并从供给侧和需求侧双向解决脱贫户农产品销售问题，保障其可持续增收。对龙头企业、农户、合作社及其他新型农业经营主体的组合搭配模式进行规范性引导和示范性推广，鼓励引导各主体之间形成紧密、稳定、可持续的利益联结机制，积极探索农民保底收购、股份分红、利润返还等方式的可行性，建立农业产业发展与帮扶机制，将农民纳入价值链增值的环节，使农业产业发展真正惠及脱贫人口。

地方政府支持打造“三位一体”综合性农民合作组织。一方面，政府应在政策、资金、人才等方面为合作组织的发展提供支持，鼓励支持本地化合作组织的发展，扩充业务，实现生产、供销、信用“三位一体”的综合性经营。另一方面，政府应协调外部资源和资本注入农村，以合作组织为载体，承担集体资产经营，推进生态、文旅等多功能创意农业的开发和经营，发展集体经济，让农民切实成为合作组织的经营者和受益者。

地方政府推进合作组织管理制度的完善。一是在县级层面建立统筹管理县域内合作组织的机构，按照《中华人民共和国农民专业合作社法》规定，明确合作组织登记备案机关、规范注册登记信息、完善合作组织运行管理制度、明确财务制度与收益分配制度，形成制度完善、管理规范、有章可循的合作组织管理制度。二是在省级层面建立合作组织发展的议事协调机构，统一规范运营制度。成立领导全省合作组织发展的议事协调机构，形成上下联动的合作组织管理体系。同时，提供与收益周期相匹配的贷款产品结构，满足合作社和企业多样化、灵活性的资金需求，推动产业帮扶项目开发。

地方政府应加大对脱贫地区职业农民培育支持力度。应针对脱贫地区自身特点，构建地方政府主导、以农业部门和人社部门为依托、以企业为主要力量、以农民为主体的职业农民培训支撑体系。通过产学研相结合，实现校企结合、企业和农民有效对接，可在加大与涉农高校和涉农职业院校交流频率的同时，鼓励企业提供所需的资金和设施，通过定向培养和产业补贴的方式激励企业参与到农民培训的环节中，促进根据企业需求实现“订单化”培养。同时，将先进适用的品种、投入品、技术、装备导入小农户，在提升农户人力资本的同时，也为就地就近务工提供条件。

（四）优化产业帮扶机制和服务体系，确保帮扶政策点对点

加强对帮扶产业项目实施的监督考核，构建产业帮扶项目落地前的“预评估”机制。项目制是脱贫攻坚战产业扶贫的有效手段，在巩固拓展脱贫攻坚成果与推进乡村振兴阶段，应该持续利用这一制度。在利用乡村振兴衔接资金推进新的帮扶项目实施过程中，要加强对帮扶新项目上马实施的前期论证和评估，避免项目仓促实施导致失败或资金利用效率低，确保项目实施后能够切实发挥联农带农成效。

理顺脱贫地区金融服务支持政策，建立更具可持续性的金融服务体系，切实防控帮扶信贷风险。一是引入市场机制，改变单纯发放帮扶资金的金融帮扶模式，推进涉农信贷结构调整优化，有效推进金融帮扶产品和服务方式创新。不断丰富脱贫地区的金融帮扶信贷产品体系，提升脱贫地区金融服务可获得性和便捷度。二是要突出重点，着力抓好金融支持产业帮扶。把金融帮扶政策和当地产业实际紧密结合，立足脱贫地区资源禀赋和产业特色，推进地方政府、银行、企业联合，精准对接“发展产业脱贫一批”金融服务需求，形成产业引领、市场拉动、企业带动、金融支持的产业帮扶格局，提高金融帮扶体系的可持续性。三是要切实防控帮扶信贷风险。营造良好环境，规范管理操作，联合地方政府建立贷款逾期风险预警机制，规范帮扶小额信贷发放管理，改善帮扶再贷款等货币政策传导机制，成立政府信贷风险补偿基金。

帮扶资源分配守正出奇，谨防路径依赖。参照创新“村级申报、镇级审核、县级评估”等科层治理模式，由政府统一组织专业力量进行全面的风险评估，将评估结果作为项目选择的重要依据。在对脱贫户实施精准帮扶的过程中，引导他们从各自经济条件、技能水平、健康状况出发，科学选择合适的经营项目，减少盲从行为；在帮扶过程中，既讲清项目的收益与前景，也提醒潜在的风险。具体地，在明确脱贫县年度中

央、省和市县三级衔接资金用于产业发展项目的比例不低于 50% 的硬性约束条件下，建议进一步明确产业发展衔接资金中用于支持联农带农中小微企业发展的门槛比例，并设置考核指标，以此督促脱贫县政府更有效利用衔接资金，给予涉及联农带农产业发展的本地中小微企业更大支持力度，切实解决中小微企业发展壮大面临的瓶颈问题，支持中小微企业在产业链中充当好“枝杈”和“末梢”角色，更好发挥联农带农富农作用。

加强对联农带农富农作用突出的中小微企业的信贷支持力度。农业的周期性往往产生短期集中性资金需求，而脱贫地区本地中小微企业普遍自身力量薄弱，又缺乏有效的抵押担保品，难以获得信贷，抑制了其发挥联农带农作用。因此，针对抵押物缺乏的中小微企业，要进一步推进县域金融机构开展以经营现金流为风控主要依据的无抵押无担保贷款业务，提高中小微企业的信贷可得性。对于有潜力发展成为省级及以上龙头企业的本地中小企业，在提高深加工产能的生产线投资、产业链关键设备升级改造等方面，金融机构应积极提供量身定制的服务方案，打造专属信贷产品，满足企业实质性融资需求，避免应景式信贷。

（五）建立自然灾害预警机制，推动农业保险发挥实效

建立自然风险的监测预警及督办协调机制。针对脱贫地区常见的农业灾害种类，要立足于早、着眼于小，紧盯苗头性、倾向性问题，进一步修订完善灾前预防、灾中应急、灾后处理各项预案，针对资金筹集、物资筹备、技术指导、信息宣传等事务分级分项配备专班，建立多部门协防机制，进行定期联系及演练。

推动地方优势特色农产品保险扩面、提标和增品。地方优势特色农产品是助农增收的重要力量和乡村产业发展的重要增长点。发展地方特色优势产业前景广阔，但也隐含着更大的生产风险和市场风险，农业保险是风险的有效对冲途径。综上所述，一是加大奖补力度，尽快落实覆盖脱贫地区优势特色农产品“以奖代补”政策，扩大特色农产品保险覆盖面；二是针对优势特色农产品产值高、风险大的特点，适度提升优势特色农产品保险金额，进一步发挥农业保险对优势特色产业的保障作用；三是根据中央下发的《针对三大粮食作物开展完全成本保险和种植收入保险》和《关于加快农业保险高质量发展的指导意见》等文件，积极响应“中央财政农业保险保费补贴重点支持粮食生产功能区和重要农产品生产保护区以及深度贫困地区，并逐步向保障市场风险倾斜”和“要求承保机构按照保本微利原则厘定保险费率”的要求，基于地方实际情况同承保机构共同制定政策文件。

加强农业保险在促进帮扶产业发展中的作用。在新发展阶段，随着农村新产业、新业态、新模式的蓬勃发展，农业保险也要构建新发展格局，主动适应对标乡村产业发展的新需求，不断扩展服务范围，从服务第一产业向促进“三产”融合发展延伸。一是树立综合风险管理理念，从现代农业产业体系的整体视角把握农业保险，提供覆盖农产品供应链各环节的专项保险服务；二是鼓励保险产品创新，针对农业农村新产业、新业态发展过程中面临的新风险和新需求，开发保障产业链畅通和产业融合发展（诸如农产品储运保险、土地流转保险、电子商务保险和乡村旅游保险等）的特色化农业保险产品；三是加大“农业保险 +”服务供给力度，推动农业保险与担保、信贷、期货等金融工具的深度融合，提升保险金融促进脱贫地区帮扶产业发展的综合效能；四是应在“风险区划”和“费率精算”方面加大研发力度，从不同风险类型、投保品种、保险险种等维度精确判断风险发生概率，设定投保费用。同时，在实施保费补贴政策的同时也要预防因农户道德风险导致的逆向选择现象发生。

参考文献：

[1] Andreas G，Batt P J，Victor A S，et al.Linking smallholder vegetable producers to markets-A comparison of a vegetable producer group and a contract-farming arrangement in the Lushoto District of Tanzania[J].Journal of Rural Studies，2018，63：168-179.

[2] 陈秧分，姜小鱼，李先德 .OECD 乡村政策及对中国乡村振兴战略的启迪 [J]. 新疆师范大学学报：哲学社会科学版，2019，40（3）：64-70.

[3] 陈秧分，刘玉，李裕瑞 . 中国乡村振兴背景下的农业发展状态与产业兴旺途径 [J]. 地理研究，2019，38（3）：632-642.

[4] 房艳刚，刘继生 . 基于多功能理论的中国乡村发展多元化探讨：超越“现代化”发展范式 [J]. 地理学报，2015，70（2）：257-270.

[5] 黄承伟 . 论乡村振兴与共同富裕的内在逻辑及理论议题 [J]. 南京农业大学学报（社会科学版），2021，21（06）：1-9.

[6] 左停 . 精准扶贫视角下农村产业化扶贫政策执行逻辑的探讨——以 Y 村大棚蔬菜产业扶贫为例 [J]. 西南大学学报（社会科学版），2016，42（04）：66-73+1900.

[7] 刘焕，秦鹏 . 脱贫攻坚与乡村振兴的有机衔接：逻辑、现状和对策 [J]. 中国行政管理，2020（01）：155-157.

[8] 刘建生，陈鑫，曹佳慧 . 产业精准扶贫作用机制研究 [J]. 中国人口•资源与环境，2017，27（06）：127-135.

[9] 刘明月，汪三贵 . 产业扶贫与产业兴旺的有机衔接：逻辑关系、面临困境及实现路径 [J]. 西北师大学报（社会科学版），2020，57（04）：137-144.

[10] 刘彦随 . 中国新时代城乡融合与乡村振兴 [J]. 地理学报，2018，73（4）：637-650.

[11] 芦千文，姜长云 . 欧盟农业农村政策的演变及其对中国实施乡村振兴战略的启示 [J]. 中国农村经济，2018（10）：119-135.

[12] 吕开宇 .2020 年前后的高质量产业扶贫研究 [J]. 人民论坛・学术前沿，2019（23）：40-45+75.

[13] 聂凤英 . 深度贫困地区产业扶贫的现状与作用机制分析——基于“三区三州”的实地调研 [J]. 内蒙古民族大学学报（社会科学版），2019，45（04）：1-5+133+125.

[14] 汪三贵，冯紫曦 . 脱贫攻坚与乡村振兴有机衔接：逻辑关系、内涵与重点内容 [J]. 南京农业大学学报（社会科学版），2019，19（05）：8-14+154.

[15] 王沪宁 . 当代中国村落家庭文化 [M]. 上海：上海人民出版社，1991.281-282.

[16] 吴振方 . 农业适度规模经营：缘由、路径与前景 [J]. 农村经济，2019（1）：29-36.

[17] 张琦 . 稳步推进脱贫攻坚与乡村振兴有效衔接 [J]. 人民论坛，2019（S1）：84-86.

[18] 朱海波，聂凤英 . 深度贫困地区脱贫攻坚与乡村振兴有效衔接的逻辑与路径——产业发展的视角 [J]. 南京农业大学学报（社会科学版），2020，20（03）：15-25.

[19] 高鸿业，西方经济学（微观部分 第七版）[M]. 北京：中国人民大学出版社，2018.

第 12 章

盘活闲置扶贫资产典型案例研究

——基于新疆经验的调研报告

王雄军　戴燕　海翔宇[①]

内容摘要： 随着脱贫攻坚转向全面乡村振兴，管好用好扶贫资产，特别是盘活闲置低效资产，是当前面临的重要任务。新疆与全国同步，对此开展积极探索和研究，并形成部分典型案例和重要经验，同时也面临比较复杂的问题和挑战，如基层政府经济治理的理念、思路、能力滞后，产业规划不科学，市场风险大，收益分配机制不完善，经营管理人才缺乏等。对此，我们认为管好用好扶贫资产关键在于坚持目标导向和问题导向相结合，根据扶贫资产特点和地方实际，充分尊重市场规律，更好发挥政府作用，制定科学的产业规划，创新资产管理与运营模式，完善收益分配机制，建立健全资产交易对接平台，培养鼓励企业家精神等。通过系统的制度创新和政策支持，让扶贫资产持续助力农民就业增收，更好推进全面乡村振兴。

关键词： 扶贫资产；资产盘活；企业家精神；乡村振兴

新疆是脱贫攻坚的主战场之一，脱贫攻坚期间通过多种途径形成的

① 本章作者：王雄军，中国国际发展知识中心研究员，新疆维吾尔自治区人民政府研究室副主任；戴燕、海翔宇，新疆维吾尔自治区人民政府经济研究室干部。课题组组长：王雄军。课题调研团队成员：王雄军、田志、戴燕、海翔宇。

庞大扶贫资产，特别是经营性扶贫资产[①]，在促进贫困户增收和贫困村集体经济发展方面发挥了重要作用。从脱贫攻坚转入全面推进乡村振兴阶段以后，如何进一步管好用好扶贫资产，特别是盘活闲置低效资产，新疆与全国同步，都在积极开展探索和研究。

2022年7月4日至8日，中国国际发展知识中心研究员王雄军、中投咨询有限公司总监田志等一行4人，就“盘活闲置扶贫资产典型案例研究”课题前往新疆巴音郭楞蒙古自治州的库尔勒市、尉犁县及喀什地区的疏附县、疏勒县等地展开专题调研。调研组先后考察了城市空间下的综合体育运动馆、职业技工学校、电商产业园等扶贫资产利用情况，走访了乡村基层的纺织服装加工车间、大棚种植基地、畜牧养殖基地等多种扶贫资产业态，并与当地务工农户、经营业主及市、县、村相关部门干部进行了座谈交流。

调研发现，扶贫资产的投资管理难度较大，投资效益不高，是比较普遍的现象。与全国其他省份的情况相似，新疆在扶贫资产的规范管理和有效使用方面也面临一些问题和挑战。与此同时，各地在规范扶贫资产管理、提高资产投资效益方面也出台了一些政策举措，积累了一些探索经验，亟待总结和推广。

一、扶贫资产基本情况及加强资产管理的重要意义

“做好新疆工作事关大局，是全党全国的大事。”作为全国脱贫攻坚的主战场之一，党的十八大以来，党中央、国务院高度关注新疆的经济发展和民生改善，在全面脱贫攻坚和对口援疆、结对帮扶过程中，各级

① 本章研究的扶贫资产，主要指脱贫攻坚期间形成的扶贫资产。按主管部门的统计口径，主要分为经营性资产、公益性资产和到户资产三类资产。如果没有特殊说明，文中的扶贫资产主要指经营性资产。

政府和社会机构，包括19个援疆省市，对新疆贫困农村特别是南疆贫困地区做了大量投入，实施了大量帮扶项目，极大改善了贫困地区生产生活条件，对促进乡村经济发展、帮助农民脱贫增收、实现脱贫攻坚全面胜利发挥了重大作用。与此同时，如何做好扶贫资产，特别是经营性资产的后续管理，持续为乡村振兴和农民增收贡献力量，成为新疆需要着力抓好的重要工作。

（一）脱贫攻坚过程中的资金投入与扶贫资产形成情况

从统计角度看，虽然没有规范的统计口径可以测量脱贫攻坚时期的资金投入总量，但从“十三五”以来，新疆坚持财政支出的70%以上用于保障和改善民生，即地方财政支出主要投入与脱贫攻坚和民生改善直接相关的领域。因此，从新疆的地方财政支出情况，可以粗略推算出党的十八大以来新疆在脱贫攻坚领域的资金投入力度。

根据历年公布的统计数据，党的十八大以来，全疆的地方公共财政支出从2013年的3067亿元增加到2020年的5533亿元，增长0.8倍。其中，作为“三区三州”重点贫困地区的新疆南疆地区，包括和田地区、阿克苏地区、喀什地区、克孜勒苏柯尔克孜自治州四地区，是脱贫攻坚的主战场，也是帮扶支持的重点。从财政支出情况看，从2013年到2020年，阿克苏地区的财政支出从199.66亿元增加到443.48亿元，增加1.22倍；喀什地区从324.85亿元增加到819.34亿元，增加1.52倍；和田地区从164.94亿元增加到543.15亿元，增加2.29倍；克孜勒苏柯尔克孜自治州从76.32亿元增加到184.61亿元，增加1.42倍（如表12-1所示）。总体来看，党的十八大以来，新疆的公共财政支出有较大幅度增长，尤其是南疆四地州的财政支出，更是明显超过全疆财政支出的平均增长幅度。地方财政支出70%以上用于保障和改善民生，如深入实施扩大就业、增收致富、教育提升、全民健康、社保扩面、安居保障、煤改电、兴边富民等，即财政支出的多数项目与脱贫攻坚直接或间接相关。

表 12-1　新疆地方公共财政支出统计（2013—2020 年）　单位：万元

年份	新疆地方公共财政支出合计	阿克苏地区公共财政支出	喀什地区公共财政支出	和田地区公共财政支出	克孜勒苏柯尔克孜自治州公共财政支出
2013	30671200.00	1996600.00	3248500.00	1649400.00	763175.00
2014	33177900.00	2110512.00	3632508.00	1881776.00	843127.00
2015	38048700.00	2527768.00	4201329.00	2331481.00	1008315.00
2016	41382495.00	2868840.00	4902979.00	2536008.00	1191001.00
2017	46372435.00	3543943.00	6029633.00	3639304.00	1433515.00
2018	50124518.00	4090567.00		4351670.00	1805186.00
2019	53223159.00	4300565.00	7607937.00	4877255.00	1844582.00
2020	55331576.00	4434762.00	8193359.00	5431522.00	1846119.00
增长倍数	0.80	1.22	1.52	2.29	1.42

数据来源：Wind 数据库。

除各级政府的财政投入外，19 个援疆省市的援疆资金和援疆项目也是支持新疆打赢全面脱贫攻坚战的重要力量。根据公布数据，2016 年以来，19 个援疆省市投入援疆资金 759.65 亿元、实施援疆项目 8519 个，其中援疆扶贫资金 509.62 亿元、实施援疆扶贫项目 4645 个。总体来看，80% 以上的援疆资金用于民生建设、80% 以上的援疆资金安排使用到县及县以下基层。同时，各援疆省市还强化产业援疆，促进一大批纺织服装、电子组装加工等企业在南疆落地。2018 年到 2021 年 9 月，新疆连续三年组织开展“民营企业南疆行”活动，累计签约资金 813 亿元、签约项目 366 个，吸纳 11.82 万人就业，其中贫困人口就业 6.14 万人[①]。

在全党全国的大力支持下，在新疆各族人民的艰苦奋斗和共同努力下，截至 2020 年底，新疆全区现行扶贫标准下 306.49 万农村贫困人口全部脱贫，3666 个贫困村全部出列，35 个贫困县全部摘帽，南疆四地州区域性整体贫困得到彻底消除，新疆同全国一道同步迈入了小康社会。

① 《2016 年以来 19 省市累投援疆扶贫资金超 509 亿元》，中国新闻网，2021 年 9 月 13 日，https://www.chinanews.com.cn/cj/2021/09-13/9564542.shtml。

根据国家乡村振兴局、财政部、农业农村部 2022 年 7 月联合召开的全国加强扶贫项目资产后续管理暨衔接推进乡村振兴补助资金执行进度调度视频会议通报数据，全国已摸清扶贫项目资产 2.77 万亿元，已确权 2.7 万亿元。新疆根据国家乡村振兴局、中央农办、财政部《关于加强扶贫项目资产后续管理的指导意见》（国办函〔2021〕51 号），也出台了相应的实施意见（新政办函〔2021〕149 号），并对 2013 年以来按照财政扶贫资金和项目管理制度组织实施的使用各级财政资金（包括财政专项扶贫资金、贫困县统筹整合使用财政涉农资金）、地方政府一般债券（用于支持脱贫攻坚部分）、援疆扶贫资金、社会捐赠和结对帮扶资金等投入形成的资产，进行了全面摸底排查。各地按照经营性资产、公益性资产和到户资产三类资产，分类摸清资产底数，建立管理台账，按照“谁投入、谁主管、谁使用、谁负责”的原则，采取颁发证书、文件确认、台账登记等方式，开展确权登记，资产所有权和收益权尽可能确权到个人和村集体，确保公益性资产管护主体明确、经营性资产产权关系明晰。截至目前，虽然还没有公布全疆的具体数据，但是我们从部分已经公布的地市数据，可以初步推断扶贫项目资产的基本情况。例如，塔城地区扶贫项目资产公示公告显示，塔城地区 2013—2020 年扶贫项目资产实际投入 296116.68 万元，资产原值 296116.68 万元，资产总数 3145 个，其中，经营性资产 315 个，资产原值 44576.9153 万元[①]。布尔津县扶贫项目资产公告显示，布尔津县 2013—2020 年扶贫项目资产实际投入 35438.01 万元，资产原值 35438.01 万元，资产总数 390 个，其中，经营性资产 22 个，资产原值 4230.58 万元[②]。

① 塔城地区乡村振兴局：《关于塔城地区 2013—2020 年扶贫项目资产公示公告》，2021 年 11 月 28 日，http://www.xjtc.gov.cn/info/3580/181135.htm。

② 布尔津县乡村振兴局：《布尔津县 2013—2020 年扶贫项目资产公告》，2021 年 12 月 14 日，http://www.brj.gov.c/zwgk/003001/003001005/20211214/7ce08633-9829-4fe3-aa49-fc7cc5d9a058.html。

（二）加强扶贫资产后续管理的重要意义

以习近平同志为核心的党中央高度关注扶贫资产的规范管理和有效利用。习近平总书记在2022年第7期《求是》杂志发表重要文章《坚持把解决好“三农”问题作为全党工作重中之重，举全党全社会之力推动乡村振兴》，明确提出“脱贫攻坚形成了庞大的扶贫资产，对这些资产要摸清底数、加强监管，确保持续发挥作用”①。做好扶贫资产的后续管理，是党中央、国务院提出的明确要求，也对经济社会发展，特别是全面推进乡村振兴，具有重要意义。

1. 持续助力农民就业增收，更好推进全面乡村振兴

脱贫攻坚时期形成的扶贫资产，特别是经营性资产，经过多年的经营，虽然效益有好有差，但都是乡村集体经济的重要组成部分，是贫困地区农民收入的重要来源。把这些资产管好用好，特别是进入全面推进乡村振兴阶段以后，把扶贫资产的管理使用与新时期乡村振兴更加紧密地结合起来，与乡村产业发展、农民增收致富结合起来，不仅可以持续释放经济效益，有利于巩固扩展脱贫攻坚的成果，更可以壮大集体经济，带动乡村产业发展再上新的台阶，成为新时期乡村振兴的重要抓手和支撑力量。

2. 减少资产流失浪费，切实维护人民群众利益

践行以人民为中心的发展思想，切实维护人民群众根本利益，是马克思主义政治经济学的根本立场，也是党和政府对管好用好扶贫资产的基本要求。扶贫资产因为其特殊的性质，与人民群众特别是贫困群体的利益息息相关，社会关注度更高，如果资产出现贪污侵占、闲置浪费，社会的容忍度更低。因此，各级政府要高度重视扶贫资产的后续管理工作，既要规范管理，又要发挥效益，切实服务乡村振兴，切实维护群众利益。

① 习近平：《坚持把解决好“三农”问题作为全党工作重中之重 举全党全社会之力推动乡村振兴》，载《求是》2022年第7期。

3. 完善基层治理体系，提升政府经济治理能力

管好用好扶贫资产，不仅是一项政治任务，更是一项科学工程、民心工程。扶贫资产的管理使用，是一项复杂的系统工程，涉及各种复杂的经济社会关系，如政府与市场的关系、监管与成本的关系、投入与产出的关系、收入与分配的关系、短期利益与长期利益的关系等。如何平衡好这些关系，对各级政府，尤其是基层政府，提出了很高的要求。在管理使用扶贫资产过程中，既要做到法治化、规范化，又要强调目标导向、结果导向。切忌为了监管而监管，脱离实际，形式主义；要把人民群众是不是真实受益，把人民群众真实的获得感、满意度，作为扶贫资产管理工作是否取得成效的最终衡量指标。因此，加强扶贫资产的后续管理是对政府治理体系和治理能力的一种检验，是改革完善政府治理体系、锻炼提升政府治理能力的重要内容。

二、盘活闲置扶贫资产的典型案例和重要经验

为了管好用好经营性扶贫资产，新疆各级政府在规范管理、创新机制、提高收益等方面，做了很多重要的探索和创新，积累了比较丰富的经验。

（一）完善政策监管体系，加强政策引导与支持

近年来，在全面摸清底数基础上，新疆各地不断加强扶贫项目资产后续管理，逐步构建长效运行管理机制，积极探索多样化管护模式，取得一定成效。一是建立健全规章制度，共制定 200 多个管理办法或实施意见，厘清扶贫项目资产管理责任，建立分类管护实施的制度体系，建立健全考核评估和督察设计的具体办法，确保项目资产在阳光下运行。二是完善政策引导与支持体系，以资产的保值增值为目标，积极探索灵活多样的运管模式和分配机制，并通过政策指导与协调、基础设施建

设、市场行业分析、用工引导组织等多种方式和途径，为扶贫资产的运营提供帮助和支持。

通过以上政策措施，一些原本闲置的扶贫资产重新得到有效利用，并取得较好的效益。例如，喀什市疏附县站敏乡的金达服饰有限公司，主要从事服装加工业务，政府在工厂车间的建设改造、获取公共部门的服装订单、用工引导组织、市场资源开拓等方面给予多方支持，帮助企业更好实现生产和发展（如图 12-1 所示）。又如，阿克苏地区拜什艾日克镇托万克库木艾日克村饲料加工厂项目闲置以后，政府多次召开座谈会、协调会，共同研究探讨畜牧发展新思路、新举措，在原材料供应、产品质量提升和产品销售方面给予政策支持，积极帮助企业想办法、找措施、谋发展。同时，积极申请修建通往饲料加工厂的道路，降低运输成本。通过政府支持和多方努力，饲料加工厂恢复生产，日产饲料 10 吨，带动周边 32 户农户继续发展畜牧养殖业，并吸纳 2 名脱贫户及部分农户就地就近稳定就业，年人均增收达到 2 万元以上，年度综合效益达 8% 以上。

图 12-1　课题组调研喀什市疏附县站敏乡金达服饰公司

（二）充分尊重市场规律，探索建立有竞争力的运营模式

扶贫项目的长期可持续发展，最根本的还是要遵循市场规律，在市场中形成持续的竞争力。因此，充分尊重市场规律，发挥市场优势，是盘活闲置资产、提高投资效益的基本经验。例如，金达服饰公司的市场

优势主要是劳动力成本低。该公司的两位创始人长期从事服装加工和贸易，经过仔细核算与比较发现：内地 1 个熟练工的月工资可以培训喀什当地 5~8 名初学工或 2~3 名熟练工。目前，工厂内初学者每月工资为 1500 元到 2500 元不等，熟练工每月工资可以达到 5000 元以上，远低于沿海发达省市。正是基于中长期人力成本的考虑，两位创始人决定在疏附县站敏乡艾日克贝西村创办服装加工厂，通过以工代练的方式，培养服装工人，为服装公司的长期发展打下基础。又如，巴州尉犁县团结镇家庭农场项目，主要的市场优势是通过河南老乡建立种、产、销一体化的商业模式。农场承包人来自河南，初次创业在阿克苏遭遇失败，到尉犁县承包农场以后，吸取第一次创业失败的教训，紧盯市场需求，通过发动河南在疆从事瓜果蔬菜销售的老乡，构建错季、互补瓜果蔬菜经销物流网络，与河南老乡会形成了种、产、销一体化的商业模式，并且根据每季市场销售情况不断调整种植品种，通过先送后卖的方式，打开市场，赢得口碑。

（三）重视技术创新与应用，建立独特的竞争优势

在竞争比较充分的领域，技术创新与应用的水平常常决定了企业的市场竞争力。以巴州尉犁县团结镇家庭农场项目为例，农场负责人最早在阿克苏创业，承包了 800 亩土地，投资种植黑枸杞，但因为技术和市场等原因，项目最后失败了，赔了几十万元。2019 年，其到巴州尉犁县创办家庭农场以后，把技术摆在第一位，从阿克苏引进了值得信赖的专业技术员，通过研究从当地运输到全疆的物流系统，逐步分析出市场需求的变化，确定施行温室大棚与陆地品种互补种植、错季上市的策略，重点突出特色瓜果蔬菜，按照一棚多用、一棚多产的主体思路，每年从 4 月至 12 月底，冬种林果、秋种蔬菜，天天都有新鲜瓜果可以采摘：4 月是羊角蜜，5 月是早熟油蟠桃、樱桃等，6 月是杏子、葡萄，8 月是香梨、恐龙蛋，10 月是红枣，12 月则是果番茄成熟季。通过专业化的农业技术指导和应用，家庭农场不仅生产出了富有特色的瓜果蔬菜，提高了果蔬产量，在市场上获得了高价值的利润回报，而且为该镇设施农业的发展提供了技术支持，带动了村民就近就业增收（如图 12-2 所示）。

图 12-2　课题组调研巴州尉犁县团结镇家庭农场项目

（四）尊重企业家精神，发挥企业家作用

从根本上说，市场活力来源于人，特别是来源于企业家，来源于企业家精神。从调研的多个案例看，项目能够获得成功，受到各种复杂因素的影响，但是企业家、乡村创业能人都是项目成功的关键要素。例如，库尔勒市的城市空间下的综合体育运动馆，原来的使用效率很低，承包给专业的体育培训教练以后，不仅增加了承包收入，场馆也得到更加充分的利用，民众也可以参加专业、丰富、低价的体育培训或体育活动。承租体育场馆的专业体育教练，是该项目运营成功的关键（如图 12-3 所示）。又如，尉犁县团结镇永义家庭农场，其负责人王永宽是项目成功的关键，产业资金的投入、技术人员的引进、市场网络的搭建及农场的组织管理等，所有资源都是由王永宽在统筹和组织，最终实现项目的成功。疏附县的金达服饰有限公司，其两个创始人是来自浙江的青年企业家王世清和本村的青年企业家麦麦提・图尔荪，是该项目的核心人物。两人在服装产业领域积累了丰富的市场资源、管理经验，通过多年合作建立了充分信任关系，两人合资先后投入约 400 万元资金进行车间

改造与生产线的设备购买，都对该项目的成功发挥了决定性作用。

这些企业家和乡村创业能人，不仅带动了乡村经济的发展，而且对乡村文化和村民观念产生了深远的影响。市场经济和勤劳致富的观念正是通过这些企业家和他们的创业故事进入了贫困落后的南疆农村，潜移默化地影响着更多的村民，为持续巩固拓展脱贫攻坚成果、创造更好的营商环境、全面推进乡村振兴提供了丰富的精神力量和智慧经验。

图 12-3　课题组调研库尔勒市的城市空间下的综合体育运动馆

三、管好用好扶贫资产面临的主要问题和挑战

由于制度体系不完善、产业基础条件差、人才队伍薄弱等各种复杂情况，因此管好用好经营性扶贫资产也面临比较复杂的问题和挑战。具体而言，主要包括以下几个方面。

（一）基层政府治理能力弱，经济治理的理念和思路受限较多

贫困地区的基层政府，特别是县乡级政府，存在比较普遍的理念滞后、能力不足等问题，这是制约扶贫资产管理质量和管理水平的基础性问题。各级政府，特别是基层政府，是地方的领导力量，是全面打赢脱贫攻坚战和持续推进乡村振兴的根本保证，是管好用好经营性扶贫资产的责任主体，但同时，基层政府也是管好用好扶贫资产的薄弱环节。

一方面，管好用好经营性扶贫资产是一项系统工程，涉及复杂的经济社会关系，对政府的治理能力有较高要求。另一方面，经营性扶贫资产主要分布在贫困县市，这些地方本身发展相对滞后，特别是在经济治理方面，治理理念不成熟，治理能力比较弱。如贫困地方的基层政府，干部队伍的整体素质相对较低，在经济发展方面的知识和经验比较缺乏，经济治理的理念和思路不够开放，方法手段比较简单粗糙，政府和市场的关系容易出现问题，产业帮扶政策的制定和实施很容易就会陷入困境。宏观政策如果制定得较细较严，就不利于发挥基层政府的积极性，容易出现僵化执行，“一刀切”层层加码，不适应地方实际等情况；宏观政策如果制定得较宽较松，基层政府在执行过程中就容易出现变形走样、决策偏差大、失误多、懒政怠政等情况，甚至可能出现贪污侵占、蚁贪蝇腐等问题，严重背离政策初衷。因此，任务目标的复杂性和基层政府治理能力的局限性形成了双重矛盾关系。

（二）产业定位不合理，规划不科学

2022 年第 7 期《半月谈》刊载了记者在调研过程中发现的“闲置扶贫资产八大类型”，分别是盲目上马型、长期吸血型、大水漫灌型、撒胡椒面型、技术短缺型、花瓶盆景型、人走茶凉型、产业孤岛型。《半月谈》记者列举的这些类型的闲置扶贫资产，在新疆也有典型性和代表性。一些地方的扶贫项目，在立项之初，就缺乏科学的规划论证，或是不符合市场需求，或是缺乏技术支撑，或是没有产业链配套。因为产业规划不科学、定位不合理，相关的项目很难生存下去，资产也很容易被闲置浪费，很难取得预期回报。

（三）资产项目小、散、乱，持续经营难度较大

扶贫资产的投资项目主要集中在种养殖、农产品初级加工等领域，以塔城市为例，2013 年到 2020 年间投资的经营性资产项目共 10 个，其中种养殖项目 7 个、农产品初级加工项目 2 个、乡村旅游基础设施配套项目 1 个。布尔津县投资的经营性资产项目 22 个，其中种养殖项目 9 个，其余是门面房、扶贫车间、光伏发电等项目。总体来看，扶贫资产项目规模都很小、技术门槛低、同质化现象比较普遍、抗风险能力弱。此外，因为扶贫项目主要分布在贫困偏远地区，市场环境差，交通运输成本高，距离主体消费市场普遍比较远，进一步加大了持续经营的难度。

（四）效益评价体系不科学，收益分配机制不完善

经营性扶贫资产项目因为其特殊性质，普遍对效益评价和收益分配做了比较严格的限定，实践中存在一些问题。一是没有建立科学、完善的综合效益评价体系，主要侧重资产的保值增值，对资产创造的社会效益关注不够。二是只许盈利不许亏损，且普遍要求强制分红。一些扶贫项目本身缺乏市场竞争力，投资效益不高，分红压力较大，脱贫攻坚期间勉强依靠各种补贴优惠政策维持项目运营。脱贫攻坚政策逐渐退坡以后，或是随着市场环境变化，如厂房设备锈蚀老化、新冠疫情影响等因素，项目经营压力较人。因为强制分红的目标难度较大，一些地方的经营性扶贫资产出现政府不敢出租、经营主体不愿承租的现象，导致资产闲置浪费。三是收益分配机制比较单一，不利于充分调动各方积极性，也不利于有效保护村民利益。经营性扶贫资产项目普遍采用固定分红比例的机制，如许多地方按照不低于当年度中国人民银行公布的一年期贷款基准利率，约定收益分红比例。这虽然是一种简便且容易操作的利益分配机制，但是一些质量较差的资产因为收益率无法保证，导致资产闲置浪费，一些质量较好的资产虽然有较高的收益率，但是分红比例较低，不利于村民充分享受资产收益。四是收益分配的对象、期限等没有建立动态、科学的调整机制。比如，随着企业的发展和市场环境的变化，项目收益每年都在发生变化；随着脱贫攻坚和乡村振兴政策的实施，贫困户的数量和构成也在不断发生变化。扶贫项目的资产收益在什么人群范围、什么期限内进行分配？按照什么标准进行发放？当前多数地方在管理上还比较简单粗放，没有建立科学、动态的调整机制。

（五）高水平的运营主体少，特别是经营管理人才缺乏

扶贫资产的管理维护，特别是经营性扶贫资产的发展壮大，归根到底要依靠高水平的运营主体，特别是懂市场、会管理、善经营的企业家人才。但是，从现实情况看，高水平运营主体的缺失，特别是企业家人才不足，是影响扶贫项目可持续发展的重要短板。一是贫困地区的企业家人才储备少且流失严重。多数扶贫资产闲置在贫困乡村，这些乡村普遍存在人口流失现象，特别是有能力的年轻人流失更加普遍。脱贫攻坚期间，通过对口帮扶、下派驻村干部、吸引人才回流等方式，向贫困乡村补充了部分人才资源，但总体而言，本土培养和储备的人才数量仍然较少，且随时有可能再流失。二是其他高水平的运营主体数量不足，扶贫资产委托运营的难度较大。一些地方把扶贫资产委托给国有企业、集体企业运营，或以有实力的龙头企业为引领，通过组建供应链或服务链等方式带动扶贫产业的发展，取得较好效果。但是在贫困地区，经济发展比较滞后，经营管理能力强、综合效益好的龙头企业数量少，产业带动或经营承接能力有限，且多数扶贫项目本身质量不高，个体资产体量小、布局分散，进一步增加了承接运营的难度。

四、管好用好扶贫资产，促进乡村全面振兴的政策建议

在国家乡村振兴局、财政部、农业农村部的指导下，新疆与全国各省份同步，基本摸清了扶贫项目资产底数并完成确权，为管好用好扶贫项目资产打下了良好基础，标志着扶贫项目资产管理工作重心由“摸底确权”转到了“管好用好”上来。结合前期调研过程中梳理总结的典型

经验，针对当前扶贫资产管理使用方面存在的问题和挑战，我们认为管好用好闲置扶贫资产关键在于目标导向和问题导向相结合，探索创新体制机制，根据扶贫资产特点和地方实际，充分尊重市场规律，更好发挥政府作用，灵活运用各类方式，提升资产投资效益。具体而言，主要包括以下几个方面。

（一）更加尊重市场规律，更好发挥政府作用

管好用好扶贫资产，关键要完善政府治理体系，提升政府治理能力，特别是要提升基层政府的经济治理能力。一是正确认识和处理好政府和市场的关系。要使市场在资源配置中起决定性作用，更好发挥政府作用，是党的十八大以来我们对社会主义市场经济规律认识的一个新突破，是习近平新时代中国特色社会主义经济思想的重要内容，也是改革开放 40 多年总结出来的一条成功经验。这条经验对各级政府，尤其是基层政府在全面推进乡村振兴过程中如何管好用好扶贫资产，有重要的指导意义。二是加强理论研究和实践创新，在学习和实践中丰富治理经验，提升治理能力。管好用好扶贫资产是一项复杂的系统工程，既要尊重一般的市场规律，也要兼顾国情的特殊性和区域的差异性。要鼓励各地在把握总体原则的前提下，积极开展实践创新，及时总结成功经验，宽容并纠正创新过程中可能出现的失败案例，并将成功经验转化为可复制、可推广的制度模式。通过对成功经验和失败教训的相互学习、相互启发、相互借鉴，丰富基层政府的治理经验，提升治理能力。三是规范政府行为，提升政策稳定性，降低扶贫资产管理运营的制度成本。如各级政府在摸清底数、建立台账、明确权属以后，除非国家层面认为确有必要，建议地方各级政府不再做大规模的清查登记，不再强化扶贫资产的属性特点，将扶贫资产逐渐纳入地方国有资产、集体资产统筹管理，不再单独进行区分和管理，促进资本市场的统一性和规范性，减少资产管理和运营的制度成本。

（二）立足城乡融合发展大局，科学制定产业发展规划

各地应当结合地方的要素禀赋和比较优势，完善产业规划布局，把扶贫产业融入地方经济发展大局中，改变扶贫资产小、散、乱的状态，形成发展合力。一是客观认识乡村发展的趋势和规律，优胜劣汰促进扶贫产业整合提升。乡村振兴不是村村振兴，而是乡村整体在产业形态、文化观念、生活方式等方面，在继承传统优秀元素的基础上，进入一种新的文明形态。因此，要在城乡融合、产城融合的发展大局中，思考和定位扶贫产业发展和乡村全面振兴。正如习近平总书记所指出的："乡村建设要遵循城乡发展建设规律，……农村人口向城镇集中是大趋势，村庄格局会继续演变分化。有的村庄会聚集更多的人口和产业，有的会逐步同城镇融合，有的会逐渐衰落。"[①]"振兴乡村，不能就乡村论乡村，还是要强化以工补农、以城带乡，加快形成工农互促、城乡互补、协调发展、共同繁荣的新型工农城乡关系。"[②]管好用好扶贫资产，要基于对市场规律和乡村发展规律的准确认识和正确把握，不是所有的贫困村都要有产业，也不是所有的扶贫项目都要成功。一些质量较差的扶贫资产在发展过程中被重组、收购、破产清算等，都是正常现象。政策要理性对待扶贫产业的分化发展，扶优汰劣，促进扶贫产业整合提升。二是完善政策引导与支持体系，科学制定产业规划，把扶贫产业纳入地方经济发展大局，通过主导产业带动，或是提供特色化、差异化的产品和服务等建立扶贫产业的市场竞争力，实现可持续发展。

（三）创新资产管理与运营模式，提升市场抗风险能力

针对扶贫资产普遍存在的弱、小、散的特点，通过资产管理和项目运营模式创新，提升市场抗风险能力和综合竞争力。一是试点"1+N"运

① 习近平：《论"三农"工作》，中央文献出版社 2022 年版，第 15 页。

② 习近平：《论"三农"工作》，中央文献出版社 2022 年版，第 16 页。

营模式，实行委托运营、联合运营等。以国有企业、龙头企业为主体，通过组建供应链或服务链等方式，形成“1+N”运营模式，带动扶贫产业的发展，提高扶贫项目的市场抗风险能力。二是委托强村运营模式，推行“联村共建，以强带弱”。整合“弱村”扶贫资金、零散土地、闲散劳力等资源要素，委托“强村”代为运营管理，因地制宜促进要素合理流动和优化配置，通过强村“溢出效应”带动周边一体化抱团发展，实现扶贫资产的有效利用。三是试点组建扶贫资产管理公司（乡村振兴资产管理公司）。将经营性扶贫资产折合为股权，在充分尊重村民意愿基础上，试点组建县级扶贫资产管理公司。通过组建或委托专业管理运营团队，负责扶贫资产的开发、运营、出租、转让、拍卖、置换、报损、报废等工作。项目所得分红，由各村根据股比情况进行分配，实现扶贫资产的统筹管理和综合利用，实现各村集体经济收入的持续稳定增长。

（四）以信息化为支撑，建立健全资产交易对接平台

在前期资产清查和确权登记基础上，建立信息化的资产管埋监测系统，并将扶贫项目资产信息接入各级政府的公共资源交易中心（或产权交易中心），建立资产管理交易对接平台。分级分类向全社会及时公布扶贫资产项目信息，解决闲置扶贫资产出租、转让、整合过程中的信息不对称问题，促进供需双方有效对接，并提供市场化的管理服务，促进扶贫资产有序、规范、高效流通；同时，也有助于促进扶贫资产在阳光下交易，随时接受社会各界的监督。此外，基于资本市场的统一性和规范性要求，资产交易平台不能局限于扶贫资产，也不宜过度强化扶贫资产和其他资产的差异性，其他资产如产业园区的闲置土地、厂房资源等，都可以在同一个平台进行交易对接，促进资产要素的自由流通和优化配置。

（五）完善扶贫项目的效益评价体系，优化收益分配机制

根据扶贫资产的性质特点，制定更加科学的效益评价体系，以及更加灵活、多元的收益分配机制。一是更加突出综合效益评价，降低强制分红的标准要求。更加突出扶贫项目在创造就业、提高村民收入水平、提升劳动者技能素质、促进男女平等方面的贡献，形成综合的效益评价体系。资产分红可以根据项目实际收益和产业发展需要，确定合理的收益分配比例和分红标准。二是更加突出扶贫项目整体的收益率，弱化对单个项目的收益要求。扶贫资产质量参差不齐，经营主体的能力有很大差异，不同时期的市场环境也会有很大变化，建议从整体上对扶贫资产的保值增值、收益分配比例等提出一定的要求，但可以弱化对单个项目的要求。资产分红可以根据项目实际收益和产业发展需要，确定合理的收益分配比例和分红标准。三是建立科学、动态的收益分配调整机制。科学制定扶贫资产的受益对象、认定标准、调整原则，不符合条件的受益对象要及时调出，新出现的返贫人群要及时纳入；随着贫困人口的减少或消失，扶贫资产收益适度向产业振兴、公共服务等领域倾斜，更好助力乡村振兴。

（六）保护和激发市场主体活力，弘扬和鼓励企业家精神

保护和激发市场主体活力，是抓好经济建设中心工作的关键环节，也是管好用好扶贫资产的重要内容。一是要积极改善营商环境，持续推进“放管服”改革和依法行政，加快打造市场化、法治化、国际化营商环境，依法保护市场主体财产权和知识产权，有效规范各类行政管理行为，切实理顺政府与市场的关系，构建亲清政商关系。二是大力弘扬企业家精神，培养、管理、使用好乡村人才。乡村振兴，人才是关键。除了引进外地优秀人才为我所用外，更要努力挖掘本乡本村本土人才，吸引优秀人才返乡，要培养和鼓励一批懂“三农”、懂市场、懂管理的致富带头人、“田秀才”、“土专家”，扎根农村，管好用好扶贫资产，带头搞活农村经济。要讲好企业家和他们创业的故事，把现代市场经济的观念、勤劳致富的观念，通过典型案例的方式，多层次、全方位、立体式地展现给广大的村民，为全面推进乡村振兴提供丰富的精神动力和智慧经验，推动实现乡村经济高质量发展。

※ 附件

典型案例一：巴州尉犁县团结镇家庭农场案例

一、案例概况

2010 年，尉犁县团结镇开展农业基础设施建设，建成 39 座大棚，引进一家农业种植公司，投资近 800 万元，前后经营约 5 年，后因经营不善退出，导致多数大棚闲置。2016 年，当地农户与大棚承包商产生纠纷，26 户农户拿不到出租收益，由此 39 座大棚全部闲置近 4 年。2019 年底，尉犁县团结镇通过整合闲散土地，集中利用征迁后闲置土地资源与原有设施农业基础，再次启动招商引资，引进永义家庭农场入驻，使团结镇闲置多年的 160 亩土地和 39 座大棚被盘活，不仅解决了孔湾村多年拿不到土地收益的问题，还为 30 余名富余劳动力、困难群众提供了就业岗位，吸纳脱贫户就业 4 人，带动辖区 120 户农户房前屋后零散种植 130 余亩。2022 年上半年，羊角蜜上市，在乌鲁木齐市、库尔勒市、阿克苏等地供不应求，该农场仅销售羊角蜜毛利润就已达到 300 万元左右（如图 12-4 所示）。

图 12-4　永义家庭农场

二、实践方法

永义家庭农场负责人王永宽原籍河南，早年在大连开超市，生意稳定，后经在新疆创业的河南老乡介绍，不顾家人反对，自筹、借款近600万元来新疆创业。最初他在阿克苏承包800亩土地，投资种植黑枸杞，但因技术和市场等原因，创业失败，赔了几十万元，随后在新疆各地州的招商引资会中发现尉犁县这块“宝藏地”，经过一番考察，下定决心开始在新疆的第二次创业。

王永宽认为，盘活闲置的设施大棚离不开当地政府、政策支持。尉犁县团结镇城郊区位优势明显，农业基础配套设施具有一定规模，承租后投入生产成本较低。尉犁县团结镇孔湾村为了盘活农业闲置资产，确立了“一主两翼”产业发展定位，紧盯产旅资源融合，实施了一系列农场经营技术应用和生产经营能力提升的扶持与引导政策。王永宽的家庭农场项目受到了州、县、镇各级政府的支持，2022年上半年获得了社会化项目服务资金约8万元，成为尉犁县当地产业发展的示范典型。

王永宽坚信技术是第一位的。他从阿克苏引进了值得信赖的专业技术员，通过研究从当地运输到全新疆的物流系统，逐步分析出市场需求的变化，确定实行温室大棚与陆地品种互补种植、错季上市的策略，重点突出特色瓜果蔬菜，按照一棚多用、一棚多产的主体思路，每年从4月至12月底，冬种林果、秋种蔬菜，天天都有新鲜瓜果可以采摘。

王永宽吸取了第一次投资失败、不了解新疆市场的教训。他发动河南在新疆从事瓜果蔬菜销售的老乡，构建错季、互补瓜果蔬菜经销物流网络，与河南老乡会形成了种、产、销一体化的商业模式，并且根据每季市场销售情况不断调整种植品种，通过先送后卖的方式，打开市场，赢得口碑。截止到2022年7月，王永宽和合伙人已经连续3年投资共计近600万元，其中每年缴纳租金16万元，人工成本达160万~170万元，即使受新冠疫情影响，王永宽也没有拖欠过工人工资。

目前，永义家庭农场已经是一家集种植、观光、生产、初加工、销售于一体的原生态休闲农场。王永宽的农场在实现效益的同时，也为该镇设施农业的发展提供了技术支持，带动了村民就近就业增收。

典型案例二：喀什市疏附县站敏乡“卫星工厂”金达服饰有限公司

一、案例概况

2013 年，喀什市疏附县站敏乡艾日克贝西村合作社的两位村民开始运营本村的“卫星工厂”，后转让给当地一家大型服装加工企业，在随后几年运营中工厂效益比较稳定。2016 年初，该企业改变经营策略，逐渐退出，不再运营“卫星工厂”，前后建成与升级的两个车间，造成共计 1000 多平方米的厂房闲置。

2016 年 9 月，疏附县和政府驻村工作队一起帮助该村引进浙江省一家民营服装加工企业，随后在喀什市成立了由本村青年麦麦提・图尔荪占股 49%、浙江企业家王世清占股 51% 的喀什金达服饰有限公司，两人先后投入约 400 万元资金进行车间改造与生产线的设备购买。目前，金达公司在王世清与麦麦提・图尔荪一同经营管理下，固定资产已达 500 万元左右，现有运行的两个车间，每年制作或加工 15 万 ~20 万件校服或运动服，订单来源主要是喀什地区相关单位的定制，并且在政府驻村工作队帮助下正在扩建第三车间。综合效益上，金达公司带动了该村及附近村民约 210 人的就业。一车间解决了本村 43 名贫困村民的就业问题；二车间是缝纫车间，有近 100 名工人，多为附近村民；三车间是驻村单位投资约 50 万元援建的项目，建成后资产归村集体，运营交给企业，未来三车间将扩建的两条生产线预计可以解决当地约 400 人的就业问题。图 12-5 为金达服饰有限公司生产车间概貌。

图 12-5 金达服饰有限公司生产车间概貌

二、实践方法

艾日克贝西村的喀什金达公司能有今天的业绩，和两位创始人长久以来的生意交往是分不开的。王世清是浙江一位从事服装加工与贸易的企业家，在来新疆投资创业之前，与麦麦提・图尔荪已经有二十多年的生意往来。在一次闲聊中，王世清得知麦麦提・图尔荪所在的乡镇有闲置的服装加工厂房，用工成本低，政府对引进企业有支持政策等。同时，随着经济的发展和生意的扩大，王世清在浙江的服装加工订单不断增多，用工成本也在不断增加，制衣平均利润逐年下降。基于这种趋势，王世清有意到新疆投资建厂，扩展服装加工市场。

王世清与麦麦提・图尔荪在服装生产与销售方面，具有丰富的经验和资源积累。王世清在浙江有自己的服装加工厂与独立的海内外销售渠道，懂技术，会销售；麦麦提・图尔荪是喀什本地人，会语言，能管理，熟悉地方的风土人情；最重要的是，两人有二十多年的生意合作，彼此建立了深厚的友谊和充分的信任关系。另外，当地政府还有优惠政策，有现成的车间、工人。两人经过商量，决定发挥各自优势，在喀什市疏附县站敏乡艾日克贝西村投资建厂，从事服装加工生产。2016 年 11 月，喀什金达服饰有限公司成立，2017 年注资 200 多万元正式开始运营。

王世清与麦麦提·图尔苏对服装行业的技术要求和发展规律有比较深刻的认识。两人经过仔细核算与比较发现：内地1个熟练工的月工资可以培训喀什当地5~8名初学工或2~3名熟练工。两人计划在起步阶段，通过承接喀什市、疏附县的校服、运动服加工订单，对工人进行裁剪、缝纫、刺绣、印花等基础技术培训。以工代练是提高本地工人服装加工能力的一种便捷、高效的技术培训方式，一般从初学工到熟练工，培养周期需要3年左右，以工代练可以缩短培训周期到1~2年。王世清根据自己在内地多年的服装企业运营经验，对车间工人提出规范的、标准化的技术培训要求，同时，制定以产品质量为导向的激励制度，多劳多得，优劳优得。目前，工厂内初学者每月工资为1500元到2500元不等，熟练工每月工资可以达到5000元以上，目前已有4位工人达到熟练工的水平。

王世清与麦麦提·图尔苏充分利用两地优势资源的互补性，因地制宜地为企业制定了品牌发展规划。对于公司未来发展，两人根据工人技术掌握情况适时开展更高端的服装加工与生产。经过近年来的技术培训，村民所生产的衣服综合质量和技术水平已经达到内地高等技术工水平的70%~80%。从2022年下半年开始，金达公司计划承接羽绒服的订单，培养更多熟练工，在三车间增加两条高端服装加工生产线，目标是做高端成衣订单。虽然截至目前，因为熟练工数量少，订单利润低，企业还没有实现盈利，但是通过前期的技术培训与地区订单的积累，企业已经储备了比较好的技术队伍，积累了越来越多的市场资源，为未来承接更高端、更复杂的服装生产订单打下了坚实的基础。

王世清与麦麦提·图尔苏都认为政府的优惠政策、补助扶持政策兜住了金达公司的“底”，强壮了金达公司的“体”，丰富了金达公司的“神”，充分给予了企业家们想干、敢干、能干的支持。政府驻村单位与村集体也表示未来会为金达公司争取更多属地订单与销售渠道，做到

“政府搭台子，企业来唱戏”。通过用好国际国内两个大市场，用好新疆的人力资源优势和联通欧亚的区位优势，通过当地的闲置资产再利用与政府支持，以市场与技术发展规律为基础，做大做强地方企业，带动村民共同致富。在新冠疫情期间，金达公司也遭受了不小损失，特别是原材料的运输与储存，因为消毒剂的使用，导致原材料受损，甚至无法使用。当地政府考虑到企业的损失情况，对企业给予了部分损失补助，助工助产，这一关键政策不仅帮助金达公司及时恢复生产，还巩固了王世清和麦麦提·图尔荪与当地村民、员工之间的信任关系。即便受新冠疫情影响，金达公司依然按时按量发放工资，并在政府疫情扶持资金还未到账时毅然复工复产。在新冠疫情暴发前，该企业已经雇用并培训300人左右的工人队伍，疫情暴发后，订单数量与上班工人数量明显下降，公司一度停工停产，村民只好去外地打工贴补家用。复工复产后，在外村民得知金达公司开工消息后，许多村民取消了和其他企业的就业合同约定，返回工厂复工，正如王世清所说：“我和工人们都是兄弟姐妹。”

王世清与麦麦提·图尔荪的目标是希望三年内金达公司可以成为喀什地区服装加工行业的领头羊。

典型案例三：阿克苏拜什艾日克镇标准化养殖基地设施配套项目

一、案例概况

为完善畜牧产业链，推进新品种选育和优质养殖基地建设，降低养殖成本，2018年，阿瓦提县投资65万元，在拜什艾日克镇托万克库木艾日克村实施标准化养殖基地设施配套建设项目，修建500平方米饲料加工厂1座，购置饲草粉碎机、编织袋打包机等配套设施，主要从事颗粒饲料、青储饲料加工。项目建成后，于2018年12月31日由村委会代表受益农户与承租方签订为期两年的租赁合同，年租金3.3万元。

承租后，原有企业资金不足，在市场开拓、技术改造、新产品开发等方面投入不足，设备更新换代较慢，生产产品单一，仅生产牛、羊饲料，针对“精准养殖”未能及时调整产品生产布局，无法满足市场需求，导致市场竞争力不强。加之运输距离相对较远，饲料加工厂距离乡（镇）9 千米，原料和产品运输成本增加，降低了生产效益。

除此之外，在近年市场波动加剧、疫情防控、环保监管等多重因素的影响下，养殖行业的不确定性上升，承包人持续经营能力不足，缺乏管理经验、前瞻眼光以及应对市场突变的能力，未能及时规避风险，导致生产效益急剧下滑。2020 年，养殖业受新冠疫情影响严重，饲料加工厂间接受到影响，虽然村委会落实减免租金政策，减免承租人三个月的租金 8250 元，但该项目年综合效益仍未达到 6%。合同到期后，承租人因效益不佳不再承租，村委会未及时找到有实力的承租人，致使 2021 年饲料加工厂闲置。

经营性资产转变为闲置资产过程中，资产行业主管部门对项目的监管力度不够，重建设、轻监管，项目后续帮扶指导欠缺，对项目运营不善、成本增加、管理漏洞等方面的问题未能及时发现、及时干预、及时解决，政策扶持、技术扶持、资金扶持等方面未全面跟进。

二、实践方法

资产闲置以后，各级部门合作联动，政府指导协调，企业主动联系，农户积极参与，形成多方合力，保障项目恢复正常运转，持续为农民就业增收贡献力量。

上下联动找出路。根据扶贫资产后续管理工作安排部署，按照分类施策、因地制宜的原则，全面摸排扶贫项目资产闲置基本情况，进一步加强扶贫项目资产管理和监督。拜什艾日克镇、托万克库木艾日克村及县农业农村局等相关部门多次召开座谈会、协调会，共同研究探讨畜牧发展新思路、新举措，重点在饲料加工经营模式、降本增效等方面进行了深入的调研和座谈，在原材料供应、产品质量提升和产品销售方面给予政策支持，积极帮助企业想办法、找措施、谋发展。同时，积极申请修建通往饲料加工厂的道路，降低运输成本，目前道路已在修建当中。

选优用强促带动。阿瓦提县专门聘请专业第三方机构对全县扶贫资产运营管护情况进行了全面摸排，并根据各乡镇特点和扶贫资产管护相关要求，定期组织相关行业部门深入乡镇开展工作指导，对不同的扶贫资产因地制宜地提出指导意见，主动帮助承包农户定方向、找销路、促宣传、谋发展，不仅增强了承包农户的信心、拓宽了视野、提高了经营能力和水平，而且有效增强了扶贫产业活力，挖掘了扶贫产业带动就业的能力。就标准化养殖基地设施配套建设项目，在上级部门指导下，由拜什艾日克镇党委牵头，县农业农村局等行业部门积极配合，及时组织召开村民大会，就饲料加工厂的经营模式、管护措施等广泛征求村民意见建议，推选有想法、思路活、经营能力强、经济基础好的农户参与经营，签订5年租赁承包合同。目前，该饲料加工厂已恢复生产，日产饲料10吨，部分饲料由承租人自用，其余产品以送货上门、低于平均市场价格销售等措施，带动周边32户农户继续发展畜牧养殖业，并吸纳2名脱贫村民及部分农户就地就近稳定就业，年人均增收达2万元以上，年度综合效益达8%以上。

强化监管保运营。结合扶贫资产管护方案，行业部门和乡、村两级根据职责研究制定管护制度，明确管护对象、管护方法、管护周期及管护责任人，并建立日常监管、管护台账。行业监管部门、村“两委”、村第一书记、“访惠聚”驻村工作队每季度查看资产运营管护情况并填写管护台账，定期分析研判资产运用情况，对存在的问题及时协调解决，重大问题立即上报，确保资产持续发挥效益。